Qiche Dipan Diankong Xitong Jianxiu
汽车底盘电控系统检修

许炳照　张荣贵　主编

人民交通出版社股份有限公司
China Communications Press Co.,Ltd.

内 容 提 要

本教材以4个项目教学单元即汽车自动变速器不能起步的故障检修、汽车ESP指示灯偶尔点亮的故障检修、汽车电控悬架系统失效的故障检修和汽车EPS指示灯闪亮的故障检修(包含6个生产性技能训练)为内容,以新技术应用为主流,对传统教材进行分解和重构。每个项目教学单元主要通过故障案例→生产任务布置→相关知识→相关技能→小组工作→知识与技能拓展→案例分析与讨论→实训工单整合为理实一体化教材,特色鲜明,理论学习与技能训练并重,使用数字信息技术,可扫描二维码下载课件、教学视频,本教材图文影像并茂,易学易做。

本教材可作为高职高专院校汽车后市场汽车底盘维修、检测等专业教学使用,同时,欢迎相近专业教师或技术人员参考使用。

图书在版编目(CIP)数据

汽车底盘电控系统检修/许炳照,张荣贵主编. ——北京:人民交通出版社股份有限公司,2017.1
ISBN 978-7-114-13423-4

Ⅰ.①汽… Ⅱ.①许… ②张… Ⅲ.①汽车—底盘—电气控制系统—车辆修理—高等职业教育—教材 Ⅳ.①U472.41

中国版本图书馆 CIP 数据核字(2016)第 261677 号

书　　　名	汽车底盘电控系统检修
著 作 者	许炳照　张荣贵
责任编辑	赵瑞琴
出版发行	人民交通出版社股份有限公司
地　　　址	(100011)北京市朝阳区安定门外外馆斜街3号
网　　　址	http://www.ccpcl.com.cn
销售电话	(010)59757973
总 经 销	人民交通出版社股份有限公司发行部
经　　　销	各地新华书店
印　　　刷	北京市密东印刷有限公司
开　　　本	787×1092　1/16
印　　　张	16.5
字　　　数	383千
版　　　次	2017年1月　第1版
印　　　次	2024年1月　第3次印刷
书　　　号	ISBN 978-7-114-13423-4
定　　　价	39.00元

(有印刷、装订质量问题的图书由本公司负责调换)

前言 PREFACE

为了贯彻落实《国务院关于加快发展现代职业教育的决定》(国发〔2014〕19号)和《现代职业教育体系建设规划(2014—2020年)》的文件精神,推动高等职业教育与经济社会同步发展,加强技术技能积累,提升应用型人才培养质量,本教材以国家示范性高职院校为依托,在校企深度融合的基础上,借鉴国内外汽车维修知名企业的职业教育模式,实施工学结合教学改革,汲取丰富的教学优质资源,充分利用诸多校企合作单位的有利条件,收集和整理了大量的新技术资料,经过由个例教案到系统教学化的教材共性处理,编撰了本书。

本教材在国家首批示范性高职院校建设时开始,就进行教改实践,经过了2015年的第二轮高等职业院校人才培养评估,已经形成了相对稳定的教学内容,可以适应社会经济发展,满足应用型高职学生求学、未来就业的不同要求,是对人才培养模式、教学内容和教学方法进行有益探索的阶段性总结,更加注重培养学生的实践性、创新性和教学的开放性。本课程教学要求学生必备扎实的专业理论知识和较强的动手能力,能够发挥所学的学科知识,具备自主探索专业新技术的能力。因此,本课程的改革打破了传动教学过程中重理论、轻实践的现状。近几年来,我们通过了课程的自我建设和改革实践,结合信息技术应用,尝试了一本理实一体化教材、两个贯穿、三个结合、四大支持、五大构成和六步环节的教材建设新思路。并尝试线上微课学习+线下实践的混合教学方法。

一本理实一体化教材:即建设一本强化理论教学与实践教学有机结合的理实一体化教材。把课程建设在现代汽车整体知识观下进行专业整合,按照学科知识的内部联系,进行教学项目化,学习任务化、知识序列化、技能训练化的层级化处理,解决原教材的课程结构不合理、课程内容不完善、新技术新知识欠缺、理论与实践脱节、不利于应用型专业技术人才培养的难题。

两个贯穿:课程建设贯穿理论应知和实践操作应会技能两个过程,特别重视专业的通识性和应用性。合理的课程结构和先进的教学理念是培养应用型人才的基础,形成课程建设和教学改革两同步的模式,根据课程发展的内在规律和知识联系,将若干个学习任务关系密切、互动性强的内容进行结构重组与整合。

三个结合:即把课程建设和教学改革相结合,把理论讲授和动手实践相结合,把课前、课中和利用网络平台进行课后学生自主学习相结合,培养学生运用专业知识,自主探索专业新技术的潜力。

四大支持:依托国家示范性院校建设的要求,有实施一体化教学设施和环境的支持;有富于理论与实践相结合的双师型教师队伍的支持;有以工作任务为载体、真实动手操作实践的教学活动的支持和先进、严谨的教学管理体系的支持,保障课程教学改革得到真实有效的实施。

五大构成:本课程建设和教学,让学生在"教中做,做中学"为主体,教材的改革突出专业知识和实践知识的可操作性,汽车专业特色鲜明,因此,我们将课程的教学内容进行了重构,对生产任务载体(含小组实训、实训工单)、相关知识(含思考题)、相关技能、知识与技能拓展、案例分析与讨论五大构成整合成便于开展一体化教学的教材。

六步环节:指抓住理论讲授、课堂讨论、课程作业、实践操作、考核评价和教材改革六环节进行整体性建设。尤其是实训环节,强调以学生为主、教师引导为辅助的,以具体真实工作任务为载体组织教学,按照完成真实工作任务的要求,结合理论和实践教学,使课堂融教、学、做于一体。另外,在每一个实训项目中,以实训工单的引导形式,按资讯、决策、计划、实施、检查和评估六步法来完成实践教学环节,强化训练学生学以致用、理论与实践相联系。

教材特色:

1. 体现"基于工作过程"导向的工学结合、理实一体化教程。
2. 体现当代汽车维修质量内涵的主流新技术。
3. 体现开放式的教学体系、多元化的评价方式。
4. 体现校企合作、产教融合、实践中创新的行业特色。
5. 体现信息技术应用,扫描二维码下载课件、视频教学。

本教材结合现代数字信息技术应用,教师可扫描二维码下载教学课件、教学视频等数字资源实施教学。限于篇幅,部分章节采用电子教材的形式,可通过扫描二维码下载,体现培养工匠型人才教育资源的开放性和有效利用性,学生可以通过扫描二维码下载电子教材、课件和视频资料反复学习,加强薄弱环节的复习和提高。

本课程对应汽车底盘四大机械系统,教材设计4个底盘电子系统检修项目(教学单元),由6个生产任务组成。各部分的教学参考课时分配见下表。使用本教材的院校在做教学计划时,如果觉得课时不够用,可结合教学实际需要适当增加理论课时及实训课时,重点应保证实训课时的完成。

教 学 单 元	生 产 任 务	学时分配	
		理论	实践
项目一:汽车自动变速器不能起步的故障检修	生产任务一:汽车自动变速器机械系统检修	8	4
	生产任务二:汽车自动变速器油(ATF)的检查和更换	2	2
	生产任务三:汽车自动变速器电控系统故障的诊断与排除	4	2
项目二:汽车ESP指示灯偶尔点亮的故障检修	生产任务四:汽车ABS(ESP)系统综合故障的诊断与排除	10	4
项目三:汽车电控悬架系统失效的故障检修	生产任务五:电控悬架系统综合故障的诊断与排除	6	2
项目四:汽车EPS指示灯闪亮的故障检修	生产任务六:电控转向系统综合故障的诊断与排除	6	2
课 时 合 计		36	16

本教材以项目驱动入手,采取以生产任务为载体的教学方法,要求教师、学生未来在教与学的过程中进行有益的探索。每个教学单元均有实训工作单,是联系教与做教学改革的核心组成部分之一,使用本教材的院校应结合自身实际条件选做实训任务中的工作内容,或对工作内容进行增加和取舍,在不断改进和完善教学方法的过程中大胆展开教学,以满足培养工匠型人才多样性的需要。

本教材项目一、四由福建船政交通职业学院许炳照编写,项目二、三由张荣贵教授编写。教材在校内经过多年有效的教学实践,得到教师和学生的一致好评。本教材在编撰过程中得到许多汽车生产企业、汽车4S店和诸多技术专家的热情指导与帮助;同时,在编撰过程中,参考了各种品牌汽车维修手册、培训手册、大量的相关书籍和技术文献,在此一并对这些专家、学者们表示衷心的感谢。

由于作者学识和水平有限,加之本书的出版只是一种教学模式尝试和实践经验的总结,基于教学过程的课程改革对于高职教育来说仍然是新生事物,尚需要不断地改进和完善,恳请使用本教材的教师、学生和专业人员对书中的不妥和误漏之处予以批评指正。

编者
2016 年 8 月

目录 CONTENTS

项目一 汽车自动变速器不能起步的故障检修 … 1
  生产任务一 汽车自动变速器机械系统检修 … 1
    1.1 自动变速器的分类、识别、组成与工作过程 … 2
    1.2 液力变矩器的结构与检修 … 9
    1.3 辛普森式行星轮系的组成与原理 … 15
    1.4 拉维娜式行星轮系的组成与原理 … 22
    1.5 行星齿轮机构及组件的拆装与检测 … 24
    1.6 自动变速器机械系统的分解检查 … 25
  生产任务二 汽车自动变速器油(ATF)的检查和更换 … 38
    1.7 自动变速器液压控制系统的组成与主要部件 … 39
    1.8 换挡执行机构 … 45
    1.9 液压系统的拆装与检修 … 47
  生产任务三 汽车自动变速器电控系统故障的诊断与排除 … 53
    1.10 自动变速器电子控制系统的组成 … 54
    1.11 自动变速器电子控制系统的检修 … 64
    1.12 自动变速器的使用方法 … 69
    1.13 液压油与液力传动油 … 71
    1.14 自动变速器的维护检查 … 73
    1.15 AL4自动变速器的使用 … 76
    1.16 无级变速器 … 79
    1.17 自动变速器的试验(电子书) … 85
    1.18 自动变速器的故障诊断与排除(电子书) … 85
    1.19 双离合自动变速器(电子书) … 85
    1.20 自动变速器不能起步的故障检修实训工单 … 91

项目二 汽车ESP指示灯偶尔点亮的故障检修 … 101
  生产任务四 汽车ABS(ESP)系统综合故障的诊断与排除 … 101
    2.1 防抱死制动系统的功用与分类 … 102
    2.2 ABS的基本组成与工作原理 … 106
    2.3 ASR的基本组成与工作原理 … 116
    2.4 ESP的基本结构与工作原理 … 126
    2.5 液压式ABS故障的诊断与检修 … 135

  2.6 ESP 故障的诊断与检修 …………………………………………………… 142
  2.7 液压式 ABS 系统的维护作业 …………………………………………… 146
  2.8 液压式 ABS 系统的故障诊断与排除 …………………………………… 148
  2.9 电子驻车装置与紧急制动辅助装置 …………………………………… 150
  2.10 典型 ASR 故障的诊断与检修（电子书） ……………………………… 156
  2.11 气压式 ABS 的组成和原理（电子书） ………………………………… 156
  2.12 轮胎监测系统的组成与原理（电子书） ……………………………… 156
  2.13 ABS(ESP)系统综合故障的诊断与排除实训工单 …………………… 163

项目三 汽车电控悬架系统失效的故障检修 …………………………………… 167
 生产任务五 电控悬架系统综合故障的诊断与排除 …………………………… 167
  3.1 电控悬架系统的功用、类型与组成 …………………………………… 168
  3.2 全主动电控空气悬架系统部件的结构与工作原理 …………………… 172
  3.3 电控液压悬架系统部件的结构与工作原理 …………………………… 183
  3.4 典型电控悬架系统的检修 ……………………………………………… 186
  3.5 奥迪 Q7 自适应空气悬架 ………………………………………………… 205
  3.6 电控悬架控制系统常见故障分析 ……………………………………… 206
  3.7 电控悬架系统综合故障的诊断与排除实训工单 ……………………… 213

项目四 汽车 EPS 指示灯闪亮的故障检修 ……………………………………… 217
 生产任务六 电控转向系统综合故障的诊断与排除 …………………………… 217
  4.1 EPS 的功用、要求与类型 ………………………………………………… 218
  4.2 液压式 EHPS ……………………………………………………………… 220
  4.3 电动式 EPS ………………………………………………………………… 229
  4.4 典型电控助力转向系统检修 …………………………………………… 234
  4.5 电控助力转向系统的常见故障 ………………………………………… 242
  4.6 日产 TIIDA 轿车电控转向系统检修与故障诊断（电子书） ………… 244
  4.7 电控四轮转向系统介绍（电子书） ……………………………………… 244
  4.8 电控转向系统综合故障的诊断与排除实训工单 ……………………… 248

参考文献 …………………………………………………………………………………… 252

本书配套数字教学资源 …………………………………………………………………… 253

项目一　汽车自动变速器不能起步的故障检修

故障案例

一辆使用6年的东风标致307轿车,装备有AL4型自动变速器,在行驶里程为7.5万km时,出现D挡位和1挡位不能起步;在2挡位时工作不正常的故障。而高速挡和倒挡工作正常,发生故障时仪表板无故障信号显示。

项目一　PPT

生产任务一　汽车自动变速器机械系统检修

1. 工作对象

配备自动变速器故障汽车(或实训台架)1辆。

2. 工作内容

(1)领取所需的工具、检测仪器、耗材,做好工作准备(包括举升机压缩空气准备、电源检查等)。

(2)举升车辆到适宜的检修高度,拆下发动机舱下护板,首先排出自动变速器系统中的ATF。

(3)从车辆上拆除排气管、驱动轴、蓄电池接线、电子控制线路连接器和散热器油管等自动变速器的外围部件。

(4)使用液压运送顶自动升降托台接住自动变速器,从车辆上拆下自动变速器总成。

(5)分解自动变速器总成,检查与清洁液力变矩器、油泵、离合器、制动器各零部件,对主要零部件进行技术检测,分析检测结果,制定修复方案。

(6)根据检测结果和修复方案,找到故障部位并实施检修。完毕后组装自动变速器总成(必要时上试验台进行性能试验)。

(7)将自动变速器装回车辆上,安装换挡拉索、散热器油管、驱动轴、排气管、电子控制各接线连接器、蓄电池接线、发动机舱下护板等外围部件。

(8)添加自动变速器油(ATF)到规定液面高度,起动发动机,重复检查,如故障现象消失,则使用故障诊断仪删除故障码,直到恢复汽车正常行驶性能。否则,重复上述检查步骤直到故障排除。

(9)检查、评价工作质量。

(10)整理工具,清洁工作场地。

3. 工作目标与要求

(1)学生应以小组工作的方式,完成本项工作任务。

(2)学生应当能在小组成员的配合下,利用汽车维修手册(或实训指导书),制订工作计划,实施工作计划。

(3)能通过阅读自动变速器维修资料和现场观察,辨别所检修自动变速器的类型、结构组成和使用的 ATF 型号规格。

(4)能认识所拆卸自动变速器的零部件,口述自动变速器的结构组成、工作原理和各零部件的作用。

(5)能识读所检修车型自动变速器结构图、执行元件工作表、电路图,应用诊断知识进行零部件检测,分析故障原因,确定故障部位并修复故障。

(6)能向客户解释所修车辆自动变速器的故障情况和修复方案。

(7)能按规范的步骤,完成自动变速器的检测和修理作业,恢复汽车的行驶能力。

(8)在工作过程中注意工作安全,做好废料的处理,保持工作环境整洁。

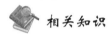
相关知识

1.1 自动变速器的分类、识别、组成与工作过程

1.1.1 自动变速器的分类

自动变速器(Automatic Transmission,AT)用于汽车驾驶中离合器的操纵和变速的操纵自动化。目前,自动变速器的自动换挡过程都是由自动变速器的电子控制单元(ECU)控制的,因此自动变速器又可简称为 EAT、ECAT、ECT 等。

1. 自动变速器分类

(1)按变速方式不同分

自动变速器按变速方式的不同,可以分为有级自动变速器和无级自动变速器。

有级自动变速器,简称 AMT(Automated Mechanical Transmission),如图 1-1 所示。它是在原有手动、有级普通齿轮变速器(几个有限定值传动比)的基础上增加了电子控制系统,自动控制离合器的接合、分离和变速器挡位的变换。有级自动变速器由于原有的机械传动结构基本不变,所以齿轮传动固有的传动效率高、结构紧凑、工作可靠等优点被很好地继承下来,在轿车上广泛被运用,在重型车辆和一些工程机械上应用具有很好的发展前景。

无级变速器是传动比可以在一定范围内连续变化的变速器,简称 CVT(Continuously Variable Transmission),请参看本书 1.16 CVT 变速器的介绍。它采用传动带和传动轮工作直径可变的主、从动轮相配合来传递动力,可以实现传动比的连续改变,从而得到传动系与发动机工况的最佳匹配,最大限度地利用发动机的特性,提高汽车的动力性和燃油经济性。目前,常见的无级变速器是金属带式无级变速器(VDT-CVT),是一种具有广阔发展前景的自动变速器,目前日系车型中本田轿车和日产轿车常有使用。

(2)按车辆驱动方式分

按照汽车驱动方式的不同,可分为后驱式自动变速器和前驱式自动变速器两种。这两种自动变速器在结构和布置上有很大的不同。

后驱式自动变速器的变矩器和行星齿轮系的输入轴、输出轴布置在同一轴线上,发动机动力经变矩器、自动变速器、传动轴、减速器、差速器和驱动半轴传给左右两个后轮。这种发动机前置、后轮驱动的布置形式,要求车辆轴向尺寸较大,在小型轿车上布置较为困难,其液压控制阀总成一般布置在行星齿轮系的下方油底壳内,目前高端车型(含四轮驱动)的自动变速器和越野车辆广泛使用此方法。

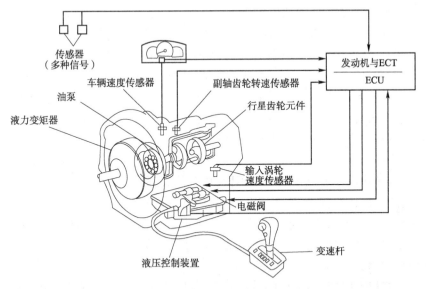

图1-1　有级自动变速器结构示意图

前驱式自动变速器也叫自动桥,除了具有与后驱式自动变速器相同的组成之外,在自动变速器的壳体内还装有主减速器和差速器。前轮驱动车辆的发动机有纵置和横置两种。发动机纵置前驱自动变速器的结构和布置方式与后驱自动变速器基本相同,只是后端增加了锥形的主减速器、差速器。而横置发动机前驱动自动变速器由于车辆横向尺寸的限制,要求较小的轴向尺寸,因此设计成两个轴即输入轴和输出轴的方式,变矩器和行星齿轮系输入轴布置在上方,输出轴布置在下方,减少了前驱动自动变速器轴向的总体长度,但增加了总体高度。因此,将液压控制阀总成布置在侧面(如标致系列、雪铁龙轿车系、雷诺等系列自动变速器),以满足汽车最小离地间隙的设计要求。

(3) 按车辆使用操纵方式分

按车辆使用操纵方式分为半自动变速器和全自动变速器。

半自动变速器的换挡操纵仍需要手动来完成,它又分为自动离合器加手动换挡变速器的组合形式和具有自动变速器功能的液力变矩器、换挡离合器和手动变速器的组合形式。半自动变速器目前已很少使用。

全自动变速器是一种不需要离合器操纵和换挡(加减挡位)操纵的液力传动变速器。全自动变速器是现代自动挡轿车广泛采用的结构形式。

(4) 按车辆自动换挡的控制方式分

按车辆自动换挡的控制方式分为液力控制自动变速器和电子控制自动变速器。

液力控制自动变速器换挡控制方式是通过机械式结构将节气门开度和车速参数转化为液压力控制信号,使液压控制阀总成中阀门按照设定的换挡规律执行动作,实现自动换挡。

电子控制自动变速器是通过各种传感器、节气门开度、车速、发动机温度、ATF温度等参数转化为电子控制信号并输入到 ECU,ECU 根据这些电信号进行运算并将结果输出,确定换挡控制信号。换挡控制信号控制换挡电磁阀,通过换挡电磁阀打开或关闭液压控制回路,操纵相关的机构动作,实现换挡。

(5)按自动变速器前进挡的挡位数分

按自动变速器前进挡的挡位数不同可分为 2 个前进挡、3 个前进挡、4 个前进挡,个别车型有 5 个(如奥迪 A6 的 01V 自动变速器)、6 个(如日本 IWA 品牌 AT6 自动变速器)或 8 个(如奥迪 A8 或 A8L 的 8 挡位手自一体变速器)前进挡。早期的自动变速器只有 2 个前进挡或 3 个前进挡,没有超速挡,其最高车速为直接挡。现代轿车装备的自动变速器基本上有 4 个以上的前进挡,设置有超速挡(O/D 挡),这种设计结构复杂,但由于具有超速挡,在很大程度上提高了汽车的燃油经济性,因此广泛被应用。

(6)按齿轮变速器的类型分

自动变速器按齿轮变速机构的类型不同,可分为普通齿轮式和行星齿轮式两种。普通齿轮式自动变速器的体积较大,最大传动比小,只有少数车型采用(如日系本田各系列轿车使用的 MAXA 型、B7XA 型、BCLA 型、MCLA 型自动变速器)。行星齿轮式自动变速器结构紧凑,能够获得较大的传动比,大多数轿车采用这种结构类型。

2. 自动变速器的优缺点

现代汽车自动变速器普遍采用的是液力变矩器与行星齿轮式变速器组合的电子控制液力全自动变速器。与传统的手动机械式变速器比较,自动变速器具有如下优点:

(1)简化驾驶操纵,提高了行车的安全性

在汽车起步和运行时,自动变速器无需离合器操纵和手动换挡操纵,降低了驾驶员操作的劳动强度,可以集中精力注意路况,所以行车的安全性得到了提高。

(2)延长发动机、传动系统的使用寿命,提高舒适性

自动变速器在自动换挡过程中无动力中断,换挡平稳,减小了发动机和传动系统零部件的冲击。液力变矩器可以吸收动力传递过程中的冲击和振动。因此,采用自动变速器的汽车发动机、传动系统零部件的使用寿命和驾乘舒适性都比采用机械式变速器的汽车好。

(3)提高了汽车的动力性和通过性能

自动变速器在汽车起步时,由于液力变矩器可连续传递转矩,同时可以在一定的范围内自动适应汽车行驶阻力的变化,又使驱动轮上的牵引力逐渐增加,换挡时动力不中断,发动机能够维持在某一稳定的转速,因此,显著提高了汽车的通过性能,使汽车起步、加速更平稳。

(4)减少废气对环境的污染,节省燃料消耗

自动变速器的缺点是:结构较为复杂,制造成本较高,对故障维修技术水平要求也较高。

1.1.2 自动变速器的型号识别

同一型号自动变速器可能被应用在多个汽车生产厂家不同型号的汽车上,而同一种车型,根据其使用地区和用途的不同,可能装用不同型号的自动变速器。自动变速器的型号不同,结构也不相同。自动变速器的生产厂家不同,其型号的标注方式和字母含义也不尽相同,下面举例说明。

1. 美国通用公司自动变速器型号

美国通用公司生产的自动变速器的型号主要有 4T60E、4T65E、4L60E 等。从型号上可以知道此变速器的一些特点：左起第 1 位数字表示前进挡的个数；第 2 位的字母表示驱动方式，"T"表示自动变速器为横置前驱式；"L"表示自动变速器为纵置后驱式；第 3、4 位数字表示自动变速器的额定驱动转矩；第 5 位的字母"E"表示该自动变速器控制方式为电子控制。

2. 德国宝马公司自动变速器型号

德国宝马公司 ZF4HP22-EH 自动变速器型号中前 2 位字母表示该自动变速器是 ZF 公司生产的；第 3 位数字表示挡位数；第 4 位字母表示控制类型，"H"为液控；第 5 位字母表示齿轮类，"P"为行星轮系；第 6、7 位数字"22"表示额定转矩为 216N·m 系列；号码末尾的"E"、"EH"分别表示为电控或电液控制类型的自动变速器。

3. 法国 SPA 集团自动变速器型号

法国雪铁龙-标致集团 AL4 自动变速器中，"A"表示自动变速器；"L"表示该自动变速器有锁止离合器；第 3 位表示有 4 个前进挡位。AT8 是 AL4 自动变速器的升级版。

AT6 自动变速器和 AM6 自动变速器是两款紧凑、轻型、新一代的电控 6 挡自动变速器。

4. 长安福特自动变速器型号

长安福特自动变速器和双离合自动变速器，型号主要有：

(1) 4F27E/FN4A-EL 自动变速器

4F27E 自动变速器是用于前轮驱动的电控 4 速自动变速器。4F27E 代表的含义是：左起第 1 位数字"4"表示 4 个前进挡；"F"表示前轮驱动；"27"表示最大输入转矩 365N·m；"E"表示全电子控制。FN4A-EL 代表的含义是："FN"表示 FN 型号；"4"表示 4 个前进挡，"A"表示自动变速器（驱动桥）；"E"表示全电子换挡控制；"L"表示该自动变速器有锁止离合器。

(2) 6DCT450 双离合自动变速器

6DCT450 自动变速器是用于前轮驱动的电控 6 速变速器。6DCT450 代表的含义是：左起第 1 位数字"6"表示 6 个前进挡；"D"表示双；"C"表示离合器；"T"表示变速器；"450"表示额定转矩 450N·m。例 6DCT250 双离合自动变速器的 250 表示最大输入转矩。

5. 韩国 HIVEC 自动变速器

韩国 HIVEC 自动变速器代表的含义是："H"表示 YUNDAI（现代）；"I"表示 INTELLIGENT（智能）；"V"表示 VEHICLE（车辆）；"E"表示 ELECTRONIC（电子）；"C"表示 CONTROL（控制）。

6. 日本丰田公司自动变速器型号

丰田自动变速器型号可分为两大类：一类为型号中除字母外有 2 位阿拉伯数字。另一类为型号中除字母外有 3 位阿拉伯数字。

(1) 型号中有 2 位阿拉伯数字的自动变速器型号，如 A40、A41、A55、A55F、A40D、A43DL、A46DE、A45DF 等。字母 A 代表自动变速器。左起第 1 位阿拉伯数字如为"3"、"4"或"7"，表示该自动变速器用于后驱动车辆。如果左起第 1 位数字为"1"、"2"或"5"，则表示自动变速器用于前驱动车辆，即自动变速器内含主减速器和差速器，称为自动变速桥。左起第2位数字代表生产序号。后附字母的含义:"H"或"F"表示该自动变速器用于四轮驱动车辆;"D"表示该自动变速器有超速挡;"L"表示该自动变速器有锁止离合器;"E"表示该自动变速器为电子控制式,同时带有锁止离合器;若无"E",则表示为全液控自动变速器。

(2)型号中有3位阿拉伯数字的自动变速器型号,如 A140E、A243L、A245E、A341E、A541E、A750F 等是丰田公司自动变速器轿车的常用型号。字母 A 表示自动变速器。左起第1位数字及后附字母的含义同上。左起第2位数字代表该自动变速器前进挡的个数。左起第3位数字代表生产序号。

1.1.3 自动变速器的基本组成

本单元所说的自动变速器均指电子控制液力操纵自动变速器。

自动变速器发展到现在有一百多种不同的厂牌型号,外部形状和内部结构也不尽相同,但它们的组成基本相同,都是由液力变矩器和齿轮式机构组合起来的。常见的组成部分有液力变矩器、液压泵、行星齿轮机构、离合器、制动器、冷却滤油装置、控制阀体、电子控制系统等。按照这些部件的功能,可将它们分成液力变矩器、变速齿轮机构、供油系统、自动换挡控制系统和换挡操纵机构等几大部分。纵置式自动变速器的结构组成,如图1-2 所示。

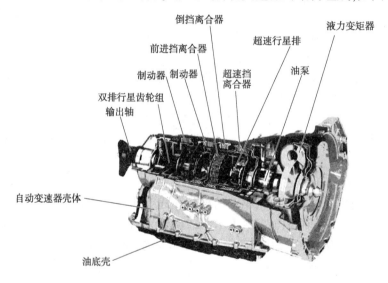

图1-2 纵置(后驱)式自动变速器的结构组成示意图

1. 液力变矩器

液力变矩器是一个通过自动变速器油(Automatic Transmission Fluid,ATF)传递动力的装置,位于自动变速器的最前端,安装在发动机的飞轮上。具有一定的减速增矩功能,并能实现无级变速。其作用是:

(1)在一定范围内自动、连续地改变转矩比,以适应不同行驶阻力的要求。

(2)具有自动离合器的功用。在发动机不熄火、自动变速器位于行驶挡的情况下,汽车可以处于停车状态。驾驶员可通过控制节气门开度控制液力变矩器的输出转矩,逐步加大输出转矩,实现动力的柔和传递。

2. 行星齿轮变速机构

包括行星齿轮变速机构(太阳轮、齿圈、行星齿轮、行星齿轮架)和换挡执行机构(离合器、制动器、单向离合器)。通常变速机构有3~4个前进挡和1个倒挡。换挡执行机构可以使变速机构处于不同挡位,实现不同的传动比输出。其功用有:

(1)在液力变矩器的基础上再将转矩增大2~4倍,以提高汽车的行驶适应能力。

(2)实现倒挡动力传动。

3. 液压控制系统

液压控制系统是由液压泵、各种控制阀及与之相连通的液压换挡执行元件,如离合器、制动器油缸等组成液压控制回路,用于控制自动变速器升降挡。汽车行驶中根据驾驶员的要求和行驶条件的需要,控制变速器中的离合器和制动器,实现行星齿轮变速器的自动换挡。

4. 电子控制系统

电子控制系统包括电控单元(ECU)、传感器、执行器及控制电路等,可按照设定的换挡规律实现自动换挡。将自动变速器的各种控制信号输入到ECU,经ECU处理后发出控制指令控制液压系统中的各种电磁阀,按照设定的换挡规律,自动地接通或切断某些换挡离合器和制动器的供油油路,使离合器接合或分开、制动器制动或释放,以改变齿轮变速器的传动比,从而实现自动换挡,并改善使用性能。

5. 冷却滤油装置

冷却滤油装置包括冷油器和滤油器,用于控制油温和分离杂质。ATF在自动变速器工作过程中会因冲击、摩擦产生热量,并吸收齿轮传动过程中所产生的热量,油温会升高。油温升高将导致ATF黏度下降,传动效率降低,因此必须对ATF进行冷却,保持油温在80~90℃。ATF是通过冷却器与冷却水或空气进行热量交换的。自动变速器工作中各部件磨损产生的机械杂质,由滤油器从油中过滤分离出去,以减少机械的磨损、堵塞液压油路和控制阀卡滞故障的发生。

6. 操纵机构

自动变速器的换挡操纵机构是手动选择阀的操纵机构。驾驶员通过自动变速器的操纵手柄改变阀板内的手动阀位置,控制系统根据手动阀的位置及节气门开度、车速、控制开关的状态等因素,利用液压自动控制原理或电子自动控制原理,按照一定的规律控制齿轮变速器中的换挡执行机构的工作,实现自动换挡。

7. 最终传动

最终传动装置只有自动桥才有,与自动桥其他部分并联布置,安装在自动变速器壳体内,它将自动变速器输出的转矩传到驱动轴上。自动桥只用于发动机前横置、前桥驱动的轿车上。图1-3所示为雪铁龙轿车AL4自控前驱式自动桥结构组成示意图。

1.1.4 自动变速器的换挡原理

电控液力操纵自动变速器的工作原理,如图1-4所示。它是通过各种传感器,将发动机的转速、节气门开度、车速、发动机水温、ATF油温等参数信号输入到ECU,ECU根据这些信号进行分析、计算和处理,按照设定的换挡规律,向换挡电磁阀、油压电磁阀等发出动作控制信号,换挡电磁阀和油压电磁阀再将 ECU 的动作控制信号转变为液压控制信号,控制阀板中的各个换挡执行元件的动作,从而实现自动换挡过程。

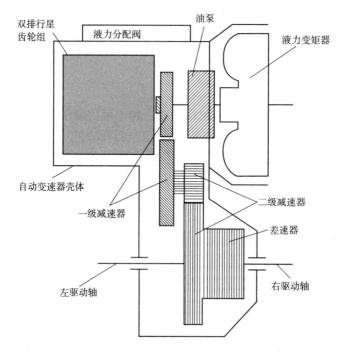

图 1-3 雪铁龙 AL4 电控前驱(横置)式自动桥结构图

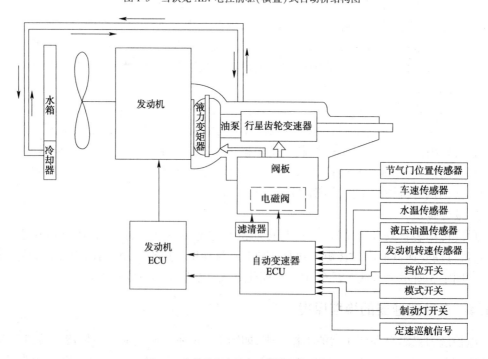

图 1-4 电控液力自动变速器的工作原理图

1.2 液力变矩器的结构与检修

1.2.1 液力变矩器的功用、组成与动力传递

1. 功用

液力变矩器位于发动机和机械变速器之间,以 ATF 为工作介质,主要完成以下功用:

(1) 传递转矩。发动机的转矩通过液力变矩器的主动元件,再通过 ATF 传给液力变矩器的从动元件,最后传给变速器。

(2) 无级变速。根据工况的不同,液力变矩器可以在一定范围内实现转速和转矩的无级变化。

(3) 自动离合。液力变矩器由于采用 ATF 传递动力,当踩下制动踏板时,发动机不会熄火,此时相当于离合器分离。当抬起制动踏板时,汽车可以起步,此时相当于离合器接合。

(4) 驱动油泵。ATF 在工作的时候需要液压泵提供一定的压力,而液压泵是由液力变矩器壳体驱动的(即发动机直接驱动)。同时,由于采用 ATF 传递动力,液力变矩器的动力传递柔和,且能防止传动系过载。

2. 液力变矩器的组成

液力变矩器的结构组成,如图 1-5 所示。液力变矩器由壳体、泵轮、涡轮、导轮和单向离合器、锁止离合器等组成。

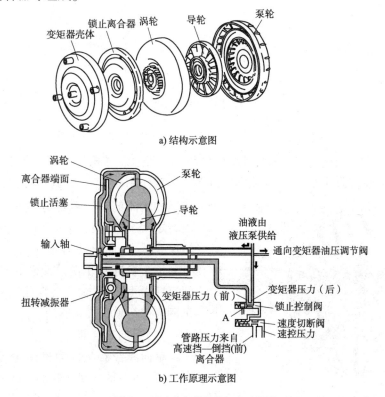

a) 结构示意图

b) 工作原理示意图

图 1-5　液力变矩器结构组成示意图

3. 动力的传递

液力变矩器工作时,壳体内充满 ATF,发动机带动壳体旋转,壳体带动泵轮旋转,泵轮的叶片将 ATF 带动起来,并冲击到涡轮的叶片;如果作用在涡轮叶片上冲击力大于作用在涡轮上的阻力,涡轮将开始转动,并使机械变速器的输入轴一起转动。由涡轮叶片流出的 ATF 经过导轮后再流回到泵轮,ATF 的流动方向如图 1-6 所示。具体来说,ATF 的循环流动是两种运动的合运动。当液力变矩器工作,泵轮旋转时,泵轮叶片带动 ATF 旋转起来,形成绕着泵轮轴线做圆周运动;同时,随着涡轮的旋转,ATF 也绕着涡轮轴线做圆周运动。旋转起来的 ATF 在离心力的作用下,从内缘流向外缘。当泵轮转速大于涡轮转速时,泵轮叶片外缘的液压大于涡轮外缘的液压。因此,ATF 在做圆周运动的同时,在上述压差的作用下由泵轮流向涡轮,再流向导轮,最后返回泵轮,形成在液力变矩器环形腔内的循环运动。

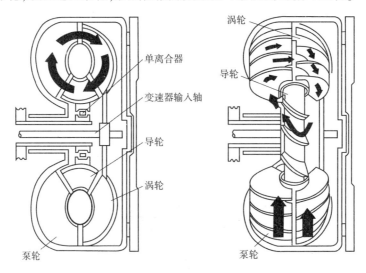

图 1-6 ATF 流动方向示意图

4. 部件结构

(1) 导轮

导轮与单向离合器组装在一起,其结构如图 1-7 所示。导轮的作用是改变回流 ATF 的流向,ATF 冲击泵轮的叶片背面,促使涡轮旋转。因为作用在涡轮上的转矩由发动机的输入转矩和回流的转矩两部分组成,涡轮上的输出转矩大于发动机转矩,所以泵轮与涡轮的转速差越大,回流冲力越大,转矩增加越多,有利于车辆起步工况。而随转速差的缩小,回流冲力也降低,输出转矩相应减少,有利于车辆高速行驶时节省燃油。

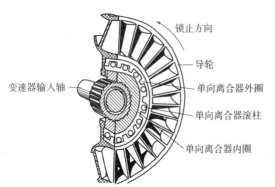

图 1-7 导轮与单向离合器的结构示意图

(2) 单向离合器

单向离合器又称为自由轮机构、超越离合器,其功用是实现导轮的单向锁止,即从发动机前端看,导轮只能顺时针转动而不能逆时针转动,使得液力变矩器在高速区实现耦合传动。

常见的单向离合器有楔块式和滚柱式两种结构形式。楔块式单向离合器如图1-8b)所示,由内座圈、外座圈、楔块(滚柱)、保持架等组成。导轮与外座圈连为一体,内座圈与固定套管刚性连接,不能转动。当导轮带动外座圈逆时针转动时,外座圈带动楔块逆时针转动,楔块的长径与内、外座圈接触,由于长径长度大于内、外座圈之间的距离,所以外座圈被卡住而不能转动。当导轮带动外座圈顺时针转动时,外座圈带动楔块顺时针转动,楔块的短径与内、外座圈接触,短径长度小于内、外座圈之间的距离,所以外座圈可以自由转动。

滚柱式单向离合器由内座圈、外座圈、滚柱、叠片弹簧等组成,如图1-8c)所示。当导轮带动外座圈顺时针转动时,滚柱进入楔形槽的宽处,内、外座圈不能被滚柱楔紧,外座圈和导轮可以顺时针自由转动。当导轮带动外座圈逆时针转动时,滚柱进入楔形槽的窄处,内、外座圈被滚柱楔紧,外座圈和导轮固定不动。

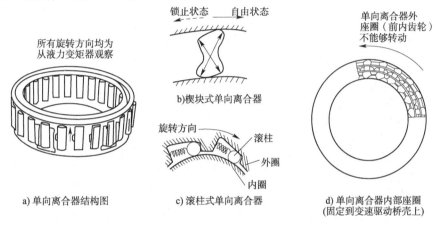

图1-8 单向离合器的工作原理示意图

(3)锁止离合器

锁止离合器简称TCC(Torque Converter Clutch)。锁止离合器可以将泵轮和涡轮直接连接起来,即将发动机与机械变速器直接连接起来,实现直接挡传动,提高液力变矩器的传动效率,从而提高了汽车的燃油经济性。

锁止离合器的常见结构,如图1-9所示。当车辆在良好路面行驶,车速(一般大于60km/h)、挡位等满足条件,锁止离合器需要接合时,进入液力变矩器中的ATF按图1-9a)所示的方向流动,使锁止活塞向前移动,压紧在液力变矩器壳体上,通过摩擦力矩使二者一起转动。此时,发动机的动力经液力变矩器壳体、锁止活塞、扭转减振器、涡轮轮毂传给后面的机械变速器,即将泵轮和涡轮刚性连在一起,传动比为1,相当于汽车以直接挡行驶。

当车辆起步、低速或在坏路面上行驶时,ATF流向锁止离合器的前面,因此,锁止离合器的前侧和后侧的压力相等,于是锁止离合器脱开,使液力变矩器具有变矩作用。此时ATF按图1-9b)所示的方向流动,将锁止活塞与液力变矩器壳体分离,解除液力变矩器壳体与涡轮的直接动力传递。

另外,锁止离合器在接合时还能减少变矩器中的ATF因液体摩擦而产生的热量,有利用降低ATF的温度。大多数锁止离合器盘上还装有减振弹簧,以减小锁止离合器在结合时瞬间产生的冲击力。

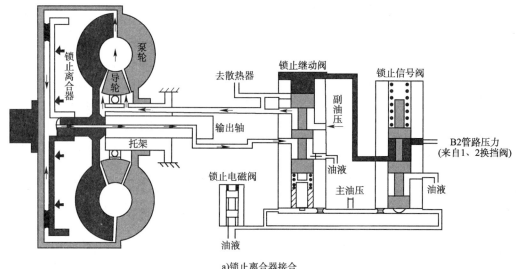

a) 锁止离合器接合

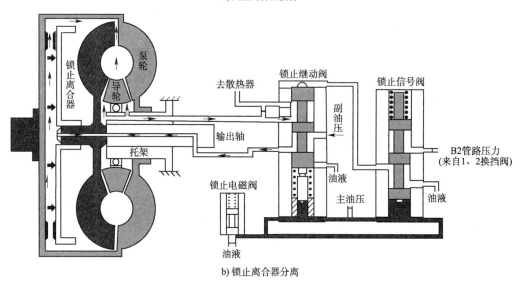

b) 锁止离合器分离

图1-9 锁止离合器的结构与工作原理示意图

1.2.2 液力变矩器的检修

1. 液力变矩器的失效分析

(1) 噪声

噪声通常发生在变矩器内,由轴承、泵轮、导轮、涡轮、锁止离合器和壳体发出。轴承噪声一般发生在车辆挂挡但不移动的情况下,此时涡轮是静止的,壳体旋转。而当车辆挂空挡时,噪声明显消失,这种故障现象显示的是轴承产生的噪声。

(2) 导轮的单向离合器失效

①导轮单向离合器常锁止。导轮单向离合器常锁止故障,会引起剧烈的驱动性能问题,一般情况下,当流体冲击导轮背部时,导轮惯性滑动,这是耦合点。而锁止的离合器则扰乱

了流体的流动,ATF从泵轮流过来还要流回去,而不是从泵轮流到涡轮。这就减缓了涡轮并引起了波动,导致高速功率损失,驾驶员会注意到每次升挡前的功率缺乏,导轮锁止故障会出现在高速小节气门开度行驶时,发动机产生过热,液力冲击过度会导致传动系统过热,从而导致散热系统的温度升高。

②导轮单向离合器不锁止。如果导轮正反向都能自由转动,导轮不再回流给泵轮,所有的增矩就消失了,低速转矩损失严重,这时液力变矩器的作用相当于耦合器。

(3) 液力变矩器的失衡

液力变矩器的失衡将导致振动故障,振动一般会在特定的发动机转速下出现,导致发动机产生一系列的问题。

(4) 变矩器膨胀

变矩器膨胀主要是由于变矩器内部油压偏高,导致壳体膨胀,这些故障原因通常是由高转速导致的高离心力引起的。

(5) 主轴承磨损

变矩器内部油压升高,会导致主轴承磨损,并反过来会导致发动机产生振动。

(6) 锁止离合器不锁止

锁止离合器不锁止则会导致液压控制系统过热,这里一般会有电控系统故障。

①锁止电磁阀工作不正常。

②传感器输入信号不正确。

③液压控制系统存在故障。

④锁止机构故障。

(7) 锁止离合器常锁止

锁止离合器常锁止相当于直接挡,常锁止的故障现象是发动机怠速正常,但选挡杆置于动力挡(R、D、S、L)后发动机会熄火,或导致低速到停车的过程中发动机产生熄火,驱动性能也会在低挡齿轮啮合时急剧下降。这种故障现象是因为锁止电磁阀工作异常、锁止阀卡滞故障等因素造成的。

(8) 锁止发抖

锁止发抖是指锁止机构工作和释放时产生的抖动,如果在锁止后抖动,故障原因很可能不在传动系或锁止机构上,离合器锁止增加了发动机和动力传递系统的负荷,抖动会由动力链中的任何部件产生。其原因有以下几个方面:

①点火系和线路连接器工作不良。

②燃油喷射系统工作不良。

③进气阀积炭。

④氧、MAF(空气流量计)、MAP(空气压力传感器)、EGR(废气再循环系统)传感器故障。

⑤发动机安装位置不正确。

⑥汽缸压力不一致。

⑦驱动轴、等速万向节存在故障。

如果抖动在锁止机构工作和释放时发生,则应检查液压安全装置,如液压系统密封件、电磁阀、轴套和阀体等部位。

2. 液力变矩器的拆卸

液力变矩器一般安装在与自动变速器壳体装配在一起的变矩器壳体内,在进行检修作业时必须拆卸自动变速器总成。

(1)关闭点火开关并断开蓄电池搭铁线10s以上。
(2)拆卸与自动变速器相连接的线束、驱动轴、换挡拉索和散热器油管等外围附件。
(3)拆下变矩器壳小挡板(在变矩器壳与发动机连接的一侧)。
(4)拆下液力变矩器与发动机飞轮的连接螺栓(一般有3个或4个)。
(5)使用液压运送顶托住自动变速器下部。
(6)拆卸自动变速器与发动机后端的固定螺栓和自动变速器支架螺栓。
(7)轻轻推动外壳体,使自动变速器壳体与发动机后端分离。
(8)降下液压运送顶,取出变速器总成。
(9)从变矩器壳体内取出变矩器。

3. 液力变矩器的清洗

自动变速器的ATF污染多表现在油液中存在金属粉末,这些金属粉末大部分来自离合器或制动器上的磨耗。清洗时,可加入专用清洗剂或煤油,在清洗台上一边旋转变矩器,一边不停地注入压缩空气,以便使清洗液作用得彻底(有条件可以切开变矩器总成,清洁完毕再焊接的方法,但必须做平衡试验),如图1-10a)所示。需要提示的是,清洗后一定要干燥,否则残余的煤油或清洗液与新加注的ATF混合,会加速ATF变质,缩短ATF使用周期。

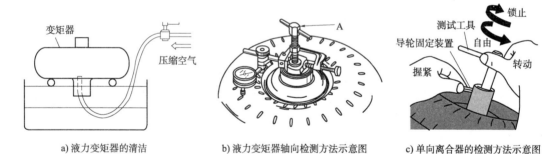

a) 液力变矩器的清洁　　b) 液力变矩器轴向检测方法示意图　　c) 单向离合器的检测方法示意图

图1-10　液力变矩器的检查方法示意图

4. 液力变矩器的检测

(1)涡轮转子的轴向间隙检测

液力变矩器的传递效率是否良好,除了可以进行失速试验以外,还可以通过测量液力变矩器内部涡轮转子的轴向间隙进行判断。检测时可按照图1-10b)所示方法,采用一丝杠A使涡轮下降到最低点,用百分表测得下降间隙变化量作为测量结果,并参阅检修车型维修手册的规格进行比较。间隙过小会使涡轮、泵轮和导轮互相发生运动干涉而产生故障,即使不发生干涉,也会使传动效率下降。而间隙过大表现为运行中变矩内有空气共鸣声音,同时油耗增加。如果液力变矩器有故障,一般采用更换变矩器总成的方法修复。

(2)单向离合器的检测

图1-10c)所示为单向离合器的检测方法,安装好检修专用工具,使其贴合在液力变矩器毂缺口和单向离合器的外座圈中,转动驱动杆,检查单向离合器的工作是否正常,从变矩器

与发动机连接传动板一侧(前)向驱动轴(后)一端看,在逆时针转动时应锁止,而在顺时针方向转动时,应能够自由转动。如有异常情况,说明单向离合器已损坏,应更换液力变矩器。

(3)液力变矩器轴套的偏摆量检测

暂时将液力变矩器安装在传动板上,安装好百分表进行检测,如图1-11所示。如果偏摆量超过0.3mm可通过重新调整液力变矩器的安装方位进行校正。并在校正后的位置上做记号,以确保安装正确。如果无法校正,应更换液力变矩器。

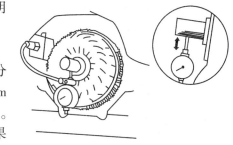

图1-11 液力变矩器轴套的偏摆量检测示意图

1.3 辛普森式行星轮系的组成与原理

在学习辛普森(SIMPSON)式行星轮系的组成之前,要先知道什么是行星轮系。在机械传动中,常将一系列相互啮合的齿轮组成传动系统,以实现变速、变向、分路传动、运动分解与组合等功能,这种由不同齿轮组成的传动系统称为轮系。由1个太阳轮、1个齿圈、1个行星架和支撑在行星架上的几个行星齿轮组成的轮系称为行星轮系,如图1-12所示。在行星轮系中,太阳轮、齿圈和行星架有一个共同的固定轴线,行星齿轮支撑在固定于行星架的行星齿轮轴上,并同时与太阳轮和齿圈啮合,当行星齿轮机构旋转时,空套在行星架上的行星齿轮轴上的几个行星齿轮一方面可以绕着自己的轴线旋转,另一方面又可以随着行星架一起绕着太阳轮公转,就如地球的运动一样,兼有自转和公转两种运动状态。在行星轮系中,具有固定轴线的太阳轮、齿圈和行星架为行星轮系的3个基本元件。行星齿轮系轴向尺寸小、结构紧凑、工艺要求低,因此广泛应用。

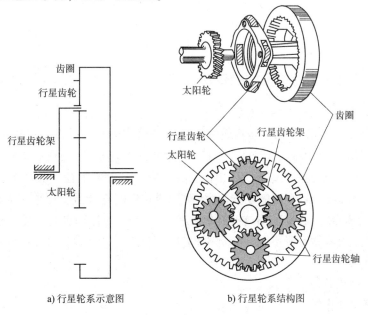

a) 行星轮系示意图　　b) 行星轮系结构图

图1-12 行星轮系示意图

在装配有自动变速器的汽车中,行星齿轮装置操纵减速、倒车、直接挡和加速挡行驶。行星齿轮装置由行星齿轮组、离合器和制动器组成。前行星齿轮组和后行星齿轮组连接到用于连接和断开动力的离合器和制动器,通过不同的固定件,实现不同传动比、空挡和倒挡传动的功能。

1.3.1 辛普森式行星齿轮机构的组成

辛普森式行星齿轮机构的组成特点是两排行星齿轮排共用一个太阳轮,如图 1-13 所示。前行星齿轮排安装在太阳轮的前部,后行星齿轮排安装在太阳轮的后部。两组行星齿轮排通过花键和变速器输出轴连接。其中,前行星齿轮排的行星托架通过花键和变速器输出轴连接,后行星齿轮排的齿圈通过花键和变速器输出轴连接,而变速器输出轴从太阳轮中间穿过,但两者没有连接关系。

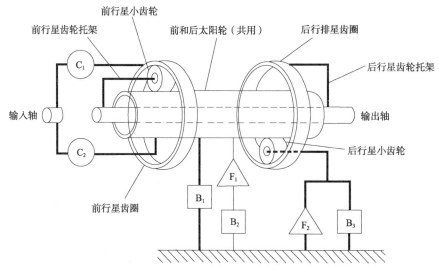

图 1-13 辛普森式行星齿轮机构的组成简图

1.3.2 辛普森式行星齿轮机构的传动原理

1. 辛普森式行星齿轮机构的组成

丰田 A140E 型自动变速器行星齿轮变速机构采用的辛普森式行星齿轮机构,其变速机械的组成、变速原理与 A540E、A541E 型自动变速器的变速机构相同。丰田 A140E 型自动变速器行星齿轮变速机构的传动原理如图 1-14a)所示,各部件的位置如图 1-14b)所示。它的控制装置有片式离合器、带式制动器、片式制动器和单向离合器。在采用辛普森式行星齿轮机构的自动变速器中,通常采用这些控制元件进行不同的运动组合。由于生产厂家的不同,这些控制元件的名称有所不同。各部件的功能如表 1-1 所示。A140E 型自动变速器行星齿轮机构的特点:

(1)前后行星排共用一个太阳轮。
(2)超速行星排中的行星架为动力输入轴。
(3)超速行星排的齿圈为动力输出。

项目一 汽车自动变速器不能起步的故障检修

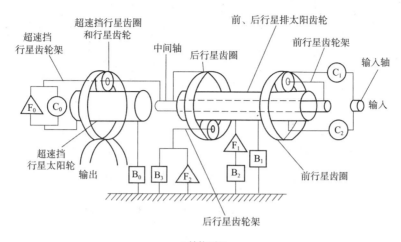

a) 结构原理

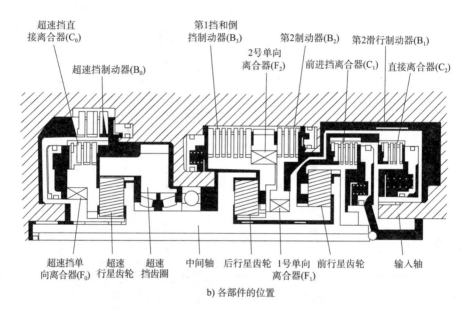

b) 各部件的位置

图 1-14 A140E 型自动变速器行星齿轮变速机构示意图

丰田 A140E 型自动变速器各部件的功能　　　　　　表 1-1

部件名称	部件功能
前进挡离合器	C_1：连接输入轴和前排行星齿轮
直接挡离合器	C_2：连接输入轴和前、后排行星太阳轮齿轮
2挡滑行制动器	B_1：防止前、后排行星太阳轮齿轮顺、逆时针方向转动
2挡制动器	B_2：防止 F_1 外座顺逆时针方向转动，以防止前、后排行星太阳轮齿轮转动
1挡及倒挡制动器	B_3：防止后行星齿轮架逆时针方向转动，顺、逆时针方向转动
1号单向离合器	F_1：当 B_2 接合时，防止前、后排行星太阳轮齿逆时针方向轮转动
2号单向离合器	F_2：防止后排行星齿轮架逆时针方向转动
超速挡直接离合器	C_0：连接超速挡太阳齿轮和超速挡行星齿轮架

续上表

部件名称	部件功能
超速挡制动器	B_0：阻止超速挡太阳齿轮顺、逆时针方向转动
超速挡单向离合器	F_0：阻止超速挡行星齿轮架逆时针方向转动，形成直接挡以下的各挡
行星齿轮组	这些齿轮按照每个离合器和制动器的工作情况做相应组合，改变驱动传输路线，以改变传动比和旋转方向

2．辛普森式行星齿轮机构部件工作状况

表1-2所列为A140E型自动变速器行星齿轮变速机构的离合器和制动器在各挡位置时的工作状态。

丰田A140E型自动变速器行星齿轮变速机构各离合器和制动器的工作情况　　　表1-2

换挡杆位置	挡位/部件代号	C_0	C_1	C_2	B_0	B_1	B_2	B_3	F_0	F_1	F_2
P挡位(停车)	停车挡										
R挡位(倒挡)	倒挡	●		●				●			
N挡位(空挡)	空挡	●									
D挡位(前进)	第1挡	●	●						●		●
D挡位(前进)	第2挡	●	●				●		●	●	
D挡位(前进)	第3挡	●	●	●			●		●		
D挡位(前进)	超速挡		●	●	●		●				
2挡位	第1挡	●	●						●		●
2挡位	第2挡	●	●			●	●		●	●	
2挡位	第3挡	●	●	●			●		●		
L挡位(低速)	第1挡	●	●					●	●		●
L挡位(低速)	第2挡	●	●			●	●		●	●	

发动机产生的动力经变矩器传给输入轴，然后借助离合器的运作，将动力传至行星齿轮。然后再依靠制动器和单向离合器的配合，使行星齿轮架或行星中心太阳轮齿轮停止转动，就可以实现所需要的变速。各个离合器和制动器由液压系统按ECT ECU的指令进行控制，挡位则根据节气门开度位置传感器和车速由ECM或ECT ECU来控制。

3．各挡动力传递路线（以丰田A341E自动变速器行星齿轮机构为例）

丰田轿车A341E自动变速器适用于2005年以后生产的雷克萨斯GS300、LX470、SC300、SC400和丰田大霸王增压型轿车（目前，高端车型仍然使用后驱式或全驱式，如奔驰、宝马等车系）。其行星齿轮机构是在辛普森式行星齿轮机构的基础上加一超速单排行星齿轮机构，即由三组单排行星齿轮机构组成，如图1-15所示。丰田A341E自动变速器换挡执行元件控制规律见表1-3。丰田A341E自动变速器除了行星齿轮机构外，还有输入轴、中间轴、输出轴，以及O/D超速挡离合器（C_0）、前进挡离合器（C_1）、直接挡离合器（C_2）、O/D超速挡制动器（B_0）、2挡滑行制动器（B_1）、2挡制动器（B_2）、1挡和倒挡制动器（B_3）、O/D超速挡单向离合器（F_0）、1号单向离合器（F_1）和2号单向离合器（F_2）等。

项目一 汽车自动变速器不能起步的故障检修

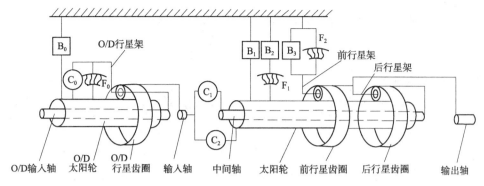

图 1-15 丰田 A341E 自动变速器行星齿轮机构示意图

丰田 A341E 自动变速器各离合器和制动器的工作情况　　　　表 1-3

手柄位置	挡位	C_0	C_1	C_2	B_0	B_1	B_2	B_3	F_0	F_1	F_2	实现变速器制动的挡位
P	停车挡	○										
R	倒挡	○		○				○	○			○
N	空挡											
D	1挡	○	○						○		○	
D	2挡	○	○				○		○	○		
D	3挡	○	○	○			○		○			○
D	超速挡		○	○	○		○					○
2	1挡	○	○						○		○	
2	2挡	○	○			○	○		○	○		
L	1挡	○	○					○	○		○	

注："○"表示工作状态。

(1) D-1 挡动力传动路线(C_0、F_0、C_1、F_2 工作)

如图 1-16 所示为 D-1 挡动力传动路线示意图。当汽车以 D-1 挡位行驶时,其动力传动路线是:发动机动力→液力变矩器→超速挡输入轴→超速挡行星架,由于 O/D 超速挡离合器(CO)接合和 O/D 挡单向离合器(F_0)锁定,使超速挡太阳轮与行星架锁在一起,转速相同,超速齿圈也以同一转速转动,即前部超速挡的传动比为1。动力传递为:输入轴→中间轴→此时前进挡离合器(C_1)接合,使后行星齿圈顺时针转动→后行星架顺时针转动→输出轴;另一传动路线:太阳轮逆时针转动→2号单向离合器(F_2)锁住前行星架不能逆转→前行星齿轮顺时针自转→前齿圈顺时针转动→输出轴。负荷被分为两部分,以防止过载。

(2) D-2 挡动力传动路线(C_0、F_0、C_1、B_2、F_1 工作)

如图 1-17 所示为 D-2 挡动力传动路线示意图。当汽车以 D-2 挡行驶时,其动力传动路线是:发动机动力→液力变矩器→超速挡输入轴→超速行星架,由于 O/D 超速挡离合器(C_0)接合和 O/D 超速挡单向离合器(F_0)锁定,使超速太阳轮与行星架锁在一起,转速相同,超速挡齿圈也以同一转速转动,即前部超速挡的传动比为1。动力传递为:输入轴→中间轴→此时前进挡离合器(C_1)接合,使后行星齿圈、后行星齿轮顺时针转动→2挡制动器(B_2)制动和1号单向离合器(F_1)锁住前后太阳轮不能逆转→驱动后行星齿轮架→输出轴。

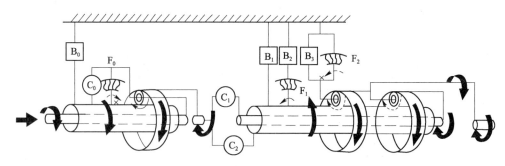

图 1-16　D-1 挡动力传动路线示意图

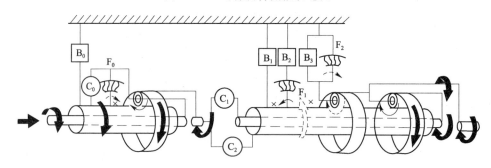

图 1-17　D-2 挡动力传动路线示意图

(3) D-3 挡动力传动路线（C_0、F_0、C_1、C_2、B_2 工作）

如图 1-18 所示为 D-3 挡动力传动路线示意图。当汽车以 D-3 挡行驶时，发动机动力→液力变矩器→超速挡输入轴→超速行星架，由于 O/D 超速离合器（C_0）接合和 O/D 超速挡单向离合器（F_0）锁定，使超速太阳轮与行星架锁在一起，超速挡齿圈也以同一转速转动，即前部超速挡的传动比为 1。动力传递为：输入轴→中间轴→此时前进挡离合器（C_1）和直接挡离合器（C_2）都接合→B_2 制动太阳轮只能顺转→前行星齿轮相对静止，而齿圈和太阳轮一起都顺时针转动→后行星齿轮相对静止、后齿圈和后行星架也以同样转速转动→输出轴，此时是直接挡。

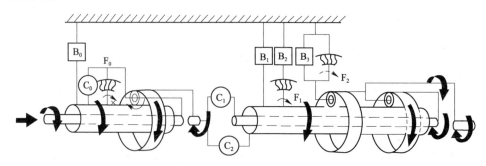

图 1-18　D-3 挡动力传动路线示意图

(4) D-4 超速挡动力传动路线（C_1、C_2、B_0、B_2 工作）

如图 1-19 所示为超速挡动力传动路线示意图。当汽车以 D-4 超速挡行驶时，传动路线如下：发动机动力→液力变矩器→超速挡输入轴→超速挡行星架顺时针转动→O/D 超速挡制动器（B_0）作用，使超速挡太阳轮固定→此时超速行星齿轮顺转→超速挡齿圈顺时针转动

(增速)→中间轴,此时前进挡离合器(C_1)和直接挡离合器(C_2)都接合→前行星齿圈和太阳轮都顺时针转动→后行星齿圈和后行星架也以同样转速转动(前、后行星排此时整体转动,传动比为1)→输出轴。

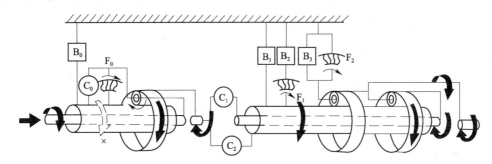

图1-19 D-4挡动力传动路线示意图

(5)2-2挡动力传动路线(C_0、C_1、B_1、B_2、F_0、F_1 工作)

2-1挡传动路线与D-1挡完全相同。2-3挡传动路线与D-3挡完全相同。2-2挡传动路线与D-2挡基本相同。区别在于挂2-2挡时,制动器(B_1)、制动器(B_2)和1号单向离合器(F_1)共同作用,这样使太阳轮固定(既不能顺时针转动,也不能逆时针转动)。因此,既保证2挡的传动路线,又保证在下坡时对发动机起制动作用,如图1-20所示。

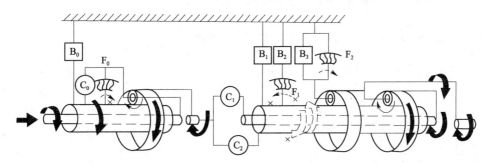

图1-20 2-2挡动力传动路线示意图

(6)L-1挡动力传动路线(C_0、F_0、C_1、B_3、F_2 工作)

L-1挡传动路线与D-1挡基本相同。其区别是在L-1挡时,倒挡制动器(B_3)和2号单向离合器(F_2)共同起作用固定前排行星架,这样既保证按1挡传动路线传动,又保证下坡时对发动机起制动作用,如图1-21所示。

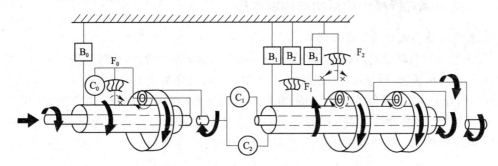

图1-21 L-1挡动力传动路线示意图

（7）R（倒）挡动力传动路线（C_0、F_0、C_2、B_3 工作）

汽车倒挡时，发动机动力传动路线是：发动机动力→液力变矩器→超速输入轴→超速行星架→由于 O/D 超速离合器（C_0）接合和 O/D 挡单向离合器（F_0）锁定，使超速太阳轮与行星架锁在一起的转速相同，超速挡齿圈也以同一转速转动，即前部超速挡的传动比为1。动力传递为：输入轴→直接挡离合器（C_2）接合，使太阳轮顺时针转动→倒挡制动器（B_3）制动使前行星架固定→前行星齿轮逆时针自转→前行星齿圈逆时针转动→输出轴。见图1-22所示。

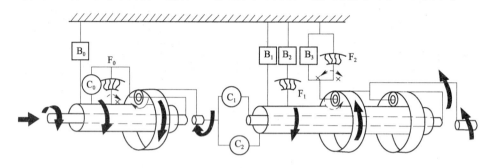

图1-22　倒挡动力传动路线示意图

1.4　拉维娜式行星轮系的组成与原理

1.4.1　拉维娜式（RAVIGNEAUX）行星齿轮机构的组成

拉维娜式行星齿轮机构的特点是自动变速器有两个太阳轮，两排行星齿轮共用一个齿圈、一个行星架。即在一个行星架上安装了相互啮合的两套行星齿轮，即长行星齿轮和短行星齿轮。短行星齿轮分别与1号（小）太阳轮和长行星齿轮啮合，长行星齿轮与短行星齿轮和2号（大）太阳轮以及齿圈啮合，如图1-23所示。其特点是结构紧凑、齿轮接触面积较大，可以由太阳轮、行星架或齿圈作为输出元件。

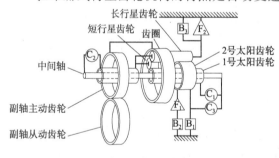

图1-23　拉维娜式行星齿轮机构简图

1.4.2　拉维娜式行星齿轮机构与控制原理

1. 典型拉维娜式自动变速器结构

雪铁龙 AT6 自动变速器结构为拉维娜式，如图1-24所示。其结构特点是在一个行星轮系里有两组行星齿轮，行星齿轮机构的大小太阳轮都可以作为动力输入元件。

在图1-24中，C_1 离合器连接前排行星架和后行星排的后太阳轮，C_2 离合器连接中间轴和后排行星架，C_3 离合器连接前排行星架和后行星排的中间太阳轮，B_1 制动器锁止后行星排的中间太阳轮，B_2 制动器锁止后行星排架，F_1 单向离合器与后排行星架反方向旋转时锁止。

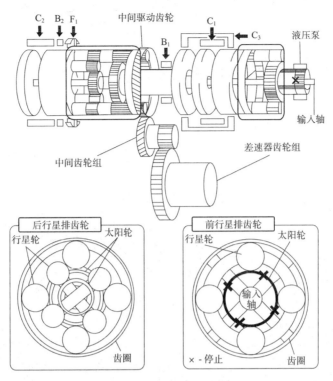

图 1-24 雪铁龙 AT6 拉维娜式行星齿轮结构示意图

2. 拉维娜式自动变速器控制原理

拉维娜式自动变速器换挡执行元件控制规律,如表 1-4 所示。

雪铁龙 AT6 自动变速器换挡执行元件控制规律 表 1-4

挡 位		电磁阀					离合器			制动器		单向离合器
		SLC1	SLC2	SLC3	SLB1	S_1	S_2	C_1	C_2	C_3	B_1	B_2	F_1
P		—	○	○	—	—	—	—	—	—	—	—	—
R	车速 $v \leq 7$km/h	—	○	○	—	○	—	—	—	○	—	○	—
	车速 $v > 7$km/h	—	○	○	—	—	○	—	—	○	—	—	—
N		—	○	○	—	—	—	—	—	—	—	—	—
D	1 挡	○	○	—	—	○	—	○	—	—	—	—	○
	1 挡发动机制动	○	○	—	—	○	—	○	—	—	—	—	○
	2 挡	○	○	—	○	○	—	○	—	—	—	○	—
	N 挡控制	△	○	○	—	△	—	△	—	—	△	—	○
	3 挡	○	○	—	—	—	—	○	○	—	—	—	—
	4 挡	○	—	—	—	—	—	○	○	—	—	—	—
	5 挡	—	—	—	—	—	—	○	○	○	—	—	—
	6 挡	—	—	○	○	—	—	—	○	○	○	—	—

注:○表示工作;—表示不工作;△表示在 N 挡时控制工作。

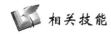

1.5 行星齿轮机构及组件的拆装与检测

1.5.1 行星齿轮机构组件

丰田 A340E 自动变速器机械系统行星齿轮机构组件及离合器、制动器结构组成如图1-25所示。

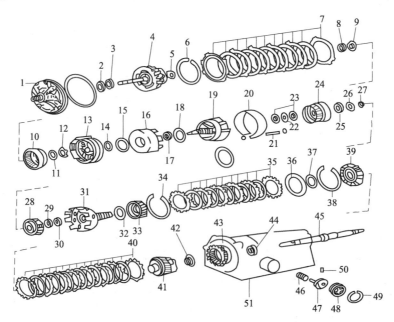

图1-25 A340E自动变速器行星排、离合器及其制动器组件示意图

1-液压泵；2、5、9、11、14、23、26、29-止推垫片；3、8、12、17、22、25、30、42、44-推力轴承；4-超速挡行星架和离合器组件；6、27、34、38、49-卡环；7-超速挡制动器主、从动盘；10-超速挡齿圈；13-超速挡制动器活塞毂；15、18、32、37-尼龙止推垫片；16-倒挡及直接挡离合器组件；19-前进挡离合器组件；20-2挡制动制动带；21-制动带销；24-前齿圈；28-前行星架；31-前后太阳轮组件；33-2挡单向离合器；35-2挡制动器主、从动盘；36-活塞衬套；39-2挡制动器活塞毂；40-低挡与倒挡制动器主、从动盘；41-后行星架和行星齿轮组件；43-后齿圈；45-输出轴；46-弹簧；47-2挡强制制动带活塞；48-2挡强制制动带液压缸盖；50-超速挡制动器活塞毂进油孔油封；51-变速器壳体

自动变速器机械系统组件拆卸方法如下：

(1) 从自动变速器前方取出液压泵、超速挡行星架、离合器组件及超速挡齿圈。

(2) 拆卸超速挡制动器。使用螺丝刀拆下超速挡制动器卡环，取出超速挡制动器主、从动盘。拆下超速挡制动器毂的卡环，松开壳体上的固定螺栓，用拉具拉出超速挡制动器毂。

(3) 拆卸2挡强制制动带活塞。从外壳上拆下2挡强制制动带液压缸缸盖卡环，用手指按住液压缸缸盖，从液压缸进油孔中吹入压缩空气，将液压缸缸盖吹出。

(4) 取出中间轴，拆下直接挡与倒挡离合器和前进离合器组件。

(5) 拆出2挡强制制动带销轴，取出制动带。

(6) 拆下前行星排，取出前齿圈，将自动变速器立起，用木块垫住输出轴，拆下前行星架上的卡环,拆出前行星架和行星齿轮组件。

(7)取出前后太阳轮组件和低挡单向离合器。

(8)拆卸2挡片式制动器,拆下卡环,取出2挡片式制动器的所有主、从动盘(钢片、摩擦片)及活塞衬套。

(9)拆卸输出轴、后行星排和低、倒挡制动器组件,拆下卡环,取出输出轴、后行星排、前进挡单向离合器、低挡及倒挡制动器和2挡制动器毂组件。

1.5.2 行星齿轮机构机械故障

同手动变速器一样,行星齿轮机构机械故障的原因主要有齿轮折断、磨损和轴承磨损等。将损坏部件更换后,故障就可排除,但一个机械部件的损坏必定引起前后两侧相邻部件的磨损甚至损坏,这时就要仔细检查,尤其是对磨损部件,应检查是否有继续使用的可能。

1. 变速齿轮机构故障现象

(1)异响。异响可分为两种情况:行驶中突然产生很大的异响,然后车辆不能行驶。此类故障是由严重的损坏造成的,主要原因有输入轴、输出轴断裂;齿圈、太阳轮、齿轮等断裂;行星齿轮从行星架中脱出。对于此类故障,只要打开变速器后便可迅速发现。车辆能够行驶,但自动变速器内部有异响,此类故障在拆解时应注意检查止推轴承是否烧结、散架,常见的止推垫片有平面止推垫片和带固定爪的止推垫片,带爪的止推垫片有3个固定爪的,也有4个固定爪的,固定爪脱落、垫片自动转动也可引起异响。

(2)撞击声。撞击声主要在以下两种情况中出现:在起动状态踩住制动踏板,将换挡手柄从P或N挡挂入D或R挡时,变速器内部发出撞击声;行驶中急加速或急减速时出现。引起撞击声的原因有各部分的配合间隙过大、止推垫片磨损过度、止推垫片或推力轴承磨损或检修时漏装等。

(3)不能升挡。变速机构造成不升挡的原因是齿圈和离合器组件烧结在一起,离合器组件失效,从而引起不能升挡。

2. 行星齿轮机构常见的损坏形式及原因

(1)行星齿轮从行星架上脱落,这是行星齿轮式变速器较常见的故障,主要原因是配件质量不符合要求。

(2)行星轮与行星架间隙过大,主要原因是自然磨损超限。

(3)卡环脱落。其原因是配件质量差或拆卸时将卡环撬变形所至。

1.6 自动变速器机械系统的分解检查

现以丰田A340E自动变速器总成的解体检查为例予以讲述。

1.6.1 自动变速器总成的分解

1)自动变速器检修的注意事项

(1)发动机、ECU、底盘或变速器本身的工况状况都会影响变速器性能,检修自动变速器前,必须先确定故障到底发生在哪一部分。

(2)拆卸和分解变速器过程中,保持零件的原来安装顺序,防止弄乱,以便装复。

(3)对各个组件进行分解、检查和装配时,应依次分组进行,以免混淆。

(4)分解变速器前应对外部进行彻底清洗,以免发生拆卸过程中零部件污染。

(5)所有零部件必须用清洗剂彻底清洗干净,并用高压空气吹干,且吹通各油道小孔。

(6)分解液压阀体总成时,注意钢球的位置,防止丢失。

(7)分解、检查、清洗阀门时,需分别进行,注意阀芯及弹簧的安装方向。

(8)凡开口销、密封垫、O形圈、油封等零件都属一次性使用的耗材,每次修理均需更换新件。

(9)磨损的衬套要更换,必须同带有衬套的那个零件总成一起更换。

(10)推力轴承和座圈滚道若已磨损或损坏必须更换。

(11)更换新离合器片、制动器片和制动带时,在装配前必须放在ATF中浸泡至少15min。

(12)所有密封环、离合器片、旋转元件的滑动表面,在装配时都应涂抹ATF。

(13)为了组装方便,小零件需用凡士林粘贴在它们的位置上,不可用润滑脂。

(14)在密封垫或类似零件上不能用密封胶。

2)自动变速器的分解步骤

(1)将自动变速器放置于洁净的工作台面上。

(2)清洁变速器外部。

(3)拆除所有安装在自动变速器壳体上的外围部件,如操纵机构、加油管、空挡起动开关线路、车速传感器、输入轴传感器等。

(4)拆卸自动变速器的前后壳体、油底壳。

(5)从自动变速器前方取下液力变矩器。

(6)松开紧固螺栓,拆下自动变速器前端的液力变矩器壳体,拆下液压泵固定螺栓,用专用工具拉出液压泵总成。

(7)拆除输出轴凸缘和自动变速器后端壳,从输出轴上拆下车速传感器的信号转子(可以拆下时)。

(8)拆下油底壳所有连接螺栓后,用维修专用工具的刃部插入变速器与油底壳之间,切开所涂密封胶,注意不要损坏油底壳凸缘。

(9)检查油底壳中的颗粒:取出磁铁,观察其收集的金属颗粒。若是钢(磁性)性材料,则说明轴承、齿轮和离合器钢片存在磨损;若是黄铜(非磁性)材料,则说明是衬套磨损。

(10)拆下连接在液压阀板上的所有线束插头。

(11)拆下电磁阀,拆下与节气门阀连接的节气门拉索(注:此为液控式自动变速器,大多数ECAT由节气门位置传感器提供信号,无节气门拉索)。

(12)用螺丝刀小心地撬动液压油管并取下。

(13)松开进油滤网与液压阀板之间的固定螺栓,从阀板上拆下进油滤清器。

(14)拆下液压阀板与自动变速器壳体之间的连接螺栓,取下阀板总成上的螺栓,除了一部分是固定在变速器壳体上之外,还有许多是上下阀板之间的连接螺栓。在拆卸液压阀板总成时,应对照检修车型的维修手册,认准阀板总成与自动变速器之间的固定螺栓。或在拆卸阀板时,先松开阀板四周的固定螺栓,再检查阀板总成是否松动。若未松动,可将阀板中间的固定螺栓逐个松开少许,直至阀板松动为止,这时即可找出阀板上所有与自动变速器壳体固定连接的螺栓。

液压阀板总成以整体结构装在自动变速器的下部(或侧面),是精密的配合偶件,稍有差错、撒落碰伤,都会影响自动变速器的正常工作,所以不要轻易分解。

(15)取出自动变速器壳体油道中的单向阀和弹簧,如图1-26a)所示。

(16)取出自动变速器壳体油道中的蓄压器活塞,方法是:用手指按住蓄压器活塞,向蓄压器活塞周围相应的油孔中吹入压缩空气,如图1-26b)所示,将蓄压器活塞吹出。

(17)拆下手控阀拉杆和停车锁止爪,必要时也可卸下手控阀操纵轴。

1.6.2 超速行星排、单向离合器与超速挡离合器检查

1. 超速行星排与单向离合器的拆卸步骤(以丰田A341E自动变速器为例)

(1)拆下液压泵固定螺栓,用专用工具拉出液压泵总成,见图1-27。

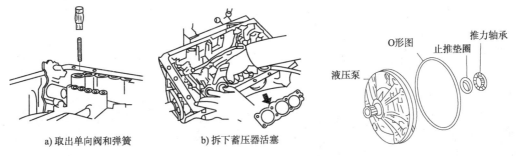

a) 取出单向阀和弹簧 b) 拆下蓄压器活塞

图1-26 拆卸单向阀与蓄压器活塞示意图

图1-27 超速行星排前的液压泵拆卸示意图

(2)按图1-28所示的顺序和方法,从自动变速器总成前方拆下超速挡组件。

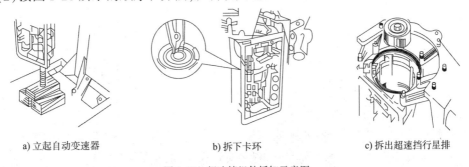

a) 立起自动变速器 b) 拆下卡环 c) 拆出超速挡行星排

图1-28 超速挡组件拆卸示意图

(3)拆卸超速挡制动器。用螺丝刀拆下超速挡制动器卡环,取出超速挡制动器主、从动盘(钢片和摩擦片,下同)。拆下超速挡制动器毂的卡环,松开壳体上的固定螺栓,用拉具拉出超速挡制动器毂。

(4)拆卸2挡强制制动带活塞。从外壳上拆下2挡强制制动带液压缸缸盖卡环,用手指按住液压缸缸盖,向液压缸进油孔中吹入压缩空气,将液压缸缸盖和活塞吹出。

(5)拆出2挡强制制动带销轴,取出制动带。

(6)取出中间轴,拆下直接挡、倒挡离合器和前进挡离合器组件。

(7)取出前行星排和齿圈,将自动变速器立起,用木块垫住输出轴,拆下前行星架上的卡

环,如图1-28b)所示。拆出前行星架和行星齿轮组件,如图1-28c)所示。

2. 超速行星排、单向离合器的分解

(1)超速挡行星排各零件间的安装位置如图1-29所示。在分解过程中,应按顺序分解摆放超速挡组件和前行星排组件。

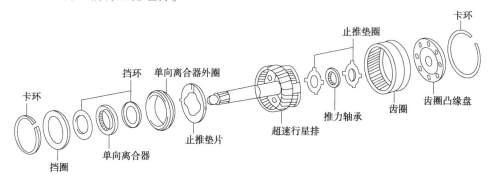

图1-29 超速挡行星排各零件间的安装位置示意图

(2)拆卸凸缘盘和单向离合器。

拆卸凸缘盘、单向离合器和超速挡离合器,离合器活塞行程检查如图1-30所示。取出卡环,卸下内齿圈凸缘盘;卸下卡环,拆下止动板、单向离合器和止推垫圈,从外滚道上取出单向离合器。使用加入和放出压缩空气(0.5~0.7MPa)的方法,用专用工具和百分表检测超速挡离合器活塞行程,活塞行程一般为1.5~1.9mm(技术标准应参照具体车型维修手册,下同)。如果超速挡离合器活塞行程不符合技术要求,则另选用不同规格的凸缘盘进行适配。

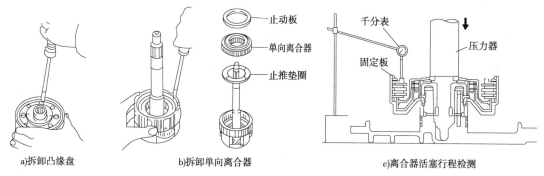

a)拆卸凸缘盘　　b)拆卸单向离合器　　c)离合器活塞行程检测

图1-30 拆卸凸缘盘和单向离合器示意图

3. 超速行星排、单离合器的检查

超速行星排与单向离合器分解后应进行检查,工作内容有:

(1)行星齿轮机构的检查

①检查行星齿轮和轴有无烧蚀现象。行星齿轮和轴如有出现烧蚀现象(黑边或呈暗紫色),则说明超速挡工作时严重超载,行星轮架或行星轮轴可能已发生变形。检修时如需更换超速星排总成,或成对更换行星齿轮、行星齿轮架或行星齿轮轴。如果行星齿轮轴本身有旋具插口时,用旋具即可将轴拆下,安装时使用凡士林把轴与筒间的滚针轴承粘好。

②行星齿轮变速机构的工作间隙检测。对行星齿轮变速器需要检测行星齿轮与行星架、齿圈衬套直径,检测方法如图1-31所示。用厚薄规检测行星齿轮轴向间隙,一般为

0.2~0.6mm,最大不能超过0.65mm。齿圈衬套直径检测结果应该符合本型号技术装配要求(具体检测标准请查阅拆卸车型自动变速器的维修规格)。

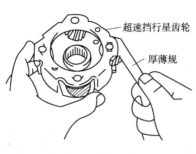
a) 检查行星齿轮与行星架间隙

b) 检查齿圈衬套直径

图 1-31　超速行星排的检测示意图

(2)超速挡装配后单向离合器锁止方向检查

超速行星排装配后,应该检查超速挡单向离合器的锁止方向是否工作可靠,检查方法按图 1-32 所示进行,检查转动输入轴应使该单向离合器外圈(行星架)相对于内圈(超速离合器毂)在逆时针方向(由自动变速器前方向后看,下同)锁止,在顺时针方向可以自由转动。

4. 超速挡离合器的检查

(1)检查超速挡离合器活塞行程

①将液压泵放在液力变矩器上,然后将超速挡离合器总成放在液压泵上。

图 1-32　装配后超速挡单向离合器锁止方向检查示意图

②使用加入和放出压缩空气(0.5~0.7MPa)的方法,用专用工具和百分表检测超速挡离合器活塞行程,如图 1-33 所示。活塞行程一般为 1.45~1.70mm(技术标准应参照具体车型维修手册)。如果检测结果不在标准范围之内,应检查原因并检修,直到符合技术要求。

(2)拆卸凸缘盘与主、从动盘

拆卸凸缘盘和主、从动盘方法,如图 1-34 所示。

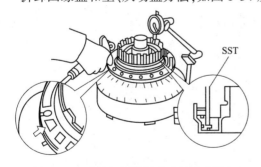

图 1-33　超速挡离合器活塞行程检测示意图

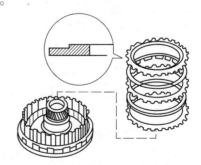

图 1-34　拆卸凸缘盘与主、从动盘示意图

①从超速挡离合器转毂上卸下卡环。
②拆卸凸缘盘与主动盘(钢片)、从动盘(摩擦片)。

(3)卸下活塞复位弹簧

①将专用工具放在弹簧保持架上,用压力机压缩复位弹簧,如图1-35所示。

②使用专用工具取出卡环。

③取出活塞复位弹簧,如图1-36所示。检测活塞弹簧自由长度,不得低于原标准长度的2mm。

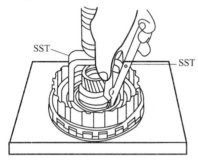
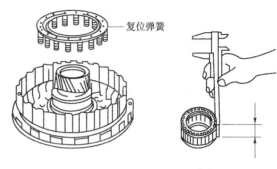

图1-35 压缩复位弹簧示意图　　　　图1-36 取出复位弹簧示意图

(4)拆卸超速挡离合器活塞

①将液压泵放在液力变矩器上,然后将超速挡离合器放在液压泵上。

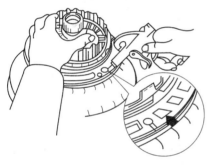

②用手握住离合器活塞,对油缸吹压缩空气,取出超速挡离合器活塞,如图1-37所示。

③取下活塞上的O形密封圈。

(5)检查超速挡离合器主、从动盘与活塞

①检查超速挡离合器主、从动盘的滑动表面是否磨损或烧伤,必要时应进行更换,如图1-38所示。如果制动盘衬面有剥落、变色或磨损,则所有的从动盘都应更换,装配新盘之前,应在ATF中浸泡15min以上(其他离合器、制动器的从动盘检修与此类似)。

图1-37 直接挡离合器活塞拆卸示意图

②检查离合器活塞单向阀是否可靠有效,加压缩空气检查,单向阀不应漏气,方法如图1-39所示。

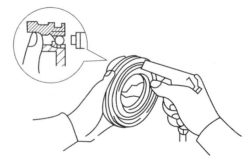

图1-38 从动盘检查示意图　　　　图1-39 检查单向阀应不漏气示意图

(6)检查超速挡离合器复位弹簧

检查超速挡离合器的复位弹簧自由长度,标准自由长度一般为15.8mm,如图1-40所示。

（7）检查超速挡离合器转毂衬套

使用百分表测量离合器转毂衬套的内径，最大直径应符合技术标准要求，如图 1-41 所示。如果内径大于最大值，则更换离合器转毂。

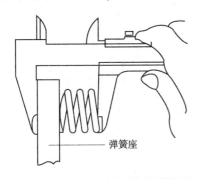

图 1-40　检查超速挡离合器复位弹簧长度　　图 1-41　测量离合器转毂衬套的内径示意图

超速行星排、单向离合器与超速挡离合器的装配与拆卸工序相反，安装前，应使用 ATF 清洗、浸泡后再行安装为宜。

1.6.3　前行星排、2 挡单向离合器的分解检查

（1）检查 2 挡单向离合器锁止方向及锁止是否可靠有效。

（2）按图 1-42 所示的顺序分解前行星排组件。

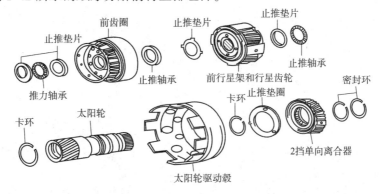

图 1-42　前行星排和 2 挡单向离合器的分解

1.6.4　后行星排、低挡单向离合器的分解检查

（1）按照图 1-43 所示的方法，用左手握住行星架，右手转动低挡单向离合器内圈，检查锁止方向，从变速器前端向后看，应该使外圈相对于内圈顺时针自由转动，逆时针锁止。

（2）按照图 1-44 所示的顺序分解后行星排和低挡单向离合器。分解前，用厚薄规检测行星齿轮轴向间隙一般为 0.2～0.6mm，最大值不能超过 0.8mm，齿圈衬套直径检测结果应该符合本型号技术装配要求。

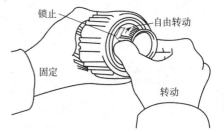

图 1-43　低挡单向离合器锁止方向的检查示意图

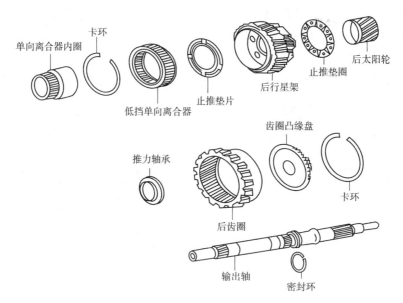

图 1-44 后行星排和低挡单向离合器解体示意图

1.6.5 直接挡、倒挡离合器的分解检查

直接挡、倒挡离合器的零部件组成,如图 1-45 所示。

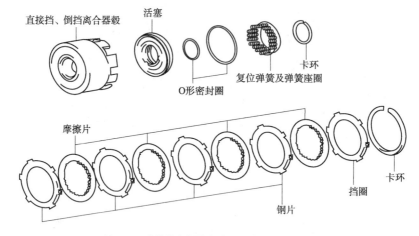

图 1-45 直接挡与倒挡离合器的分解检查示意图

(1)使用螺丝刀拆下卡环、取出直接挡、倒挡离合器的挡圈、主从动盘,如图 1-46a)所示。

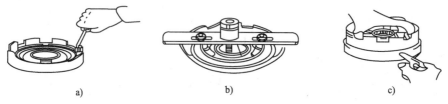

图 1-46 直接挡与倒挡离合器分解检查示意图

(2)使用专用工具将直接挡、倒挡离合器活塞复位弹簧座圈压下,用卡环钳或螺丝刀拆下卡环,取出复位弹簧及弹簧座圈,如图1-46b)所示。

(3)将直接挡、倒挡离合器装在超速挡制动器毂上,按照如图1-46c)所示的方向向油道吹入空气,取出前进挡离合器活塞。

(4)取下活塞内、外圈上的两个O形密封圈。

1.6.6 前进挡离合器的分解检查

按照图1-47a)所示的安装顺序解体前进挡离合器。图1-47b)所示为离合器活塞行程检查,向油孔内吹入压缩空气,检查活塞行程一般为1.35~1.60mm,如果行程过大,可更换不同厚度的凸缘盘来调整。凸缘盘一般有8种厚度规格,每增加0.10mm为一种规格,从3.0~3.7mm不等,视具体车型而定。

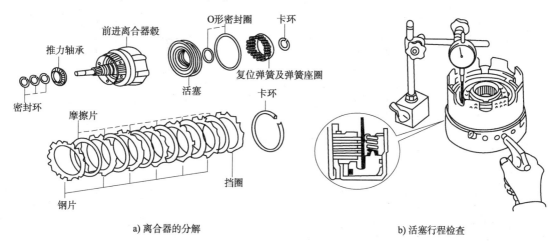

图1-47 前进挡离合器的分解与检查示意图

(1)使用螺丝刀拆下卡环,取出前进挡离合器的挡圈、主从动盘,如图1-48a)所示。

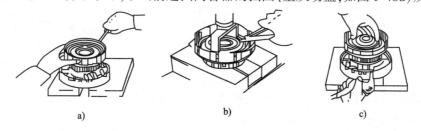

图1-48 前进挡离合器的分解示意图

(2)使用专用工具将前进挡离合器活塞复位弹簧座圈压下,用卡环钳或螺丝刀拆下卡环,取出复位弹簧及弹簧座圈,如图1-48b)所示。

(3)将前进挡离合器装在超速挡制动器毂上,按照如图1-48c)所示的方向向油道吹入压缩空气,取出前进挡离合器活塞。

(4)取下活塞内、外圈上的两个O形密封圈和前进挡离合器毂前端轴颈上的密封环。

上述离合器安装时,充入0.5~0.7MPa的压缩空气测量离合器活塞行程,离合器活塞行程一般为1.5~1.9mm,不符合要求的采用凸缘盘进行调整。检修时可按具体车型维修手册要求调整。安装新从动盘之前,应将从动盘浸泡在 ATF 中 15min 以上。

1.6.7 制动器的分解检查

(1) 超速挡制动器的分解检查

在分解自动变速器时,超速挡制动器的主、从动盘已经拆出,如图 1-49 所示。

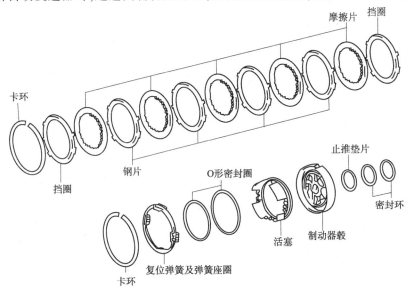

图 1-49 超速挡制动器的分解检查示意图

① 使用专用工具将活塞复位弹簧座圈压下,用卡环钳或螺丝刀拆下卡环,取出复位弹簧及弹簧座圈,如图 1-50a) 所示。

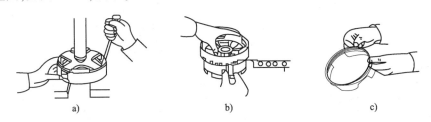

图 1-50 超速挡制动器的拆卸分解示意图

② 将超速挡制动器毂装在直接挡、倒挡离合器上,按照图 1-50b) 所示的方向向油道吹入压缩空气,取出前进挡离合器活塞。

③ 取下离合器活塞内、外圈上的两个 O 形密封圈及制动器毂后端轴颈上的密封环和推力轴承座,如图 1-50c) 所示。

(2) 2 挡制动器的分解检查

在分解自动变速器时,2 挡制动器的主、从动盘已经拆出,如图 1-51 所示。这里只需要分解 2 挡制动器毂即可。

① 使用专用工具将 2 挡制动器活塞复位弹簧座圈压下,用卡环钳或螺丝刀拆下卡环,取出复位弹簧及弹簧座圈,如图 1-52a) 所示。

② 按照图 1-52b) 所示的方向向 2 挡制动器毂外圈上的油道吹入压缩空气,取出活塞。

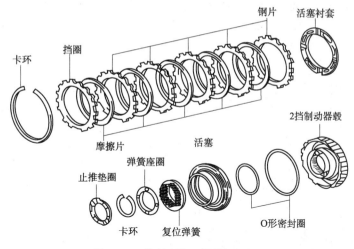

图 1-51　2 挡制动器 B_2 的分解示意图

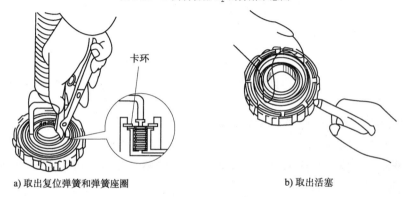

a) 取出复位弹簧和弹簧座圈　　b) 取出活塞

图 1-52　2 挡制动器的拆卸示意图

(3) 低挡、倒挡制动器的分解检查

在分解自动变速器时,低挡、倒挡制动器的主、从动盘已经拆出,如图 1-53 所示。

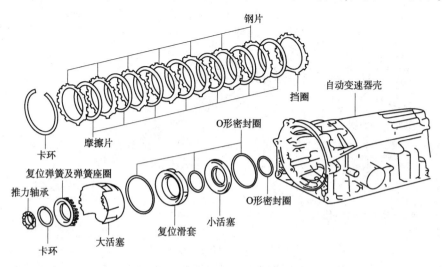

图 1-53　低、倒挡制动器分解检查示意图

①使用专用工具将自动变速器壳体内的低挡、倒挡制动器活塞复位弹簧座圈压下,用卡环钳或螺丝刀拆下卡环,如图1-54a)所示。

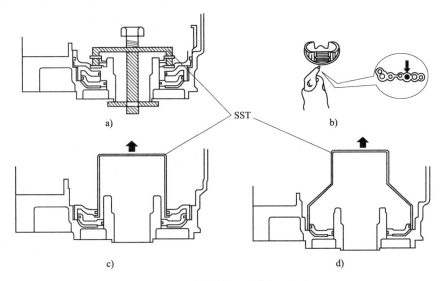

图1-54 低、倒挡制动器的分解示意图

②按照图1-54b)所示的方向向壳体上的低、倒挡制动器进油孔吹入压缩空气,取出大活塞。

③使用专用工具取出复位滑套和小活塞,如图1-54c)、d)所示。

上述制动器安装时,制动器主、从动盘组件安装间隙一般为0.60~1.32mm。检修时可按具体车型维修手册要求调整。安装新从动盘之前,应将从动盘浸泡在ATF中15min以上。

(4)带式制动器的检查

制动带绕在制动毂的外圆圈上,该制动带的一端用销固定到传动桥外壳上,而另一端通过液压操纵的活塞杆连接制动器活塞。制动活塞可通过压缩弹簧而使活塞杆运动。带式制动器零部件结构如图1-55所示。其拆卸检修步骤如下:

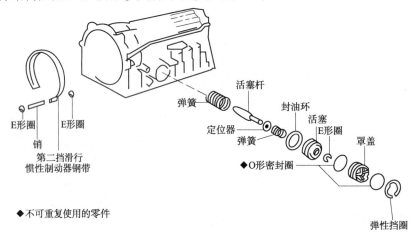

图1-55 带式制动器零部件结构图

①使用螺丝刀拆卸下弹性挡圈,取下罩盖,使用0.1MPa的低压缩空气吹出活塞,制动带

销和制动器钢带。如果制动带的衬片硬化、变色、烧焦、表面粉末冶金层脱落,甚至印有数字的部分表层烧伤,应该更换制动带,如图1-56a)所示。检查或安装时不要反折制动带,防止变形。安装时充入0.5~0.7MPa的压缩空气测量活塞行程,活塞行程一般在1.5~3.0mm不等。

②活塞杆检查,如果制动带检查完好,因活塞杆行程不在技术要求范围内,则应该选择活塞杆,如图1-56b)所示。活塞杆选择可按本车型技术要求选配。维修中可提供2种以上不同长度的活塞杆(常见的有70.7mm、71.4mm、72.2mm和72.9mm配件,视具体车型而定)以使制动带和制动毂之间的间隙能够被调节。当制动带在自动变速器大修期间用新的配件更换时,新的制动带在安装前要浸泡在ATF中15min以上。

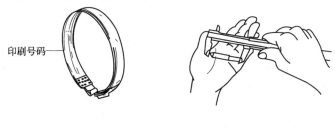

a) 制动带检查　　　　　　　　b) 活塞杆检查

图1-56　制动带和活塞杆检查示意图

③检查带式制动器的伺服机构部件有无磨损和划痕,检查带式制动器活塞,其表面应无损伤或拉毛,其液压缸内表面应无损伤或拉毛,否则应予更换。

1.6.8　自动变速器的安装

参照自动变速器拆装注意事项,按拆卸的逆过程安装自动变速器机械系统。

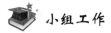

实施生产任务一小组的工作步骤如下:

(1)每6~8名学生组成1个工作小组,确定1名小组长,接受工作任务,做好工作准备。

(2)阅读工作单,查阅维修手册(或实训指导书),观察待修自动变速器系统形式,讨论故障检测方法和步骤,确定小组人员工作分工。向实训指导教师汇报讨论结果,经指导教师同意后,开始下一步的工作。

(3)按照工作单的引导,查阅、识读自动变速器结构图、元件工作表、电路图,完成待修自动变速器系统的分解、清洁、检测、分析、检查和修理工作。

(4)在完成工作任务的过程中,根据工作单的要求,完成自动变速器各行星齿轮机构、离合器、制动器实物的认识、工作原理描述等学习任务。

(5)完成工作单要求的自动变速器零部件的检验和检测工作,将检测结果记录在工作单的相应栏目内,并对照本车型标准参数数值作出分析。

(6)回答指导教师的现场提问,接受指导教师的技能考核。

(7)完成工作任务后,对工作过程进行自我评价和小组互评,听取指导教师的点评。

(8)清洁工作场所,维护好维修工具和设备,完成任务交接。

生产任务二　汽车自动变速器油(ATF)的检查和更换

1. 工作对象

配备液力自动变速器故障车辆(或 AT 实训台架)1 部。

2. 工作内容

(1)领取所需的工具、检测仪器(含诊断仪)、耗材(包括 ATF),做好工作准备(包括举升机、压缩空气准备、电源检查等)。

(2)举升车辆到适宜检修的高度,挂 N 挡,拉紧驻车制动器手柄,起动发动机待 ATF 温度正常后,按规范检查 ATF 的液面高度、油品质量(基本检查)。

(3)在车辆上找到自动变速器主油路检测口,装上油压检测仪检测主油路的油压(选做)。

(4)拉紧驻车制动器手柄,踩住行车制动器踏板,分别挂入 D 挡和 R 挡位,踩下加速踏板使节气门全开,读取并记录发动机瞬间最高转速(失速试验选做)。

(5)分别挂入 D 挡、S 挡、L 挡和 R 挡位,读取并记录发动机怠速工况下各挡油压表指示值;踩下加速踏板使节气门全开,读取并记录发动机瞬间最高转速工况下各挡油压表指示值(油压试验选做)。

(6)根据检测结果与技术标准相比较,分析故障可能原因,找到故障部位并实施检修,恢复汽车的行驶性能。

(7)如需要更换 ATF,则必须按维修手册规范步骤和要求进行。

(8)起动发动机,使用诊断仪删除故障码,重复检查故障现象,直到故障现象消失。否则,重复上述步骤。

(9)检查、评价工作质量。

(10)整理工具,清洁工作场地。

3. 工作目标与要求

(1)学生应以小组工作的方式,完成本项工作任务。

(2)学生应当能在小组成员的配合下,利用汽车维修手册(或实训指导书),制定工作计划,实施工作计划。

(3)能通过阅读液力自动变速器检修资料和现场观察,辨别所检修液力自动变速器 ATF 的选用规格。

(4)能准确表述 ATF 的基本检查、失速试验与油压试验的工作过程、实施规范的试验方法和 ATF 更换步骤。

(5)能根据检测结果,应用诊断知识进行故障原因分析,确定故障部位并修复故障。

(6)能向客户解释所修车辆液力自动变速器液压液力系统的故障情况和修复方案。

(7)能按规范的步骤,完成自动变速器液压液力系统的检测和修理作业,恢复汽车的行驶能力。

(8)在工作过程中注意工作安全,做好废料的处理,保持工作环境整洁。

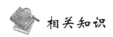

1.7 自动变速器液压控制系统的组成与主要部件

1.7.1 液力控制机构的基本组成

自动变速器的自动控制是由液压控制系统来完成的。液压控制系统由三部分组成：动力源、控制机构和执行机构。动力源是由液力变矩器驱动的液压油泵，它除了向控制器提供补偿油液，并使其内部具有一定的压力，还为行星齿轮机构提供润滑；控制机构包括调压阀、手动阀、换挡阀、锁止离合器控制和缓冲安全系统，根据其换挡控制信号和换挡阀采用的是全液压元件还是电子控制元件，又可分为电控式和液控式两种。执行机构包括离合器、制动器、单向离合器和液压缸。液压控制系统主要由储液灌、液压油泵、回油管路、冷却器、控制滑阀和活塞等组成，如图1-57所示。液压控制系统主要液压油路油压的功能，如表1-5所示。

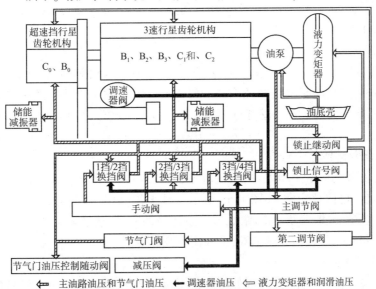

a) 液压系统控制路径

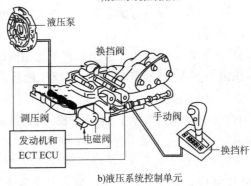

b) 液压系统控制单元

图1-57 自动变速器液压控制系统的液压路径示意图

液压控制系统主要液压油路油压的功能 表1-5

油压名称	功 能
主油路油压	由一次调节阀调节的主油路油压的作用使变速器中所有离合器和制动器工作,也是自动变速器中其他油压(如调速器油压、节气门油压)的来源
液力变矩器和润滑用油压	由二次调节阀产生,为液力变矩器供应自动变速器内部润滑用油,润滑变速器壳体和轴承等,并且将ATF送到冷却器
节气门油压	由一次节气门阀调节的节气门油压,随加速踏板踩下的程度相应增加或减小。调速器阀调节的调速器油压与车速相对应。这两种油压之差是决定换挡点的主要因素
调速器油压	

1.7.2 液力控制系统的主要部件

1. 储液灌

储液灌又称油底壳,用来存储ATF,同时也可以起到冷却ATF的作用。当液压油泵工作时,需要有气孔通入大气压,否则无法工作。回油管路也是必备的,否则液压系统很快就会因缺油而无法工作。

2. 液压油泵

液压油泵功用使ATF产生一定的压力和流量,供给液力变矩器和液压控制系统所需的液压油,并保证行星齿轮机构各摩擦副的润滑需要。液压油泵工作时都是由变矩器轴套的缺口来驱动的,转速与发动机转速相同。常见的液压油泵的形式有内啮合齿轮泵、摆线转子泵和叶片泵。

(1) 内啮合齿轮泵

内啮合齿轮泵结构由主动齿轮、从动齿轮、壳体、油封等组成。壳体的从动齿轮槽内有一个月牙形凸台,也称月牙泵,如图1-58所示。其工作原理:主动齿轮带动从动齿轮旋转,在齿轮脱离啮合的一端,容积不断增大,成为低压吸油腔,把油吸入泵壳内;在齿轮开始啮合的一端,容积不断减小,成为高压油腔,把油压出泵体外。

(2) 摆线转子泵

摆线齿轮泵又称转子泵,其组成如图1-59所示。摆线齿轮泵是一种特殊的内啮合齿轮泵。内转子为外齿轮,其齿廓曲线是外摆线。外转子为内齿轮,其齿廓曲线是圆弧曲线。内、外转子的旋转中心不同,两者之间具有偏心距。一般内转子的齿数为10个,外转子的齿数为11个(比内转子多一个齿)。

工作原理是:发动机旋转时,变矩器驱动液压泵转子朝相同的方向旋转,转子转动,工作腔的容积发生变化,容积由小变大,形成局部真空,将液压油从进油口吸入;容积由大变小,形成局部高压,将液压油从出油口排出。

摆线齿轮泵具有结构简单、紧凑、噪声小、运转平稳、高速性能良好等优点。缺点是液流脉冲大、加工精度要求高。

(3) 叶片泵

叶片泵可分定量叶片泵和变量叶片泵。叶片泵主要由定子、转子、叶片及泵壳等组成。图1-60所示为变量叶片泵的结构示意图。

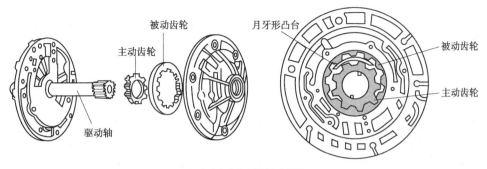

a) 内啮合齿轮泵结构示意图

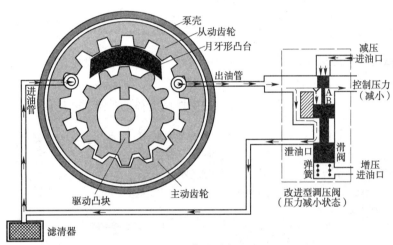

b) 工作原理图

图1-58 内啮合齿轮泵工作原理图

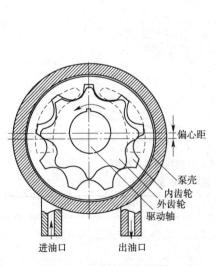

图1-59 摆线转子泵示意图

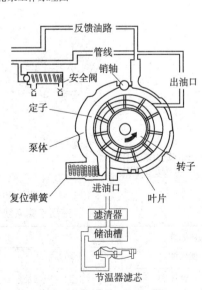

图1-60 变量叶片泵的结构示意图

定量叶片泵特点是油泵的排量不变,为保证发动机在低速时的正常泵油,以满足自动变速器的工作需要,要求油泵的排量应足够大。但发动机高速时,因泵油量增多,此时的泵油还必须排泄掉,从而造成发动机动力损失。

变量泵特点是油泵的排量可变,以减少高速运转时的发动机动力损失。其结构特点是:定子不固定,而是绕一个销轴做一定的摆动,以改变定子和转子之间的偏心距,从而改变油泵的排量。

工作过程:液压油泵运转时,定子的位置由控制腔内来自调压阀的反馈油压来控制。当液压油泵转速较低时,泵油量较少,调压阀控制反馈油压减小,定子在复位弹簧的作用下绕销轴向左偏转一个角度,加大了定子与转子的偏心距,使液压油泵的排量增大。当液压油泵转速升高时,泵油量增多,调压阀控制反馈油压增大,在油压作用下,使定子绕销轴向右偏转一个角度,减小了定子与转子的偏心距,使液压油泵的排量减小,使泵油量减少。

3. 阀体

液压控制系统的各种阀通常集中在一个阀体上。阀体的结构较复杂,通常由上阀体、下阀体和手动阀体组成,由阀体中各个阀门控制液压,并切换液体通道。丰田 A340E 液压控制系统阀体如图 1-61 所示。液压控制系统主要控制阀体的功能,如表 1-6 所示。

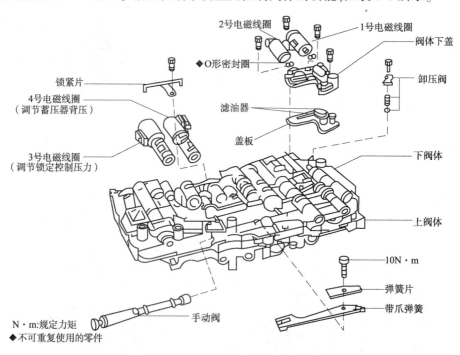

图 1-61 丰田 A340E 自动变速器阀体示意图

液压控制系统主要控制阀的功能 表 1-6

阀体名称	功能
主调压阀	产生主油路油压
第二次调压阀	产生液力变矩器油压和润滑用油压
手动阀	由换挡操纵杆操作,控制每个挡位的油道

续上表

阀体名称	功 能
节气门位置传感器	提供产生与节气门开度匹配的节气门油压信号
节气门油压控制修正阀	如果节气门油压高于预定压力,降低由一次调节阀产生的主油路油压
调速器阀	产生与车辆匹配的调速器油压
减压阀	如果调速器油压高于节气门油压,降低由节气门产生的节流压力
1挡/2挡换挡阀 2挡/3挡换挡阀 3挡/4挡换挡阀	选择作用于换挡执行机构的主油路油压,油路(1挡/2挡)、(2挡/3挡)、(3挡/4挡)
锁止信号阀	确定锁止离合器开关正时,并将油压传到锁止继动阀
锁止继动阀	控制液力变矩器中的锁止离合器工作油压
蓄能减振器	降低离合器、制动器产生的振动

4. 主油路调压阀

主油路调压阀由主调压阀和第二调压阀组成,如图1-62所示。结构主要由滑阀、柱塞及弹簧等组成。

(1)主调压阀

主调压阀的功用:根据节气门开度和选挡杆位置的变化,将液压泵的油压调节至规定值,形成稳定的工作油压。一般汽车低速或怠速行驶时产生0.3~0.8MPa的油压;汽车高速行驶时产生1.2~1.4MPa的油压;汽车倒挡行驶时产生1.6~1.8MPa的油压。同时,向第二调压阀提供液压油和一定的油压。建立上述油压是最重要、最基本的压力,其原因是:

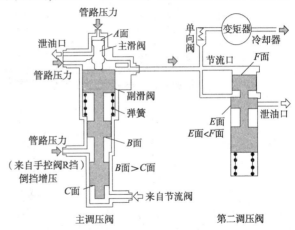

图1-62 主调压阀和第二调压阀组成示意图

①用于操作自动变速器内所有离合器和制动器的动作。
②为自动变速器内所有其他压力提供压力源。

工作原理是主调压阀的主滑阀受4个力作用:管路油压作用于A面——调压;反压弹簧的张力——产生基本压力;节气门压力作用于C面——根据节气门开度调节油压;手控阀R油压作用于(B-C)面——倒挡增压;液压泵运转,其压力油进入主调压阀,经调压后的油路压力便可根据需要稳定在某一数值。

当节气门开度较大时,由于发动机输出功率和变速器所传递的转矩都较大,为了防止离合器、制动器等换挡执行元件打滑,主油路油压应能随着节气门开度的增大而升高,节气门油压反馈至主调压阀弹簧端,以使主油路油压升高。

因为倒挡使用时间短,为了减小变速器尺寸,倒挡离合器和倒挡制动器在设计上采用了较少的摩擦片,但其传递的转矩又较前进挡大,为了防止其打滑,要求倒挡工作时油压更高,手控阀的倒挡油压反馈至主调压阀下端,以使主油路油压升高。

（2）第二调压阀

第二调压阀的功用是将主油路压力油减压后送入液力变矩器，并使其压力保持在 0.196~0.490MPa。当发动机停止转动时，关闭液力变矩器的油路，以保证下次正常传递转矩。同时，将液力变矩器内受热后的压力油送至冷却器冷却，并让一部分冷却后的压力油流回变速器，对轴承及齿轮进行润滑。

工作原理是当供给液力变矩器的油压升高时，阀芯上端 F 面作用压力上升，迫使阀芯下移，打开泄油口泄压。

5. 手动阀

手动阀又称选挡阀，它是一种手动控制的多路换向阀，位于控制系统的阀板总成中，经机械传动机构与自动变速器的操纵手柄相连，由驾驶员手动操作。操纵手柄处于不同位置时，手动阀也随之移至相应的位置，使进入手动阀的主油路油压与不同的控制油路接通，或直接将主油路压力油送入不同挡位的控制油路。

图1-63所示为典型手动阀的结构和原理简图。手动阀由几段直径相同的阀芯组成，控制阀体上不同油道的开通和关闭，手动阀所处的位置与选挡手柄的位置相同，手动阀的进油口与主油路调压阀相通，出油口与各换挡阀、顺序动作阀等相通。

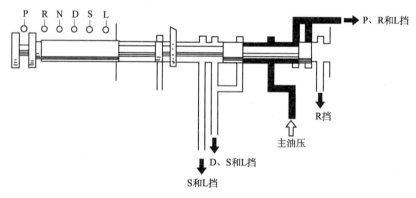

图1-63 手动阀的结构与原理示意图

6. 变速换挡控制阀

变速换挡控制阀（简称换挡阀）是一个2位换向阀，它根据发动机负荷（节气门位置）或车速的变化，自动控制挡位的升降，使自动变速器处于最适合汽车行驶状态的挡位上。自动变速器都有一个或几个换挡控制阀，其数目根据变速器前进挡位数而定。

电控液力自动变速器换挡阀的工作完全由换挡电磁阀控制。控制方式有两种：一种是占空比（脉宽）控制，即通过脉宽控制开启或关闭换挡阀控制油路孔来控制换挡阀的工作；另一种是开关型的控制，即通过开关开启或关闭换挡阀控制油路来控制换挡阀的工作。

占空比（脉宽）控制方式工作原理如图1-64a）所示，当换挡电磁阀不通电时，电磁阀开启，电磁阀中的供应口（管路压力）打开，与输出口（离合器压力或制动器压力）接通。当电流接通时，电磁阀中的供应口（管路压力）关闭，输出口（离合器压力或制动器压力）与排放口接通，释放离合器压力。

开关方式工作原理如图1-64b）所示，当电流接通时，电磁阀开启，电磁阀内的输出口与供应口（电磁阀降低压力）接通，输出压力与电磁阀压力下降相等。当无电流流动时（断电）

关闭,电磁阀输出口与排放口接通,释放输出压力。

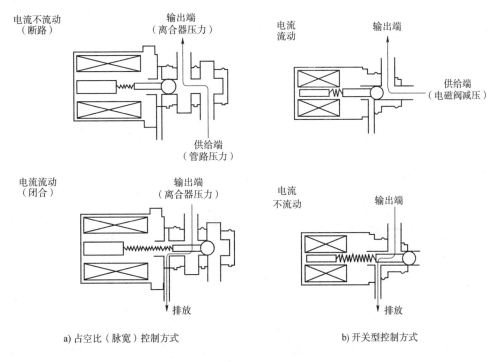

图 1-64 换挡控制阀的工作原理示意图

7. 蓄压器

蓄压器的作用是减小换挡冲击。蓄压器储能减振的工作过程,如图 1-65 所示。由于蓄压器活塞的工作侧和背压侧的表面积不同,当来自手动阀的油路压力作用在工作一侧时,活塞慢慢上升,使送往离合器和制动器的油路压力渐渐升高。

1.8 换挡执行机构

1. 换挡执行机构的组成

行星齿轮变速器中的所有齿轮都处于常啮合状态,挡位变换必须通过以不同方式对行星齿轮机构的不同元件进行约束(即固定或连接某些基本元件)来实现。能对这些基本元件实施约束的机构,就是换挡执行机构。执行机构主要由离合器、制动器和单向离合器三种执行元件组成,离合器和制动器是以液压方式控制行星齿轮机构元件的旋转,而单向离合器则是以机械方式对行星齿轮机构的元件进行单向锁止。

2. 离合器

多片湿式离合器是用来连接输入轴或输出轴和某个基本元件,或将行星齿轮机构中某两个基本元件连接在一起实现转矩的传递。

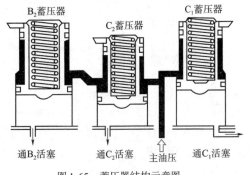

图 1-65 蓄压器结构示意图

多片湿式离合器结构,如图1-66所示。一般为多片摩擦式,是液压控制的执行元件。其基本构造由离合器壳、离合器活塞、复位弹簧、离合器片(钢片、摩擦片)、花键毂等组成。摩擦片与旋转的花键毂的齿键连接,可轴向移动,为输入端,片上有钢基粉末冶金层或合成纤维层。主动钢片与转动毂的内花键连接也可轴向移动,可输出转矩。活塞为环状,另外活塞上有密封圈和复位弹簧。

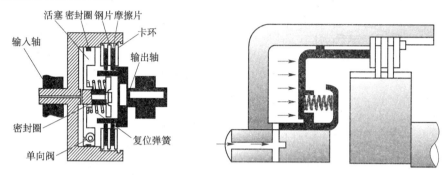

图1-66 湿式多片离合器的结构示意图

动力传递。当压力油经油道进入活塞左面的液压缸时,液压力克服弹簧力使活塞右移,将所有离合器片压紧,离合器接合。当控制阀将作用在离合器液压缸的油压力撤除后,离合器活塞在复位弹簧的作用下回复原位,并将缸内的变速器油从进油孔排出,离合器分离。

离合器自由间隙。离合器处于分离状态时,离合器片之间有一定的轴向间隙,该间隙一般为0.50~0.90mm不等,以保证钢片和摩擦片之间无轴向压力。间隙调整由8种厚度规格凸缘来替换,每增加0.20mm为一种规格,从0.30~0.40mm不等,详查维修手册。

3. 制动器

制动器分为片式制动器和带式制动器两种。

(1) 片式制动器

片式制动器的结构与片式离合器相同,如图1-67a)所示。不同之处是制动器从动片的外缘花键齿与固定的变速器外壳连接,可轴向移动,以便接合时将主动件制动,使行星齿轮机构改组换挡。这种制动器接合的平顺性好,间隙无须调整,其缺点是轴向尺寸大。能通过增减摩擦片数来满足不同排量发动机的要求,因此受到小轿车的广泛应用。

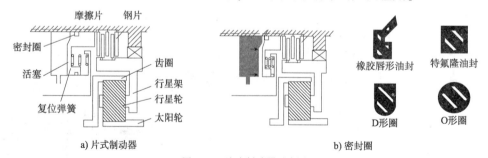

图1-67 片式制动器示意图

制动盘和钢片的数量根据自动变速器的型号而不同,即使在相同型号的自动变速器中,盘的数量可以因与驱动桥配套的发动机而不同。用新盘更换制动盘时,应在安装时将新盘浸在ATF中15min以上。

在离合器和制动器中使用多种类型的密封圈,如图1-67b)所示。密封圈的作用是防止执行元件产生泄漏。D形圈的典型使用位置是离合器壳和活塞内部,而O形圈则用于防止油液沿轴的周围泄漏,这些密封圈均是易耗品,一经拆卸,必须更换新件。

(2)带式制动器

带式制动器由制动带、油缸、活塞和调整件组成,如图1-68所示。当液压施加到活塞上时,活塞在活塞缸内向左运动,压缩弹簧,活塞杆随活塞左移动并推动制动带的一端。因为制动带另一端是固定在变速器外壳上的,所以制动带的直径减小,使制动带夹紧在毂上从而使制动毂不能运动,此时,在制动带和制动毂之间产生大的摩擦力使制动毂或一部分行星齿轮不能运动。当压缩液体从缸中排出时,活塞和活塞杆被外弹簧的力推回,制动毂与制动带松开。同样,内弹簧有两个功能:吸收制动毂的反作用力和减少制动带夹紧时产生的振动,外弹簧为活塞的复位弹簧,内弹簧为旋转毂反作用力的缓冲弹簧,防止活塞振动。调整点多在制动带的支撑端,可在体外调整或拆下油底壳调整,拧动调整螺栓来调整(经验方法:旋紧后再松2~3圈即可),调整好后再用锁紧螺母锁紧。

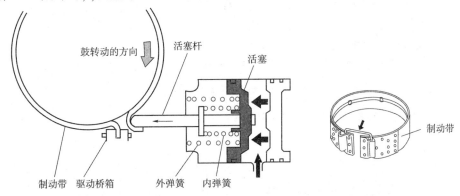

图1-68 带式制动器结构示意图

优点:结构简单易于安装,带式制动器轴向尺寸小可缩短变速器的长度。

缺点:使变速器壳体上产生局部的高应力区,制动带磨损后需要调整间隙,工作的平顺性差,控制油路中多需要配置缓冲阀。

4.单向离合器

单向离合器的作用是单方向固定行星齿轮机构中某个基本元件的转动。常见形式有滚柱斜槽式(液力变矩器常用)和楔块式(行星齿轮变速器常用),如图1-8所示。检修时,从发动机方向往后看,顺时针可以转动,逆时针锁止。

相关技能

1.9 液压系统的拆装与检修

1.9.1 液压油泵的检测

视频 1.9

常见的液压油泵是内啮合齿轮泵,在使用中由于磨损、密封老化等因素导致泵油效率下降,而使车辆无法正常行驶。因此,必须对液压油泵进行检修,其检验步骤如下:

(1) 检查从动齿轮与壳体的间隙

图1-69a)所示,将从动齿轮推向壳体一侧,使用厚薄规检测间隙。一般从动齿轮与壳体间隙为0.075~0.150mm,最大壳体间隙为0.30mm。超出技术要求,则应更换从动齿轮或壳体。

(2) 检查从动齿轮齿顶间隙

图1-69b)所示,使用厚薄规检测从动齿轮齿顶与月牙形之间的间隙。一般齿顶与月牙形间隙为0.004~0.248mm,最大齿顶间隙为0.30mm。超出技术要求,则应更换从动齿轮或壳体。

(3) 检查两齿轮端面间隙

图1-69c)所示,使用直角尺和厚薄规检测两齿轮端面间隙。一般两齿轮端面间隙为0.02~0.05mm,两齿轮端面最大间隙为0.10mm。超出技术要求,则应更换齿轮或壳体。

a)从动齿轮壳体间隙检查　　b)从动齿轮齿顶间隙检查　　c)主、从动齿轮端面间隙检查

图1-69　液压油泵间隙检查示意图

1.9.2　阀体的拆装与检修

1. 拆卸阀板总成

(1) 清洁变速器外部。

(2) 拆卸所有安装在自动变速器壳体上的外围零部件,如加油管、空挡起动开关、车速传感器、输入轴传感器等。

(3) 从自动变速器前方取下液力变矩器。

(4) 松开紧固螺栓,拆下自动变速器前端的液力变矩器壳。

(5) 拆除输出轴凸缘和自动变速器后端壳,从输出轴上拆下车速传感器的驱动(或信号)转子。

(6) 拆下所有油底壳连接螺栓后,用维修专用工具的刃部插入变速器与油底壳之间,切开密封胶,注意不要损坏油底壳凸缘。

(7) 检查油底壳中的磨损微小颗粒,取下用于收集颗粒的磁铁,观察其收集的金属颗粒。若是钢(磁性)性材料,则说明轴承、齿轮和离合器钢片存在磨损;若是黄铜(非磁性)材料,则说明是衬套磨损。

(8) 拆下连接在阀板上的所有线束插头。

(9) 拆下所有的电磁阀。

(10) 用螺丝刀把液压油管小心地撬起松动并取下。

(11) 松开进油滤网与扣板之间的固定螺栓,从阀板上拆下进油滤清器。

(12) 拆下液压阀板与自动变速器壳体之间的连接螺栓,取下阀板总成阀板上的螺栓,除了一部分是固定在变速器壳体上之外,还有许多是上下阀板之间的连接螺栓。在拆卸阀板总成时,应对照检修车型的维修手册,认准阀板与自动变速器之间的固定螺栓;或在拆卸阀板时,先松开阀板四周的固定螺栓,再检查阀板总成是否松动。若未松动,可将阀板中间的固定螺栓逐个松开少许,直至阀板松动为止,此时即可找出阀板上所有固定在自动变速器上的螺栓,如图1-70所示。

(13)取下自动变速器壳体油道中的单向阀和弹簧。

(14)取下自动变速器壳体油道中的蓄压器活塞。取出方法是用手指按住蓄压器活塞,向蓄压器活塞周围相应的油孔吹入空气,将蓄压器活塞吹出。

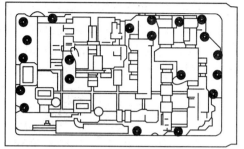

图1-70 阀板总成连接螺栓示意图

2.液压阀板总成分解

液压阀板是自动变速器中最精密的部件之一,其性能好坏直接影响到自动变速器的换挡规律。在拆检自动变速器时,并非一定要拆检阀板,以免无谓的拆装破坏阀板内各个控制阀的装配精度。只有在自动变速器换挡规律失常或摩擦片严重烧毁、阀板内沾有大量摩擦粉末时,才对阀板进行拆检修理。不论是液力式控制系统还是电液式控制系统,其阀板的检修方法是基本相同的。

液压阀板的分解应特别小心,不能丢失或分散细小的节流阀、安全阀、随动阀和有关的复位弹簧。

(1)按图1-71所示的顺序拆下阀板上的手控阀阀芯及电磁阀等零件。

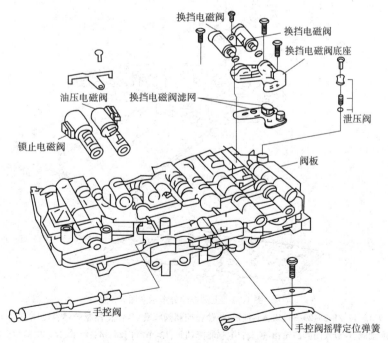

图1-71 手控阀和电磁阀的拆卸示意图

(2)如图1-72所示,松开上下阀板之间的固定螺栓,将上下阀板分开。在拿起上阀板时为了防止上阀板油道内的单向节流阀门的球阀掉落,应将上下阀板之间的隔板和衬垫与上阀板一块拿起,并将上阀板油道一面朝上放置,用木锤轻轻敲击隔板,防止小的球阀粘在隔板上,然再取下隔板。特别是在没有详细技术资料的情况下检查自动变速器时,更要特别注意。如果阀板油道内的某个球阀或其他小零件掉出,由于阀板油道的形状十分复杂,往往会因找不到这些小零件的原有位置而不能正确安装,导致修理后的自动变速器产生新故障。

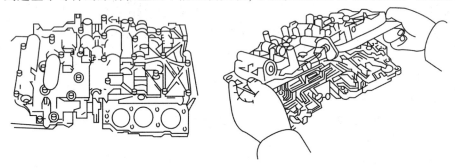

图 1-72 上下阀板的分解示意图

(3)从上阀板一侧取下隔板,取出阀板油道内的所有单向阀中的球阀。

(4)按图 1-73 所示的顺序拆出上阀板中所有的控制阀。在拆出每个控制阀时,应先取出锁销和挡塞,再让阀芯和弹簧从阀孔中自由落出。如果阀芯在阀孔中有卡滞,不能自由落出,可用橡皮锤轻敲阀板,将阀芯振出。不能使用铁丝或钳子伸入阀孔去取阀芯,以免损坏阀孔内径或阀芯。

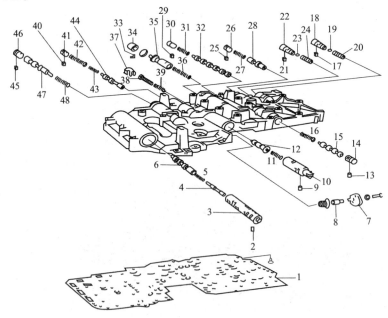

图 1-73 上阀板的分解示意图

1-隔板和衬垫;2、9、13、17、21、25、29、33、40、45-锁销;3-锁止控制阀阀套;4-锁止控制阀;5、11、16、27、31、36、39、42、43、48-弹簧;6-锁止继动阀;7-节气门阀凸轮;8-锁套;10-强制降挡阀;12-节气门阀;14、18、22、26、30、34、41、46-挡塞;15-3/4挡换挡阀;19、23-单向阀球阀;20、24-单向阀;28-倒挡控制阀;32-2/3挡换挡阀;35-前进挡蓄压器活塞;37-锁片;38-节气门油压控制修正阀调节螺钉;44-前进挡蓄压器节流阀;47-第二调压阀

(5)按图1-74所示的顺序拆出下阀板中所有的控制阀。

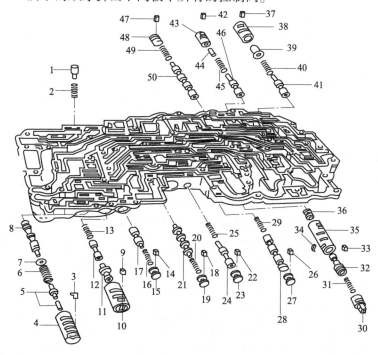

图1-74 下阀板的分解示意图

1、17-单向阀;2、6、13、16、20、25、29、31、40、45、49-弹簧;3、9、14、18、22、26、33、34、37、42、47-锁销;4、10、35、38、43-阀套;5、11、36、39、44-阀杆;7-垫圈;8-主调压阀;12-锁止控制阀;15、19、23、27、30、48-挡塞;21-电磁转换阀;24-电磁调节;28-截止阀;32-蓄压器控制阀;41、46-滑行调节阀;50-1/2挡换挡阀

3. 液压阀体总成零部件的检修

(1)将上下阀体的所有控制阀的零件用清洗剂(如汽车4S店常见的化油器清洗剂等)清洗干净。

(2)检查控制阀阀芯表面,如有轻微的刮痕,可使用金砂纸抛光或更换。

(3)检查各个阀弹簧有无损坏,测量各个阀弹簧的自由长度,如不符合技术要求,应更换。各个阀弹簧的自由长度可查阅检修车辆的维修手册,如检测结果小于标准值或弹簧歪斜,则应更换。

(4)检查滤油器,如有损坏或堵塞,应更换。

(5)检查隔板,如有创伤或损坏,应更换。

(6)更换隔板上的纸质衬垫。

(7)更换所有塑胶材料的球阀。

(8)如控制阀卡死在阀孔中,应更换阀板总成。

4. 阀体总成零部件检修注意事项

由于阀板中各个控制阀的加工精度和配合精度都极高,不正确的检修方法往往会损坏控制阀,影响其正常工作。因此在检修阀板时,应注意以下几点:

(1)拆检阀板时,切不可让阀芯等重要零件掉落,不要将铁丝、螺丝刀等硬物伸入阀孔中,以免损伤阀芯和阀孔的精密配合表面。

(2)阀板分解后的所有零件在清洗后,可用压缩空气吹干。不允许用棉布擦拭,以免沾上细小的纤维丝,造成控制阀卡滞和堵塞。

(3)装配阀板时,应检查各控制阀阀芯是否能在阀孔中活动自如。如有卡滞,应清洗后重新安装。

(4)不能在阀板衬垫及控制阀的任何零件上使用密封胶或黏合剂。

(5)在更换隔板衬垫时,要将新旧件进行对比,确认无误后再装入,以防止因零件规格不符而影响自动变速器的正常工作。有些自动变速器的修理包中没有阀板的隔板衬垫,在维修中如果旧衬垫破损,可用青壳纸(即电工用绝缘纸)自制。方法是:将旧衬垫的形状画在青壳纸上,用割纸刀和圆冲照原样刻出。

(6)在分解、装配阀板时,要有详细的技术资料(如阀板分解图)作为对照。如果在检修时没有这些资料可供参考,可以在分解之前先画出阀板的外形简图,然后每拆一个控制阀,就在阀板简图的相应位置上画下该控制阀的形状和排列顺序,同时测量并记下各个弹簧的外径、自由长度和圈数,以作为装配时参考。拆下的各个控制阀零件要按顺序排放,以便于重新安装。另外,在分解上、下阀板时,要特别注意不要使用阀板油道中的球阀、滤网等小零件掉出。在拿上阀板时,要将隔板连同阀板一块拿起,待翻转阀板使油道一面朝上,轻轻敲打隔板,使各阀门小球落位,再拿开隔板。认清上下阀体油道路中所有球阀等零件的位置并记下不同球阀的位置,然后才能取出球阀等零件,进行下一步检查。

(7)安装阀板总成时,其连接螺栓的拧紧力大约在10N·m,切勿使用蛮力操作。

5. 蓄能器活塞的拆卸检查

蓄能器活塞的拆卸检查,如图1-75所示。

(1)使用压缩空气(0.5~0.7MPa)对准进油口进行吹扫,并用抹布接住被弹出的活塞,然后卸下弹簧。

(2)从蓄能器活塞上取下2只O形密封圈。

(3)依次取出蓄能器活塞、弹簧等零件,并进行技术检查,如有变形、划伤应更换新件,同时更换密封圈。

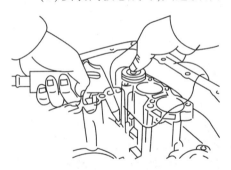

图1-75 蓄能器活塞的拆卸检查示意图

液压阀板总成的组装按解体的逆操作过程进行,这里不再赘述。

小组工作

实施生产任务二的小组工作步骤如下:

(1)每6~8名学生组成1个工作小组,确定1名小组长,接受工作任务,做好工作准备。

(2)阅读工作单,查阅维修手册(或实训指导书),观察待修车辆的自动变速器液压控制系统组成,讨论故障检测方法和步骤,确定小组人员工作分工。向实训指导教师汇报讨论结果,经指导教师同意后,开始下一步的工作。

(3)按照工作单的引导,查阅、识读自动变速器液压控制系统结构图,完成待修自动变速器液压控制系统的拆卸、故障检测、分析、检查和修理工作。

(4)在完成工作任务的过程中,根据工作单的要求,完成自动变速器液压系统各种控制阀、电磁阀实物的认识、工作原理描述等学习任务。

(5)完成工作单要求的自动变速器液压系统零部件检查,实施基本检测和试验,将检测结果记录在工作单的相应栏目中,并对照本车型标准参数作出分析。

(6)回答指导教师的现场提问,接受指导教师的技能考核。

(7)完成工作任务后,对工作过程进行自我评价和小组互评,听取指导教师的点评。

(8)清洁工作场所,清点维护工具设备,完成任务交接。

生产任务三 汽车自动变速器电控系统故障的诊断与排除

1. 工作对象

配备电控自动变速器电路故障车辆(或 AT 实训台架)1 部。

2. 工作内容

(1)领取所需的工具、检测仪器(含诊断仪)、耗材,做好工作准备(包括举升机的压缩空气准备、电源检查等)。

(2)举升车辆到适宜检修的高度。

(3)在驾驶室内找到故障诊断插口,将诊断仪通信线路与车辆诊断插口连接。

(4)打开点火开关,开启诊断仪,选择车辆系列类型、年份和相应的参数信息。

(5)选择底盘 DTC 诊断项目,按诊断仪屏幕提示逐步检测。

(6)根据检测结果,找到故障部位并实施检修,恢复汽车 ECT 的使用性能。

(7)如需要更换 ATF,则必须按维修手册规范要求进行。

(8)起动发动机,重复检查故障现象。如故障现象消失,则使用诊断仪删除故障码。否则,重复上述步骤直到故障排除。

(9)检查、评价工作质量。

(10)整理工具,清洁工作场地。

3. 工作目标与要求

(1)学生应以小组工作的方式,完成本项工作任务。

(2)学生应当能在小组成员的配合下,利用汽车维修手册(或实训指导书)、电路图,制定工作计划,实施工作计划。

(3)会通过阅读 ECT 电路图资料和现场观察,辨别所检修 AT 电控系统电路结构组成。

(4)能够表述 ECT 电控系统电路各传感器、执行器和 ECU 的安装位置、作用、结构组成与工作原理。

(5)会分析所检修车型 ECT 电控系统的控制电路图,应用诊断知识进行检测,分析故障原因,确定故障部位并修复故障。

(6)会向客户解释所修车辆 ECT 电控系统故障有关情况和修复方案。

(7)能按规范的步骤,完成 ECT 电控系统的检测和修理作业,恢复汽车的行驶能力。

(8)在工作过程中注意工作安全,做好废料的处理,保持工作环境整洁。

1.10 自动变速器电子控制系统的组成

1. 电控自动变速器的特点

电控自动变速器(Electronic Control Transmission,ECT),在自动变速器换挡控制中增加了电子控制单元(ECU)和与之相关的传感器和执行器,车速传感器和节气门位置传感器代替了调速器阀和节气门阀,传感器和开关将电信号输入到ECU,经过ECU分析、对比、运算后发出相应的信号指令给液压控制系统,再由液压控制系统控制换挡电磁阀进行挡位的变换。由于控制方式不同,电控自动变速器与全液压自动变速器相比较,具有以下优点:

(1)驾驶员可以选择适合于自己的驾驶模式。
(2)换挡冲击小,乘坐舒适性好。
(3)经济性好。
(4)具有故障自诊断功能。
(5)失效保护功能。

2. 电控系统的基本组成

电控自动变速器的电控系统由传感器、ECU和执行器组成,自动变速器的组成与逻辑框图见图1-76a)。图1-76b)所示为电控系统线路图。电控系统线路图中接线端子的符号功能,如表1-7所示。

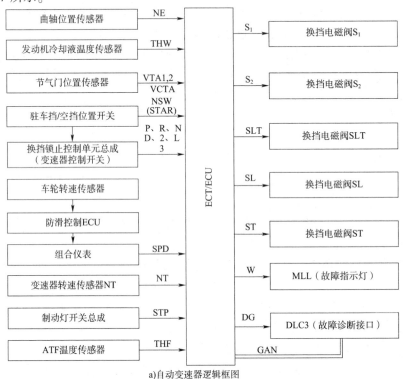

a)自动变速器逻辑框图

图 1-76

项目一 汽车自动变速器不能起步的故障检修

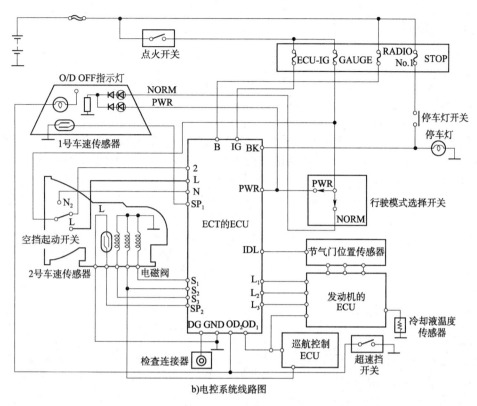

b)电控系统线路图

图1-76 自动变速器电控系统的逻辑框图及电控系统线路图

ECT 的 ECU 接线端子符号功能   表1-7

端子名称	功 能
+B	为ECU诊断存储器供电
STP	接收制动信号
DG	输出故障自诊断结果
GND	ECU搭铁
IDL	接收节气门位置传感器送来的"全关闭信号"
IG	为ECU接通电源
L_1、L_2、L_3	接收节气门位置传感器经发动机ECU传来的"开启角度电信号"
L、2、N	接收来自空挡起动开关的信号
OD_1	接收由发动机ECU输出的"超速和闭锁解除信号"
OD_2	接收由OD开关输出的"超速通断信号"
PWR	输入驱动方式选择开关的信号,切换到动力换挡模式或常规换挡模式
S_1、S_2、S_3	控制3个电磁阀通电或断电的信号。S_1、S_2控制行星齿轮变速器自动换挡;而S_3控制液力变矩器中锁止离合器的接合与分离
SP_1、SP_2	接收车速信号(其中SP_1为备用信号)
B_K	接收驻车制动信号,此信号通知ECU驻车制动器手柄已经拉紧

55

1.10.1 传感器

传感器是电控液力自动变速器的检测装置,它的功能是将检测到的电信号传输给 ECU。自动变速器常用的传感器有节气门位置传感器、车速传感器、输入轴转速传感器、ATF 油温传感器等。

1. 节气门位置传感器

自动变速器节气门位置传感器与发动机 ECU 共用一个节气门位置传感器,其形式多为可变电阻式(怠速触点、电位计),其结构如图 1-77a)所示。节气门位置传感器电路及输出特性如图 1-77b)所示。传感器工作电压 V_C 为5V 电源,节气门开度信号 V_{TA},怠速触点信号 IDL,搭铁端子 E。图 1-77c)所示的是霍尔式节气门位置传感器电路。

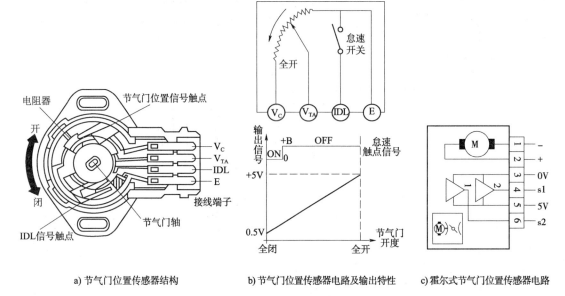

a) 节气门位置传感器结构　　b) 节气门位置传感器电路及输出特性　　c) 霍尔式节气门位置传感器电路

图 1-77　节气门位置传感器结构与电路图

电路工作原理:

(1)怠速触点信号端子 IDL 输出 $U=0$;节气门开度信号端子 V_{TA} 输出 $U_s=0.5V$;节气门全闭,ECU 则判定为怠速。

(2)怠速触点信号端子 IDL 输出 $U=+BV$;节气门开度信号端子 V_{TA} 输出 U_s 略大于 0.5V;节气门部分打开,ECU 则判定为部分负荷。

(3)怠速触点信号端子 IDL 输出 $U=+BV$;节气门开度信号端子 V_{TA} 输出 $U_s=+4.5V$;节气门全开,ECU 则判定为大负荷。

2. 车速传感器

车速传感器探测车辆正在行驶的实际速度,ECU 根据车速传感器的信号计算出车速,作为其换挡控制的依据。车速传感器由带嵌入式磁阻元件和磁环所构成,见图 1-78a)。此传感器一般安装在传动桥上/变速器或差速器上,由输出的齿轮齿圈信号来驱动。当输出轴转动时,齿轮齿高和齿槽间使感应的磁通量发生变化,从而产生交流感应电压,见图 1-78b)。车速越高,感应电压的脉冲频率也越大。磁阻元件(MRE)型是车速传感器使用的主要类型,也有使用霍尔式车速传感器,但是,目前有很多车型利用 ABS ECU 的 SPD 输出信号来代替车速传感器。车速传感器工作原理如下:

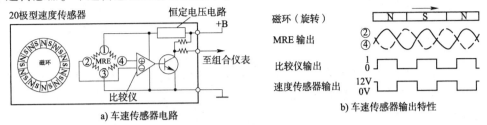

图 1-78 车速传感器电路及输出特性示意图

磁阻型传感器的磁阻根据作用于磁力方向磁通量的变化而变化。当磁力方向根据附于磁环上的磁铁的转动而变化时,则 MRE 的输出就呈 AC 波形。传感器内的比较仪将此 AC 波形转换成数字信号,并将其输出,波形的频率由附装于磁环的磁铁极数确定,共有两个类型的磁环,20 极型和 4 极型,根据车型而定。20 极型产生 20 个周期的波形(换句话说,磁环每转一圈产生 20 个脉冲),4 极型则产生 4 个周期的波形。

3. 转速传感器

输入轴转速传感器的结构、工作原理与车速传感器相同。它安装在行星齿轮变速器的输入轴或与输入轴连接的涡轮变矩器附近的壳体上,用于检测 ECT 输入轴转速。有些车型的转速传感器直接检测涡轮的转速,如丰田特锐轿车即采用涡轮转速传感器,其电路连接如图 1-79 所示。

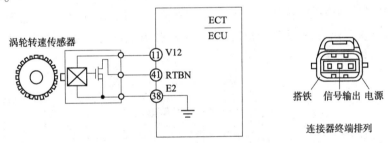

图 1-79 涡轮转速传感电路连接示意图

4. 油温传感器

ATF 温度传感器是一种负温度系数热敏电阻式,温度越高,电阻越低,它安装在变速器油底壳内的液压控制阀板上,用于检测变速器 ATF 油温,以作为 ECU 进行换挡控制、油压控制、锁止离合器控制的依据。油温传感器电路及输出特性,如图 1-80 所示。

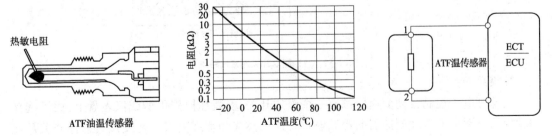

图 1-80 ATF 油温传感器电路及输出特性示意图

除了上述各种传感器之外,自动变速器的控制系统还将发动机控制系统中的一些信号,如发动机转速信号、发动机冷却液温度信号、大气压力信号、进气温度信号等,作为控制自动变速器的参考信号。

1.10.2 控制开关

电子控制装置中的控制开关有:空挡起动开关、自动跳合开关(降挡开关)、制动灯开关、超速挡开关、模式开关、挡位开关等。

1. 空挡起动开关

空挡起动开关用以判断选挡手柄的位置,防止发动机在驱动挡位时起动。当选挡手柄位于空挡或驻车位置时,起动开关接通。这时起动发动机,起动开关便向电控单元输出起动信号,使发动机得以起动。如果选挡手柄位于任一驱动位置,则起动开关断开,发动机不能起动,从而保证使用安全。当选挡手柄置于不同位置时,空挡起动开关便接通相关电路,电控单元根据接通电路的信号,控制变速器进行自动换挡。空挡起动开关的外形和内部触点,如图 1-81 所示。

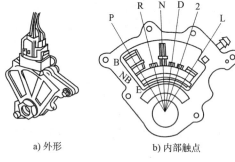

图 1-81 空挡起动开关的外形和内部触点示意图

空挡起动开关的连接线路,如图 1-82 所示。ECU 收到来自 L、2、N 端子的输入信号,表明变速器相应地处于 L、2、N 挡位。如果 L、2、N 端子无信号输入,则 ECU 判断自动变速器处于 D 挡位。空挡起动开关只有在 N 或 P 挡拉时,启动机的控制线路才接通,发动机才能起动,ECU 的各端子的信号输入,决定着换挡的程序。

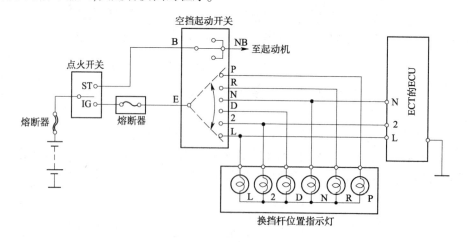

图 1-82 空挡起动开关连接线路图

2. 模式开关

大部分电子控制自动变速器都有一个模式开关,安装在换挡手柄或仪表盘上,用于选择驾驶模块。常见的自动变速器的控制模式有运动模式和常规模式。行驶模式选择开关及连接线路如图 1-83 所示。

(1) 常规模式：以获得最佳燃油经济性为目标设计换挡规律。
(2) 运动模式：以获得最大动力性为目标设计换挡规律。

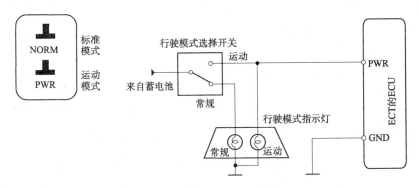

图1-83　行驶模式选择开关及连接线路图

选择运动模式（PWR）时，ECU 的 PWR 端子有 12V 的电压输入，同时仪表盘指示灯闪亮，有些车辆还设置有巡航控制系统，如果选择动力模式行驶，在巡航控制系统开启后，ECU 将自动把行驶模式转变为常规模式。

3. 超速挡开关

有些车型设置有超速挡开关，用来控制自动变速器的超速挡。当打开开关后，超速挡控制电路接通，此时若操纵手柄位于 D 位，自动变速器随着车速的升高而升挡，最高可升入 4 挡（即超速挡）。开关关闭后，超速挡控制电路被断开，仪表盘上的"O/D OFF"指示灯随之亮起（表示限制超速挡的使用），自动变速器随着车速的提高而升挡时，最高只能升入 3 挡，不能升入超速挡。超速挡开关的安装位置、超速挡开关的连接电路，如图1-84 所示。

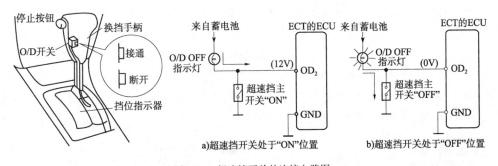

图1-84　超速挡开关的连接电路图

4. 制动灯开关

制动灯开关用以判断制动踏板是否踩下，如果踩下，则该开关便将信号输给电控单元，以解除锁止离合器的接合，防止突然制动时发动机熄火。制动灯开关位置及连接线路如图1-85 所示，利用发动机 ECU 以外电源（STA、STP），起动时发动机 ECU 通过检测被提供的电压值来判断它是否运行。当开关关闭时，12V 电压提供给发动机 ECU 端子，当开关断开时，电压变为 0V。

1.10.3　执行器

电控系统的执行元件是电磁阀。按其作用不同可分为：换挡电磁阀和调压电磁阀（在

1.7.2 中已经阐述)、液力变矩器锁止电磁阀。按其工作方式不同也可以分为:开关式电磁阀、脉冲式电磁阀。

1. 开关式液力变矩器电磁阀

开关式液力变矩器电磁阀的作用是开启或关闭液压油路,通常用于变矩器锁止控制阀的工作。开关式电磁阀由电磁线圈、衔铁、复位弹簧、阀芯和阀球等组成,如图1-86所示。开关式电磁阀根据ECU的指令信号使变矩器电磁阀开启或关闭,实现对变矩器的锁止控制。

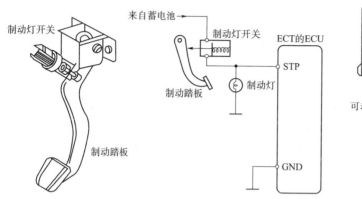

图1-85 制动灯开关位置及连接线路图　　图1-86 开关式电磁阀示意图

2. 脉冲式液力变矩器电磁阀

脉冲式液力变矩器电磁阀的结构与开关式相似,也是由电磁线圈、衔铁、阀芯或滑阀等组成,如图1-87所示。它通常用来控制油路中的油压,如锁止油路控制。当电磁线圈通电时,电磁力使阀芯或滑阀开启,液压油经泄油孔排出,油路压力随之下降。当电磁线圈断电时,阀芯或滑阀在弹簧弹力的作用下将泄油孔关闭,使油路压力上升。脉冲式电磁阀和开关式电磁阀的不同之处在于控制它的电信号不是恒定不变的电压信号,而是一个固定频率的脉冲电信号,在脉冲电信号的作用下不断反复地开启和关闭泄油孔,ECU通过改变每个脉冲周期内电流接通和断开的时间比率(称为占空比,变化范围为0%～100%),改变电磁阀开启和关闭时间的比率,来控制油路的压力。占空比越大,经电磁阀泄出的液压油越多,油路压力就越低;反之,占空比越小,油路压力就越大。

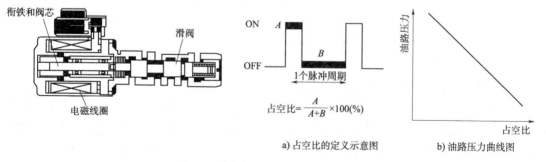

a) 占空比的定义示意图　　b) 油路压力曲线图

图1-87 脉冲式电磁阀及控制信号示意图

占空比 $= \dfrac{A}{A+B} \times 100(\%)$

3. 电磁阀的线路连接

电磁阀及与ECU的线路连接,如图1-88所示。如果电磁阀的线路出现故障,ECU将立即停止对故障元件输出换挡指令,同时执行失效保护功能。

1.10.4 电子控制系统的 ECU 功能

各种车型自动变速器的电子控制装置的结构,特别是 ECU 内部结构及控制程序的内容,传感器、执行器及控制开关的配置和类型,控制电路的布置方式等往往有很大的不同。

有些车型的自动变速器有独立的 ECU,专门用于控制自动变速器的工作。这种 ECU 除了和自动变速器工作有关的传感器、控制开关、执行器连接之外,往往还通过 CAN 网络和汽车其他系统的 ECU 直接通信,如发动机控制系统的 ECU、巡航控制系统的 ECU 等,并从这些 ECU 中获取与控制自动变速器有关的信号,或将自动变速器的工作情况通过电信号给其他系统的 ECU,让发动机或汽车其他系统的工作能与自动变速器相配合。

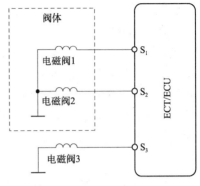

图 1-88 电磁阀与 ECU 的线路连接电路图

也有些车型的自动变速器和发动机由同一个 ECU 来控制,从而使自动变速器的工作能更好地与发动机的工作相匹配。例如大部分丰田汽车的电子控制自动变速器都是采用这种控制方式的。各种自动变速器 ECU 的控制内容和控制方式虽然不完全相同,但却有很多相似之处,通常有以下一些控制内容:

1. 换挡正时控制功能

自动变速器 ECU 的存储器中存有车辆在各种行驶模式和各挡位的最佳换挡程序,ECU 根据各个传感器的输入信号决定是否需要换挡,并控制换挡电磁阀,改变液压系统的油路控制,实现换挡。ECT 的 ECU 控制程序如图 1-89 所示。

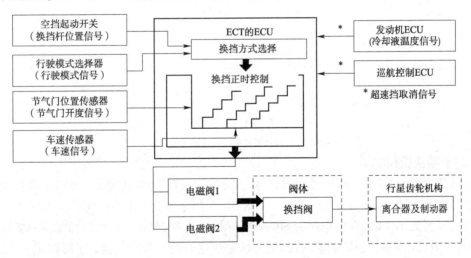

图 1-89 ECT 的 ECU 控制程序示意图

(1) 运动换挡模式

常见自动变速器的控制模式有运动模式(PWR)和常规模式(NORM),在 L 和 S(2) 挡只有常规模式换挡控制方式。

对于汽车的某一特定行驶工况来说,有一个与之相对应的最佳换挡时机或换挡车速。

ECU应使自动变速器在汽车任何行驶条件下都按最佳换挡时刻进行换挡,从而使汽车的动力性和燃料经济性等各项指标达到最优。汽车的最佳换挡车速主要取决于汽车行驶时的节气门开度。不同节气门开度下的最佳换挡车速可以用自动换挡图来表示,常规换挡控制模式如图1-90所示、动力换挡模式如图1-91所示。由图1-91中可知,节气门开度越小,汽车的升挡车速和降挡车速越低;反之,节气门开度越大,汽车的升挡车速和降挡车速越高。这种换挡规律十分符合汽车的实际使用要求。例如:当汽车在良好的路面上缓慢加速时,行驶阻力较小,节气门开度也小,升挡车速可相应降低,即可以较早地升入高挡,从而让发动机在较低的转速范围内工作,减少汽车油耗;反之,当汽车急加速或上坡时,行驶阻力较大,为保证汽车有足够的动力,节气门开度应较大,换挡时刻相应延迟,也就是升挡车速相应提高,从而让发动机工作在较高的转速范围内,以发出较大的功率,提高汽车的加速和爬坡能力。

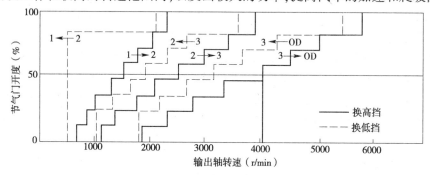

图1-90 常规模式换挡控制规律示意图

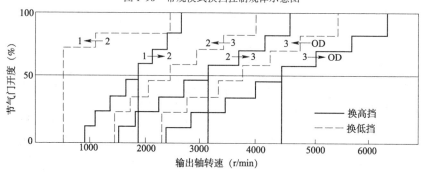

图1-91 运动模式换挡控制规律示意图

(2)自动换挡控制

自动变速器的换挡原理是先降挡再升挡,即随着节气门开度的增加,升挡或降挡车速增加。以2挡升3挡为例,当节气门开度为2/8时,升挡车速为35km/h,降挡车速为12km/h;当节气门开度为4/8时,升挡车速为50km/h,降挡车速为25km/h。所以在实际的换挡操作过程中,一般可以采用"松抬加速踏板"的方法来快速升挡。升挡车速高于降挡车速,以免自动变速器在某一车速附近频繁升挡、降挡而加剧自动变速器的磨损。

2.锁止正时控制功能

自动变速器ECU将各种行驶模式下锁止离合器的工作方式编程存入存储器,然后根据各种输入信号,控制锁止离合器电磁阀的通、断电,从而控制锁止离合器的工作。自动变速器锁止离合器的控制逻辑框图如图1-92所示。

(1)锁止离合器的接合

离合器锁止工作,如果满足以下5个条件,自动变速器ECU会接通锁止离合器电磁阀,使锁止离合器处于接合状态。

①换挡杆置于D位,且挡位在D-2、D-3或D-4挡。
②车速高于规定值。
③节气门开启(节气门位置传感器IDL触点闭合)。
④冷却液温度高于规定值。
⑤未踩下制动踏板(制动灯开关未接通)。

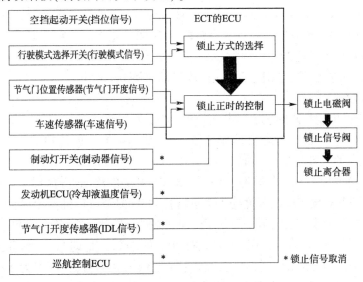

图1-92 锁止离合器的控制逻辑框图

(2)锁止离合器的强制取消

如果符合下面条件中的任何一项,ECU就会给锁止离合器电磁阀断电,使锁止离合器分离。

①踩下制动踏板(制动灯开关接通)。
②发动机怠速(节气门位置传感器IDL触点闭合)。
③冷却液温度低于规定值(如60℃)。
④当巡航系统工作时,如果车速降至设定车速以下至少10km/h。

早期的电控自动变速器中,控制锁止离合器的电磁阀是采用开关式电磁阀,即通电时锁止离合器接合,断电时锁止离合器分离。目前,许多新型电控自动变速器采用占空比式电磁阀作为锁止离合器电磁阀,ECU在控制锁止离合器接合时,通过改变脉冲电信号的占空比,让锁止离合器电磁阀的开度缓慢增大,以减小锁止离合器接合时所产生的冲击,使锁止离合器的接合过程变得更加柔和。

(3)换挡平顺性控制

自动变速器改善换挡平顺性的方法有换挡油压控制、减少转矩控制和N-D换挡控制。

①换挡油压控制。自动变速器在升挡和降挡的瞬间,ECU会通过油压电磁阀适当降低主油压,以减少换挡冲击,改善换挡。也有的自动变速器是在换挡时通过电磁阀来减小蓄能器背压,以减缓离合器或制动器油压的增长率,来减少换挡冲击。

②减少转矩控制。在自动变速器换挡的瞬间,通过推迟发动机点火时刻或减少喷油量,减少发动机输出转矩,以减少换挡冲击和输出轴的转矩波动。

③N-D 换挡控制。当换挡杆由 P 位或 N 位置于 D 位或 R 位时,或由 D 位或 R 位置于 P 位或 N 位时,通过调整喷油量,把发动机转速的变化减少到最小限度,以改善换挡。

(4) 故障自诊断

电控自动变速器 ECU 具有内置的自诊断系统,它不断监控各传感器、信号开关、电磁阀及其线路,当有故障时,ECU 使 OD-OFF 指示灯闪烁,以提醒驾驶员或维修人员,并将故障内容以故障码的形式存储在存储器中,以便维修人员采用人工或仪器的方式读取故障码。

当故障排除后,OD-OFF 指示灯将停止闪烁,不过故障码仍然会保留在 ECU 存储器中。当 OD 开关 ON 时(OD 开关断开),如果有故障,OD-OFF 指示灯将点亮而不是闪烁。

注意:不同的自动变速器,其故障指示灯不同。如丰田车系采用 OD-OFF、通用车系采用 Service Engine Soon 指示灯、本田车系采用 D4 指示灯等等。

(5) 故障失效保护

当自动变速器出现故障时,为了尽可能使自动变速器保持最基本的工作能力,以维持汽车行驶,便于汽车进厂维修,电控自动变速器 ECU 都具有失效保护功能。当传感器出现故障时,ECU 所采取的失效保护措施如下:

①节气门位置传感器出现故障时,ECU 根据怠速开关的状态进行控制。当怠速开关断开时(加速踏板被踩下),按节气门开度为 1/2 进行控制,同时节气门油压为最大值;当怠速开关接通时(加速踏板完全放松),按节气门处于全闭状态进行控制,同时节气门油压为最小值。

②车速传感器出现故障时,ECU 不能进行自动换挡控制,此时自动变速器的挡位由换挡杆的位置决定。在 D 位和 2 位时,固定为超速挡或 3 挡,在 L 位时,固定为 2 挡或 1 挡,或不论换挡杆在任何前进挡位,都固定为 1 挡,以保持汽车最基本的行驶能力。

③冷却液温度传感器或 ATF 温度传感器出现故障时,ECU 按温度为 80℃ 的设定进行控制。

电磁阀出现故障时,ECU 所采取的失效保护措施如下:

①换挡电磁阀出现故障时,ECU 一般会将自动变速器锁挡,挡位与换挡杆的位置有关,如丰田车系锁挡情况为 4 挡→3 挡→1 挡→倒挡。

②锁止离合器电磁阀出现故障时,ECU 会停止锁止离合器的控制,使锁止离合器始终处于分离状态。

③油压电磁阀出现故障时,ECU 会停止油压的控制,使油路压力保持为最大。

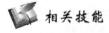

相关技能

1.11 自动变速器电子控制系统的检修

1.11.1 空挡起动开关与制动灯开关的检修

1. 空挡起动开关的检修

空挡起动开关的电路如图 1-93a)所示。其基本检查如下:

(1) 点火开关处于"OFF"位置。
(2) 举升车辆到适宜检测位置。

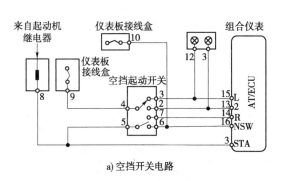
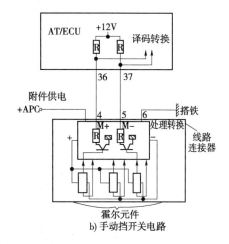

图 1-93 空挡起动开关和手动挡电路的电路示意图

(3) 将变速器换挡杆置于以下各挡位时,测量 ECU 的 NSW、2(S)、L 与车身搭铁之间的电压,其检测值应符合表 1-8 所示的技术要求。手自一体自动变速器的手动开关电路如图 1-93b)所示,测量 ECU 的 36(M+)、37(M-)端子与车身搭铁之间的电压,使用万用表的检测方法是检测 36 端子(M+)与搭铁、37 端子(M-)之间的信号。

ECT 的 ECU 接线端子与搭铁点间的标准电压　　　　表 1-8

挡　　位	NSW—搭铁	2(S)—搭铁	L—搭铁
P、N	低于 1V	低于 1V	低于 1V
R	10~14V	低于 1V	低于 1V
D	10~14V	低于 1V	低于 1V
2(S)	10~14V	10~14V	低于 1V
L	10~14V	低于 1V	10~14V

(4) 如果检测结果不符合标准要求,需要拆卸下空挡起动开关做进一步的检查。
(5) 点火开关处于"OFF"位置,拆卸下空挡起动开关。
(6) 将变速器换挡杆置于各挡位,同时使用万用表检测空挡起动开关各个端子的导通情况,如图 1-94 所示。

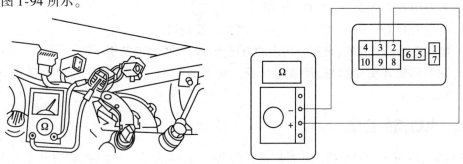

图 1-94 空挡起动开关的检测方法示意图

(7)将使用万用表检测的结果与维修手册标准值进行比较,如果不符合技术要求,必须调整空挡起动开关,并检查线路工作情况,如表1-9所示。

空挡起动开关各挡位端子导通检测　　　　表1-9

端子 挡位	6	5	4	7	8	10	9	2	3
P	○—	—○	○—	—○					
R			○—	—	—○				
N	○—	—○	○—	—	—	—○			
D			○—	—	—	—	—○		
2			○—	—	—	—	—	—○	
1			○—	—	—	—	—	—	—○

(8)空挡起动开关的调整。松开空挡起动开关的固定螺栓,将变速器换挡杆置于N挡位置。

(9)将槽口调到空挡基准位置,再拧紧开空挡起动开关的固定螺栓即可,如图1-95所示。

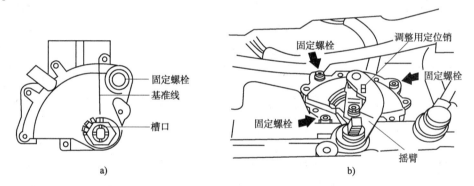

图1-95　空挡起动开关基准位置图

2.停车制动灯开关的检修

(1)检查停车制动灯的动作,踩下和松开制动踏板,查看停车制动灯是否能够正常点亮和熄灭。

(2)用万用表检测端子(TT、E1)电压。

(3)将点火开关打开至"ON"位置,但不要起动发动机。

(4)将加速踏板踩到底,直到万用表的电压为8V,踩住加速踏板不动。

(5)踩下和松开制动踏板,检查电压值。踩下时的电压为8V,松开时电压为0V,如图1-96所示。

1.11.2 电磁阀的检修

自动变速器电子控制系统的执行器是各种电磁阀,电磁阀出现故障,则自动变速器就无法正常工作。其检修内容主要是对换挡电磁阀和油压调节电磁阀的检修。

项目一 汽车自动变速器不能起步的故障检修

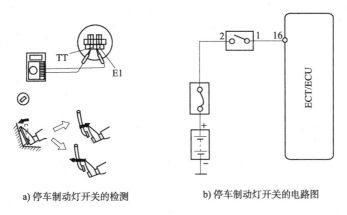

a) 停车制动灯开关的检测　　　　b) 停车制动灯开关的电路图

图 1-96　停车制动灯开关的检查方法示意图

1. 换挡电磁阀的检修

自动变速器电子控制系统的换挡电磁阀大多数采用的是开关式电磁阀,其控制线路如图 1-97a)所示。

(1)使用万用表测量电磁阀线圈的电阻,如图 1-97b)所示,电阻值一般为 0 ~ 18Ω。如果电磁阀线圈短路、断路或电阻值不符合技术标准值,则应更换电磁阀。

(2)将 12V 电源加到电磁阀线圈的两接线柱上,如图 1-97c)所示,此时应听到电磁阀线圈工作的"咔嗒"声,否则应更换电磁阀。

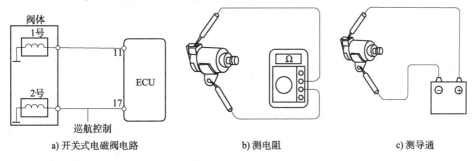

a) 开关式电磁阀电路　　　　b) 测电阻　　　　c) 测导通

图 1-97　换挡电磁阀的电路及检查图

(3)拆卸下换挡电磁阀并对换挡电磁阀进行检查。

(4)将压缩空气(0.5MPa)吹入电磁阀进油口中。

(5)当电磁阀线圈不通电时,进油口和泄油口应不通气;通电后,进油口和泄油口应相通。否则,说明电磁阀损坏,应予更换。检查方法如图 1-98 所示。

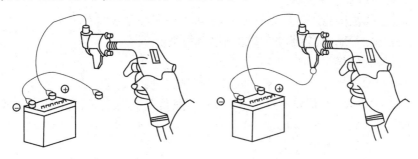

图 1-98　换挡电磁阀的检查示意图

67

2. 油压电磁阀的检修

油压调节电磁阀大多采用脉冲式电磁阀,用于控制油压或锁止离合器锁止时 ATF 的油压。

(1) 使用万用表测量电磁阀线圈的电阻值,电阻值一般为 3.4~4.0Ω。如果电磁阀线圈短路、断路或电阻值不符合技术标准值,则应更换油压电磁阀。

(2) 将 12V 电源串联一个 8~10W 的灯泡,与电磁阀线圈连接,切记不可以直接与 12V 电源连接,否则会烧毁电磁阀。

(3) 通电时,电磁阀阀芯向外伸出,断电时电磁阀阀芯向内缩入,如图 1-99a) 所示。如有异常,说明油压电磁阀损坏,应予更换。

(4) 可以使用可调电源进行检测。如图 1-99b) 所示。

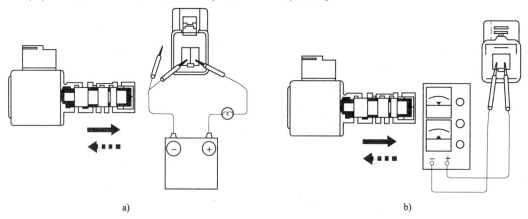

图 1-99 油压电磁阀的检查示意图

1.11.3 自动变速器的自诊断

自动变速器的 ECU 内部设置有自诊断系统,在进行故障分析时,能通过自诊断系统迅速地查找到电路故障的部位。ECU 在检测到车速传感器、换挡电磁阀以及连接线路出现故障时,"O/D OFF"灯的闪烁指示出现故障,并将故障信息存储在存储器中。

故障代码的读取方法有用人工的方法按特定的步骤进行读取和故障诊断仪通过故障诊断接口进行调取两种。车型不同其读取的方法也不相同,下面叙述基本的方法和步骤。以丰田雷克萨斯 A340E 车型电控自动变速器为例:

1. 自动变速器的自诊断步骤

(1) 自动变速器故障指示灯出现故障显示,说明电子控制系统有故障。

(2) 查找并确定诊断盒(控制盒)或诊断接口的位置。

(3) 确定故障代码显示灯或连接专用诊断仪。

(4) 检查蓄电池电压是否正常,若不正常,修理或更换蓄电池。

(5) 若正常,检查故障代码显示灯或诊断接口电路是否正常,若不正常,进行更换或修理。

(6) 确定故障代码读取或调取的操作步骤。

(7) 利用故障诊断仪调取故障代码。

(8) 根据故障代码并对照故障代码表,确定故障的部位及修理方法。

(9)按照故障原因和部位,进行排除和诊断,对确定故障部位进行修理。

(10)清除自动变速器 ECU 中存储的故障代码。

(11)进行相关的试验及路试,若代码和故障现象同时消失,说明故障已排除,并删除故障码。

2. 故障显示信号检查

主要是针对仪表板上有故障代码显示的车辆。自动变速器电子控制系统工作正常时,接通点火开关"ON"位置,故障指示灯亮起,汽车行驶时自动熄灭。系统有故障时,汽车行驶后故障指示灯仍然亮着或不断闪烁。

3. 故障代码的读取方法

(1)诊断接口与故障诊断仪的连接

现代汽车自动变速器故障的诊断均使用故障诊断仪,不同车型,诊断接口在仪表板下方,或在变速器前方,或在变速器后方等地方,找到诊断接口并与故障诊断仪连接,如图 1-100 所示。

图 1-100 诊断接口与故障诊断仪的连接图

接通点火开关后,同时开启故障诊断仪,根据故障诊断仪的提示或使用说明,调取存储器的故障代码。

(2)故障代码清除

清除故障代码的方法通常有 3 种:

①利用解码器或故障诊断仪器进行清除。

②从蓄电池附近的仪表板熔断器中拆下发动机燃油喷射(EFI)熔断丝(15A)10s 以上的时间来清除。

③断开蓄电池的负极连接线,但是这样也会将其他电子部件存储的记录一同清除。

如果故障代码没有清除,它将一直存储在 ECU 的存储器中,以后发生故障读取代码时,将会与新故障代码一同显示。清除故障代码后,进行道路试验(注:未取得驾驶证件的学员不得驾驶车辆),检查自动变速器原先发生故障时的症状是否消失,并通过故障代码指示灯看是否显示正常。否则,须再进行诊断和修理直到故障排除。

1.12 自动变速器的使用方法

1.12.1 自动变速器挡位的使用方法

在换挡控制手柄的一侧有表示手柄位置的符号,如:P、R、N、D、S、L,P、R、N、D、2、1,P、R、N、D、3、2、1 或 P、R、N、D4、D3、2、1,如图 1-101a)所示。正确使用这几个挡位对于驾驶自动变速器汽车的人来说尤其重要,各挡位的使用含义如下:

1. 挡位的含义

(1)P:驻车挡位,手柄置于该位置时,可以起动发动机,但发动机运转时车辆不行驶,且车辆无法移动。

(2)R:倒车挡位,发动机运转时,手柄置于此位置,车辆将向后行驶。

(3)N:空挡位,手柄置于该位置时,可以起动发动机,发动机运转时车辆得不到驱动力,但车辆可以轻微移动。

(4) D:前进挡位,当发动机运转,手柄置于该位置时,AT 将根据车辆行驶的状况自动地在 1、2、3 和 O/D 挡之间变化。

(5) S:前进低挡位,当发动机运转,手柄置于该位置时,AT 将自动地在 1 挡和 2 挡之间变换。

(6) L:前进低挡位,当发动机运转,手柄置于该位置时,AT 将只能以 1 挡行驶。

(7) D3:有些变速器有 D3 直接挡位,手柄置于该位置时,AT 将在 D3 挡位工作,在下坡时也可利用发动机进行制动。

(8) M:手自一体手动挡,可手动变换 4 个前进挡,如图 1-101b)所示。

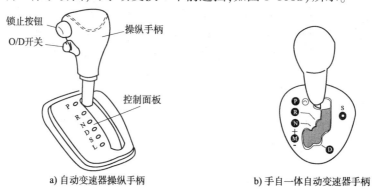

a) 自动变速器操纵手柄　　b) 手自一体自动变速器手柄

图 1-101　自动变速器操纵装置示意图

挡位使用注意事项:不能猛起步,防止执行元件过载打滑,不能 N 挡滑行,防止各摩擦副润滑不良,停车后才能进 R 位和 P 位,防止损坏倒挡执行元件与驻车锁止机构。牵引时限速、限距离、限时间,或将驱动桥架高离开地面,防止内部元件磨损和损坏。

2. 挡位的区别

(1) 1 挡的区别

D-1/S-1,加速时,发动机的动力以 1 挡传动比传递给驱动轮;减速时,车辆的阻力无法传递到发动机,发动机以怠速运转,即没有发动机制动。

L-1,无论加速还是减速,变速器始终以 1 挡传动比工作,即具有发动机制动。

(2) 2 挡的区别

D-2 挡,加速时以 2 挡行驶,减速时以空挡滑行,没有发动机制动。

S-2 挡,无论加速还是减速,变速器始终以 2 挡传动比工作,即具有发动机制动。

1.12.2　挡位控制开关的使用方法

每辆汽车上都安装有许多控制开关,这些开关控制着汽车的正常运转,正确地掌握和使用这些控制开关,对于驾驶自动变速器汽车的人来说非常重要。

1. 超速挡控制开关的使用

汽车 4 挡自动变速器的 4 挡通常是超速挡。在平坦的道路上用此挡行驶时,发动机转速较低,可以减少发动机噪声、磨损,并同时能达到降低油耗的功效。在坡道上行驶时,应视情况将超速挡控制开关切断。一般 AT 的最高挡为 O/D 挡,即越速挡,O/D 开关控制仪表上的"O/D OFF"指示灯,当"O/D OFF"灯亮时,AT 的最高挡为 3 挡;当"O/D OFF"灯灭时,AT 可以用最高 4 挡行驶。

2. 换挡模式选择开关的使用

为了适应不同条件下的经济性和动力性要求,电子控制自动变速器上一般都装有换挡模式选择开关。在一般城市道路行驶时,接通经济换挡模式可以降低油耗。在经济换挡模式下,相同的节气门开度,升挡车速较高。有的车型没有专用的经济模式开关,但在动力换挡模式开关和手动换挡模式开关都切断的情况下,自动成为经济换挡模式。

3. 巡航控制开关

有些高级进口轿车在转向柱或仪表板上装有巡航控制开关。一般在长途行驶时,在汽车规定车速以上接通此开关,汽车不需要踩加速踏板即能匀速持续行驶,这样可方便驾驶,降低油耗。在巡航开关接通以后,只要踩制动踏板即可解除这一控制。

4. 定挡行驶控制开关(HOLD 开关)

当该开关断开时,各位置的作用与一般的自动变速器无异,而定挡行驶控制开关接通时,则 D 位高速时固定在 3 挡行驶,低速时固定在 2 挡行驶,S 位固定在 2 挡,L 位固定在 1 挡,因此在冰雪路面上起步及山区行驶时就非常方便。如 D 位 4 挡下坡时,若需要发动机制动,可接通这一开关,那么自动变速器中 4 挡自动降为 3 挡,再从 D 位扳到 S 位可得到 2 挡,则发动机制动效果更为显著。

1.13 液压油与液力传动油

液力传动是以液体作为介质,利用液体的压力能和动能来传动能量。通常,将利用压力能的液压系统所使用的液压介质称为液压油;将利用液体动能的液力传动系统(变矩器)使用的介质称为液力传动油。

液压油就是利用液体压力能的液压系统使用的液压介质,在液压系统中起着能量传递、系统润滑、防腐、防锈、冷却和清洗等作用。对于液压油来说,首先应满足液压装置在工作温度下与起动温度下对液体黏度的要求。由于油的黏度变化直接与液压动作、传递效率和传递精度有关,还要求液压油的黏温性能和抗剪切安定性应满足不同用途所提出的各种需求。另外,液压油要对液压系统金属和密封材料有良好的配合性以及过滤性;具有抗腐蚀和抗磨损能力以及抗空气夹带和起泡倾向;热稳定性及氧化安定性要好;具有抗乳化特性;对于某些特殊用途,还应具有耐燃性以及对环境不造成污染(如易于生物降解和无毒性)。

1.13.1 液压油

1. 液压油的分类与牌号划分

液压油的种类繁多,分类方法各异,长期以来,习惯以用途进行分类,也有根据油品类型、化学组分或可燃性分类的。这些分类方法只反映了油品的性质,但缺乏系统性,也难以了解油品间的相互关系和发展。

2001 年 ISO 提出了《润滑剂、工业润滑油和有关产品—第四部分 H 组》分类,即 ISO 6743/4—2001,该系统分类较全面地反映了液压油间的相互关系及其发展。

国家标准 GB/T 7631.2—2003 等效采用 ISO 6743/4—2001 的规定。液压油采用统一的命名方式,其一般表示形式如下:类—品种—数字例如:L—HV—22 其中:L 表示类别(润滑剂有关产品,GB/T 7631.1—2008);HV 表示品种(低温抗磨);22—表示牌号(黏度等级,GB/T 3141—1994)。

液压油的黏度牌号由 GB 3141—1994 作出规定,等效采用 ISO 的黏度分类法,以 40℃ 运动黏度的中心值来划分牌号。

2. 液压油的规格、性能及应用

在国家标准 GB/T 7631.2—2003 分类中的 HH、HL、HM、HR、HV、HG 液压油均属于矿物油型液压油,这类油品的品种多,使用量约占液压油总量的 85% 以上,汽车与工程机械液压系统常用的液压油也大多属于这一类别。

1.13.2 液力传动油

液力传动油又称自动变速器油(ATF)或自动传动油,用作液力变矩器、液力耦合器和机械变速器构成的车辆自动变速器中的工作介质,借助液体的动能起着传递能量的作用。

20 世纪 20 年代初期,美国材料试验协会(ASTM)和美国石油学会(API)把液力传动液分为 3 类,即 PTF-1、PTF-2、PTF-3。PTF-1 主要用于轿车、轻型货车的自动传动装置,包括通用汽车公司(GM)、Dexron-ⅡD、Dexron-ⅡE、Dexron-Ⅲ、福特汽车公司(Ford)New mercon、M2C41A。PTF-2 主要用于重负荷功率转换器、货车负荷较大的汽车自动传动装置。多级变矩器和液力变矩器,包括爱利逊公司(AllisonC-3、C-4),卡特彼勒公司(Caterpillar)TO-3、TO-4、SAE J1285-80。而 PTF-3 用于农业及建筑机械的分动箱传动装置、液压系统、齿轮、制动和发动机共用的润滑系统,包括约翰狄尔公司(Johndeer)J-120B、J-14B、JDT-303。

变矩器专用油属于 PTF-2 分类,它的研制、生产和应用是随着汽车安装了变矩器而发展的。变矩器能使汽车自动适应行驶阻力的变化,提高汽车的动力性能,并且起步无冲击、变速振动小,过载时还能起到保护作用,使发动机处于最佳工况。另外,能充分利用发动机功率,并有利于消除排气污染。变矩器专用油除进行动力传递外,还要起润滑、冷却、密封、清洁、液压控制、传动装置保护以及有助于平滑变速的作用。变矩器专用油是一种多功能、多用途的油液,用于大型装载车的变速传动箱、动力转向系统,以及工业上的各种转矩转换器、液力耦合器、功率调节泵及动力转向器等。为了实现自动变速装置的多种功能和用途,对变矩器专用油 PTF-2 提出了既全面又苛刻的性能要求,是目前工业润滑油技术最复杂、性能要求最高的油液之一。

(1)黏度

以典型的自动传动油来看,使用温度范围为 -25 ~ 170℃,要求油品具有高的黏度指数和低的凝固点。一般规定黏度指数在 170 以上,凝固点为 -40℃,而合成油为 190 与 -50℃。

(2)热氧化安定性

在汽车行驶过程中,液力传动油温度随汽车行驶条件的不同而不同。油温升高而氧化生成的油泥、胶质等会使液压系统的工作不正常、润滑性能恶化、金属发生腐蚀。

(3)剪切安定性

自动传动油在液力变矩器中传递动力时,会受到强烈的剪切力,使油中的黏度指数改进剂之类的高分子化合物断裂,使油的黏度降低、油压下降,最后导致离合器打滑。

(4)起泡性能

在自动传动液中有泡沫混入后,会引起油压降低,导致离合器打滑、烧结等事故发生。

(5)摩擦特性

自动传动油要求有相匹配的静摩擦系数和动摩擦系数,以适应离合器换挡时对摩擦系数的不同要求。

上述这两种油对油品的性能要求是不同的,液力传动油往往比液压油的要求更严格。

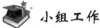 小组工作

实施生产任务三的小组工作步骤如下:

(1)每6~8名学生组成1个工作小组,确定1名小组长,接受工作任务,做好工作准备。

(2)阅读工作单,查阅维修手册(或实训指导书),观察待修车辆自动变速器电控系统,讨论故障检测方法和步骤,确定小组人员工作分工。向实训指导教师汇报讨论结果,经指导教师同意后,开始下一步的工作。

(3)按照工作单的引导,查阅、识读自动变速器电控系统电路图,完成待修车辆自动变速器电控系统的故障检测、诊断、分析、检查和修理工作。

(4)在完成工作任务的过程中,根据工作单的要求,完成自动变速器电控系统各传感器、执行器实物的认识、电路回路工作原理描述等学习任务。

(5)完成工作单要求的自动变速器电控系统故障检测点的确定,实施检查或检测,将检测结果记录在工作单的相应栏目,并对照本车型标准参数数值作出分析。

(6)回答指导教师的现场提问,接受指导教师的技能考核。

(7)完成工作任务后,对工作过程进行自我评价和小组互评,听取指导教师的点评。

(8)清洁工作场所,清点维护工具设备,完成任务交接。

 知识与技能拓展

1.14 自动变速器的维护检查

ATF的油位高度不当,油品质不佳、传动机构调节不当以及发动机怠速不正常,是引起自动变速器产生故障的最常见原因。通常把对这些部件的检查与重新调整,叫作自动变速器的基本检查。基本检查和调整项目包括:ATF液面高度检查、油品质检查、液压控制系统漏油检查、节气门拉索检查和调整(电控自动变速器由节气门位置传感器提供信号的,无此项目)、换挡杆位置检查和调整、空挡起动开关和怠速检查。

1. 液面高度检查

在对变速器进行检查前或故障诊断前,首先要对ATF液面高度进行检查,如丰田轿车在车辆行驶4万km后检查液面高度。

(1)把选挡手柄放在P位或N位(空挡),确保在差速器和变速器之间的ATF液面高度正常、稳定。

（2）将汽车停放在水平地面上，并拉紧驻车制动手柄。让发动机怠速运转 1min 以上。踩下制动踏板，将操纵手柄拨至倒挡(R)、前进挡(D)、前进低挡(S、L 或 2、1)等位置，并在每个挡位上停留几秒钟，使液力变矩器和所有换挡执行元件中都充满液力油。最后将操纵手柄拨至停车挡(P)位置。

（3）等待 ATF 温度达到 70～80℃ 范围，从加油管内拔出 ATF 油尺，将擦干净的油尺全部插入检测油管后再拔出，检查油尺上的液面高度。

ATF 液面高度的标准是：如果自动变速器处于冷态（即冷车刚刚起动，ATF 的温度较低，为室温或低于 25℃ 时），ATF 液面高度应在油尺刻线的下限附近；如果自动变速器处于热态（如低速行驶 5min 以上，ATF 温度已达 70～80℃），液面高度应在油尺刻线的上限附近，如图 1-102a）所示。这是因为低温时 ATF 的黏度大，运转时有较多的液力油附着在行星齿轮等零件上，所以液面高度较低；高温时 ATF 黏度小，容易流回油底壳，因此液面较高。

若 ATF 液面高度过低，应从加油管处添加适用的 ATF，直至液面高度符合标准为止。并继续运转发动机，检查自动变速器油底壳、油管接头和各密封件等处有无漏油。如有漏油，应立即予以修复。

在自动变速器调整、加注 ATF，并经试车之后，应重新检查 ATF 的液面高度是否正常，油底壳、油管接头等处有无漏油。

（4）东风雪铁龙、东风标致 AL4 自动变速器 ATF 液面检查

对 AL4 自动变速器 ATF 液面高度的检查，一般在车辆行驶 6 万 km 后进行。检查条件：
①车辆要水平放置，发动机怠速运转至油温在 60℃ 以上。
②检查变速器中是否有降级模式故障存在。
③拔下变速器加油螺塞，并向变速器内加入 0.5L 的 ATF。
④踩下制动踏板，在所有位置上进行换挡。
⑤变速杆放在 P 挡。

视频 1.14

液面正常标准：拔掉油位螺钉如图 1-102b）所示，如果一开始油如线状流出，然后一滴一滴的，则盖好油位螺钉，旋紧到规定力矩。如果开始就是一滴滴的然后就没有了，应重新盖好油位螺钉，发动机熄火，往变速器中再加入 0.5 L ATF，然后把上面步骤重新操作一遍。

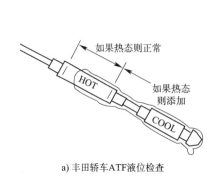
a) 丰田轿车 ATF 液位检查

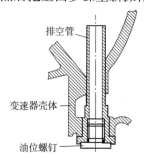
b) 雪铁龙自动变速器液面高度检查

图 1-102 ATF 液面高度的检查示意图

2. 油品质检查

ATF 在正常工作温度下一般能行驶约 4 万 km（东风雪铁龙 6 万 km）或 24 个月，影响

ATF 和变速器使用寿命的最重要因素之一是 ATF 的工作温度,而影响 ATF 工作温度的主要因素是液力变矩器有故障、离合器、制动器滑转或分离不彻底,单向离合器滑转和 ATF 冷却器堵塞等,所以 ATF 工作温度过高或急剧上升是十分重要和危险的信号,说明自动变速器内部有故障或 ATF 数量不够。若发现温度过高,应当立即停止检查。延长自动变速器使用寿命的关键就在于经常检查 ATF 液面高度、检查 ATF 的工作温度和状态。

ATF 工作温度过高,将会使 ATF 黏度下降、性能变坏(产生胶质沉淀和积炭)、堵塞细小阀孔、卡滞控制阀门、降低润滑效果、破坏橡胶密封部件,从而导致变速器损坏。

检查 ATF 的气味和状态,也是十分重要的。ATF 的气味和状态可以表明自动变速器的工作状态。检查油液时,从油尺上嗅一嗅 ATF 的气味,在手指上点少许 ATF,用手指互相摩擦看是否有渣粒,或将油尺上的 ATF 滴在干净的白纸上,检查 ATF 的颜色及气味。正常 ATF 的颜色一般为粉红色,且无气味。如 ATF 呈棕色或有焦味,说明已变质,应立即换油。具体原因见表 1-10。

ATF 状态的具体原因处理方法　　　　　　　　　　表 1-10

ATF 状态	变 质 原 因
ATF 透明、呈粉红色	正常
ATF 颜色发白、浑浊	水分进入 ATF 中,应检查密封件,特别是散热器下水室的 ATF 冷却器是否锈蚀
ATF 黑色、发稠,油尺上粘有胶质	自动变速器工作油温过高
ATF 变成深褐色、棕色	ATF 使用时间过长、长期高负荷运转、零部件存在打滑
ATF 中有金属屑或颗粒	离合器、制动器等磨损严重
ATF 有烧焦气味	ATF 工作温度过高、液面过低、冷却器、滤清器或管路堵塞
ATF 从加油管溢出	ATF 液面过高或通气孔脏污、堵塞

换油时应采用车辆维修手册上推荐使用的 ATF 型号规格,否则容易造成自动变速器的严重损坏。

3. 选挡操纵杆的位置检查

操纵手柄调整不当,会使操纵手柄的位置与自动变速器阀板中手动阀的实际位置不符,造成挂不进挡位,或操纵手柄的位置与仪表盘上挡位指示灯的显示不符,甚至造成在空挡或驻车挡时无法起动发动机。操纵手柄的调整方法如下:

(1)拆下操纵手柄与自动变速器手动阀摇臂之间的连接杆。

(2)将操纵手柄拨至空挡位置。

(3)将手动阀摇臂向后拨至极限位置(驻车挡位置),然后再退回 2 格,使手动阀摇臂处于空挡位置。

(4)稍稍用力将操纵手柄靠向 R 位方向,然后连接并固定操纵手柄与手动阀摇臂之间的连杆。

(5)将操纵手柄放在手动挡位置,如图 1-103 所示,检查操纵手柄对应位置的逻辑状态是否正确。依照选挡操纵杆的位置对应输出的逻辑状态电压,如表 1-11 所示。

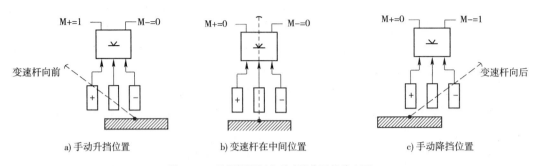

图 1-103　选挡操纵杆在手动挡位置的检查图

选挡操纵杆的位置对应输出的逻辑状态检测电压表　　　　　　　　　　表 1-11

操纵杆所处位置	M +	M -
D 挡位	12V	12V
M 挡位	0V	0V
M + 挡位	12V	0V
M - 挡位	0V	12V

4. 挡位开关的检查和调整

将操纵手柄拨至各个挡位，检查挡位指示灯与操纵手柄位置是否一致，P 位和 N 位时发动机能否起动，R 位时倒挡灯是否亮起。发动机应只能在 N 挡和 P 挡起动，其他挡位不能起动，若有异常，应调节空挡起动开关螺栓和开关电路。

5. 怠速检查

发动机怠速不正常，特别是怠速过高，会使自动变速器工作不正常，出现换挡冲击等故障。因此在对自动变速器做进一步的检查之前应先检查发动机的怠速是否正常。检查怠速时应将自动变速器操纵手柄置于 P 挡或 N 挡位置，通常装有自动变速器的汽车发动机怠速为 700~800r/min。若发动机怠速过低或过高，都应予以调整。

1.15　AL4 自动变速器的使用

法国雪铁龙、标致和雷诺自动挡车辆常采用 AL4 自动变速器，它是一个全电子控制、横置、全密封、少维护的自动变速器，具有 4 个前进挡和 1 个倒退挡，输出转矩覆盖范围广。这种变速器的 ECU 为模糊逻辑自动适配，具有接近人脑智能功能，可以精确地控制换挡时机、调节主油路的压力、控制通过热交换器的流量、控制变矩器的运动。

由于采用模糊控制理论，可根据驾驶员的驾驶风格、车辆的载荷和程序选择器的程序来选择最佳的换挡规则。变速器 ECU 和发动机 ECU 相互连接，通过 CAN 网线传递信息，使液力变矩器的锁止和离合器、制动器的接合更加平稳，极大地提高了驾驶舒适性和操作稳定性，当车辆出现故障时，ECU 控制系统采用后备值的方式运行，使车辆能开到 4S 店进行维修，维修人员利用诊断工具与 ECU 自诊断系统对话，能快速查找、排除故障。变速器 ECU 控制系统通过各种电磁阀来防止驾驶员的误操作，提高了使用安全性。

1.15.1 辛普森Ⅱ型行星齿轮结构

AL4 自动变速器采用的是辛普森Ⅱ型行星齿轮系,如图 1-104 所示。它由两个简单行星齿轮组组成,第一组行星齿轮组位于变速器后端盖一侧,第二组行星齿轮组位于液力变矩器一侧。第一组的内齿圈 C1 与第二组的行星轮支架 PS2 和一级减速主动齿轮连在一起,第二组的内齿圈 C2 与第一组的行星轮支架 PS1 连在一起。经过不同离合器和制动器作用后,动力从一级减速主动齿轮输出,AL4 自动变速器能提供 4 个前进挡和 1 个倒退挡,在车辆前进过程中自动换挡,自动换挡功能是通过液压元件、电子元件不同操作来实现的。

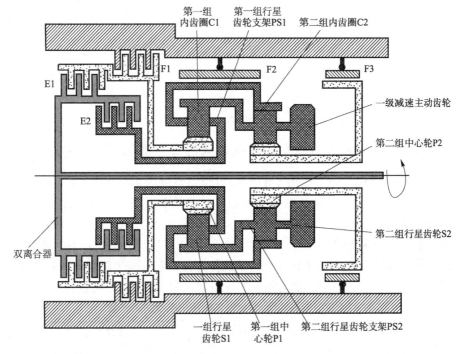

图 1-104　辛普森Ⅱ型行星齿轮结构示意图

E1-倒挡和 1-3 挡离合器;E2-前进和 2-3-4 挡离合器;F1-片式制动器;F2、F3-带式制动器

辛普森Ⅱ型行星齿轮系结构特点有:

(1)由两组行星齿轮组成。
(2)前排行星架是后排内齿圈、后排行星架是前排内齿圈。
(3)动力从前排行星架输出。

1.15.2 液压单元

AL4 自动变速器 ECU 为模糊逻辑自动适配电子计算机,具有接近人脑智能功能,可以精确地控制换挡时机、调节主油路的压力、控制通过热交换器的流量、控制变矩器活塞的运动。液压单元是计算机和机械装置间的界面,它由液压油泵、调整阀、限压阀、分配阀和管路等组成,如图 1-105 所示。它的作用是:

(1)确保为实现某项功能所需的流量和压力。
(2)提供或切断离合器和制动器的供给。

（3）提供变矩器回路、润滑回路和冷却回路 ATF 的供应。
（4）控制液力变矩器的锁止功能。

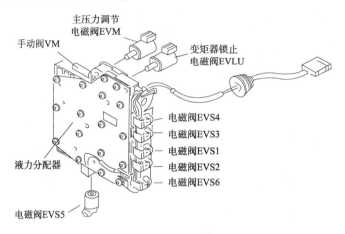

图 1-105 液压单元及电磁阀组成示意图

1.15.3 各挡位制动器、离合器和顺序电磁阀的工作情况

AL4 自动变速器 ECU 采用模糊控制理论，可根据驾驶员的驾驶风格，车辆的载荷和程序选择器的程序来选择最佳的换挡规则。变速器计算机和发动机计算机相互连接，传递信息，使液力变矩器的锁止、离合器、制动器的接合更加平稳，极大地提高了驾驶舒适性和操作稳定性，当车辆出现故障时，ECU 控制系统采用后备值的降级模式运行功能，利用诊断工具能快速查找，排除故障。变速器计算机控制系统通过各种电磁阀来防止驾驶员的误操作，提高了使用安全性。各挡位制动器、离合器和顺序电磁阀的工作情况，见表 1-12。

AL4 各挡位制动器、离合器和顺序电磁阀的工作表　　表 1-12

挡位	离合器		制动器			顺序电磁阀					
	E1	E2	F1	F2	F3	EVS1	EVS2	EVS3	EVS4	EVS5	EVS6
P	√							√			
R	√		√							√	
N	√							√			
D								√	√	√	
1	√				√			√	√	√	
2		√			√		√		√		√
3	√	√									
4		√	√								√

由于 AL4 自动变速器 ECU 采用的型号是 TA2000，具备较大的内存储容量，该计算机采用最先进的模糊控制原理，根据传感器信号模拟驾驶员的习惯，计算出各种坡度和载荷的大小后自动选择换挡规律进行换挡，同时也具备手动换挡功能，此外它还有控制油温、油压、变矩器锁止、仪表显示和保护变速器等功能。换挡控制策略如下：

(1)每个前进挡位都由两个电磁阀实施控制。
(2)每次升挡或降挡控制都只有一个电磁阀动作,保证换挡的平顺。
(3)R挡和3挡直接由手动阀控制,保证降级模式运行。
(4)EVS5、EVS6只在换挡时瞬间动作,减小换挡冲击。

1.15.4 AL4自动变速器操作及使用方法

(1)变速杆装在驾驶员右侧的控制面板。
(2)变速杆带有机械安全装置,要想改变变速杆的位置必须先作用一个侧向力,然后才能换挡。
(3)只有把变速杆放在P或N位置才能起动发动机。
(4)关闭发动机后需将变速杆挂入P以便锁止车轮。
(5)打开点火开关后,踩制动才能将变速杆退出P位置。
(6)打开点火开关后,仪表板上的挡位、程序显示器显示变速杆位置和程序选择器的程序。
(7)P为驻车位置。
(8)R为倒挡。
(9)N为空挡,前轮未抬起时如需拖车必须挂N挡。
(10)D为前进挡,挂在此位置,可实现1、2、3、4四个挡的自动升降。
(11)M为手动换挡位置,可实现1、2、3、4四个挡位的手动操纵升降。

1.15.5 AL4自动变速器液面检查

在对自动变速器进行检查前或故障诊断前,首先要对ATF液面高度进行检查,一般在车辆行驶6万km后检查并更换ATF。请阅读本单元1.14.1自动变速器的基本检查相关内容。

1.15.6 AL4自动变速器电路图

雪铁龙AL4自动变速器电路图,如图1-106所示。图中1630表示AL4自动变速器的ECU,BSI1表示网关ECU,PSF1表示熔断丝盒ECU,CA00表示防盗锁ECU,1642表示变速杆锁止促动器控制继电器,1610表示ATF热交换器液流控制电磁阀,1602表示单触式控制开关,1640表示自动变速器程序选择器,2120表示制动双功能开关,4012表示仪表盘显示器,C001表示诊断接口,以9开头的线号为CAN网络通信线。

1.16 无级变速器

1.16.1 无级变速器的工作原理

目前,国内采使用无级变速器的常见车型有奥迪A6、派力奥(西耶那、周末风)、飞度、旗云等车型。无级变速器(Continuously Variable Transmission,CVT)技术比传统的手动变速器和自动变速器的明显优势为:

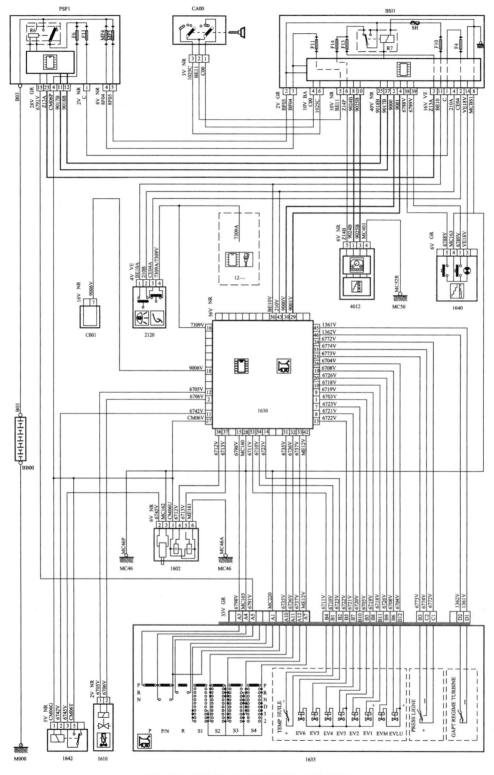

图 1-106 雪铁龙 AL4 自动变速器电路示意图

(1)结构简单,体积小,大批量生产后的成本低于当前电液控制式自动变速器的成本。

(2)工作速比范围宽,容易与发动机形成理想的匹配,从而改善燃烧过程,降低油耗和排放。

(3)具有较高的传动效率,功率损失少,经济性高。

1. CVT传动原理

CVT输入轴在转速不变的情况下,输出转速可以在一定范围内连续变化。它采用传动带和工作直径可变的主、从动轮相配合来传递动力,可以实现传动比的连续改变。CVT的结构比传统变速器简单,不需要使用如手动变速器般众多的齿轮副,也没有像具有自动变速器那样复杂的行星齿轮组件,具有体积更小、重量轻、零件少、油耗低和运行效率高等优点。无级变速器常采用金属带传递动力,其传动原理如图1-107所示。

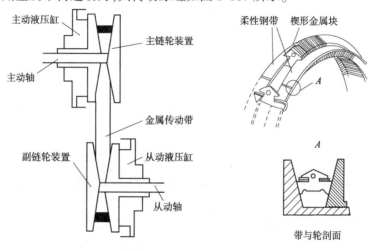

图1-107 CVT传动原理图

2. CVT的控制原理

(1)控制系统的组成

CVT的电液控制系统,如图1-108所示。系统中包括电磁离合器的控制和金属带变速控制。变速比由发动机节气门信号和主带轮转速所决定,ECU根据发动机的转速、车速、节气门位置、换挡控制器(一般仅有P、R、N、D挡选择)信号控制电磁离合器,以及控制带轮上液压伺服缸的压力,实现无级变速。在最高传动比(低挡)时控制压力最大,约2.2MPa;在最低传动比(高挡)时的控制压力最小,约0.8MPa。由于传动比的改变仅受节气门和主动带轮转速的控制,因而控制的灵活性相对受到了限制。

(2)控制原理

CVT的电子控制逻辑框图,如图1-109所示。它以发动机的输入转速作为反馈信号,以节气门位置开度、换挡控制、行驶模式等作为ECU控制输入信号,经ECU分析、计算并发出指令来控制带轮的液压压力、调节传动比。这是一个输入和输出转速都能自动检测的闭环电子控制系统,它根据发动机的转速和转矩的大小,确定施加到主、从动带轮上的液压力,并由发动机转速(对应于主动带轮转速)构成转速反馈闭环控制,由转速的偏差信号决定升挡或降挡变速,并输出控制信号到电液比例控制阀,控制作用在主、从动带轮上的液压伺服缸的压力,从而实现转速的连续变化。

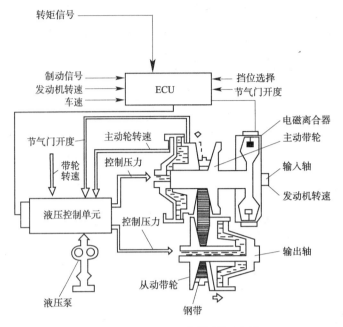

图 1-108 CVT 的电子控制系统示意图

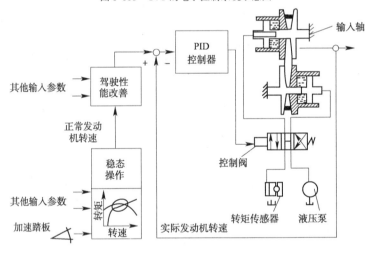

图 1-109 CVT 的电子控制框图

1.16.2 典型 CVT 变速器

1. 大众车系 01JCVT 自动变速器的结构介绍

大众车系 01JCVT 自动变速器的结构,如图 1-110 所示。它主要由飞轮减振器、前进挡离合器、倒挡制动器及行星齿轮变速机构、传动比变换装置、液压控制单元和电控单元等组成。

（1）前进挡离合器/倒挡制动器及行星齿轮机构

①前进挡离合器和倒挡制动器。大众车系 01JCVT 的起动装置是前进挡离合器（C）和倒挡制动器（B）,并与行星齿轮机构一起实现前进挡和倒挡。它们只起着起动功能,并不改

变传动比。

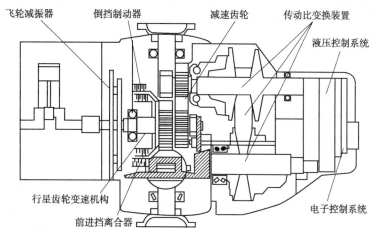

图1-110　01JCVT自动变速器的结构示意图

②行星齿轮机构。行星齿轮机构如图1-111所示，由齿圈、两个行星齿轮、行星架、太阳轮组成。当太阳轮顺时针转动时，驱动行星齿轮1逆时针旋转，再驱动行星齿轮2顺时针转动，最后驱动齿圈顺时针转动。作为输入元件的太阳轮与输入轴和前进挡离合器钢片相连接，作为输出元件的行星架与辅助减速齿轮的主动齿轮和前进挡离合器的摩擦片相连接，齿圈和倒挡制动器摩擦片相连接，倒挡制动器钢片和变速器壳体相连接。

（2）动力传递路线

如图1-112所示为行星齿轮机构的简图。动力传递路线如下：

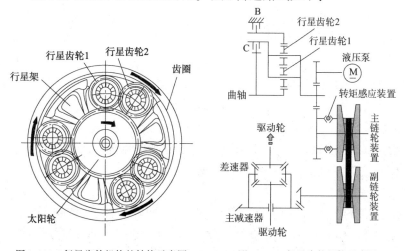

图1-111　行星齿轮机构的结构示意图　　图1-112　行星齿轮机构示意图

①P/N挡的动力传递路线。当换挡杆处于P或N位时，前进挡离合器和倒挡制动器都不工作。发动机的转矩通过输入轴相连接的太阳轮传到行星齿轮机构并驱动行星齿轮1，行星齿轮1再驱动行星齿轮2，行星齿轮2与齿圈相啮合。车辆尚未行驶时，作为辅助减速齿轮输入部分的行星架（行星齿轮机构的输出部分）的阻力很大，处于静止状态，齿圈以发动机转速一半的速度急速运转，旋转方向与发动机相同。

②前进挡的动力传递路线。换挡杆处于D位时，前进挡离合器工作。由于前进挡离合

器钢片与太阳轮连接,摩擦片与行星架相连接,此时,太阳轮(变速器输入轴)与行星架(输出部分)连接,行星齿轮机构被锁死成为一体,并与发动机运转方向相同,这时的传动比为1:1。

③倒挡的动力传递路线。换挡杆处于 R 位时,倒挡制动器工作。由于倒挡制动器摩擦片与齿圈相连接,钢片与变速器壳体相连接,此时,齿圈被固定,太阳轮(输入轴)主动,转矩传递到行星架,由于是双行星齿轮(其中一个为惰轮),所以行星架就会以与发动机旋转方向相反的方向转动,车辆实现倒车行驶。

(3)传动比变换装置

传动比变换装置是 CVT 最重要部件,它的功用是实现无级变速传动。传动比变换装置由两组滑动锥面链轮和专用链条组成,如图 1-113 所示。主动链轮由发动机通过辅助减速齿轮驱动,发动机转矩由传动链传递到副链轮装置,并由此传给主减速器。每组链轮装置中的其中一个链轮可沿轴向移动,来调整传动链的跨度尺寸,从而连续地改变传动比。两组链轮装置必须同步进行,这样才能保证传动链始终处于张紧状态,并保持足够的传动链与链轮之间的接触压力。

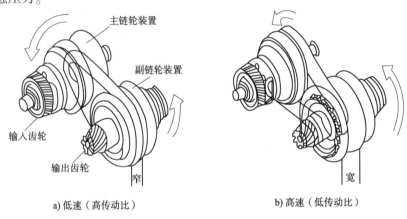

图 1-113 传动比变换装置工作示意图

2. 电子控制系统

大众车系 01JCVT 自动变速器控制系统由电子控制单元、输入装置(传感器、开关)和输出装置(电磁阀)三部分组成。其控制电路如图 1-114 所示。

(1)控制单元 J217

控制单元 J217 的主要功能有:动态控制程序、强制降挡功能、依据行驶阻力自适应控制、与巡航控制系统(CCS)协调工作、对离合器(制动器)的控制、最佳舒适换挡模式、最大动力特性、提高燃油经济性、过载保护、爬坡控制功能、微量打滑控制、合理匹配离合器控制、换挡控制、故障自诊断功能、升级程序(闪光码编程)等。

(2)传感器

在图 1-114 中,控制系统的传感器包括:多功能开关 F125(挡位传感器)、Tiptronic 挡位开关 F189、自动变速器离合器油压传感器 G193、自动变速器 ATF 油压接触压紧压力传感器 G194、ATF 温度传感器 G93、变速器输入转速传感器 G182、变速器输出转速传感器 G195 和 G196、换挡杆锁止电磁阀 N110。

(3)执行器

01JCVT 自动变速器采用三个电磁阀 N88、N215 和 N216,接受自动变速器控制单元的指令,控制换挡和油压调节等功能。

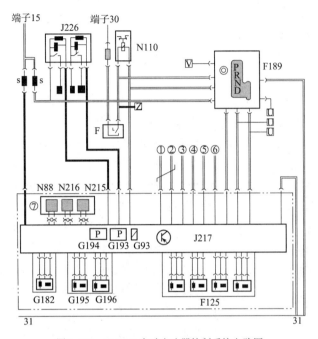

图1-114 01JCVT 自动变速器控制系统电路图

3. 液压系统

01JCVT 自动变速器液压系统包括以下功能：供油、冷却、液压操纵换挡、转矩传感器传动链轮依据变速比的接触压力、功能和工作模式、润滑系统、液压控制单元、变速器壳体、通道和密封系统等。限于篇幅,在此不做特别的介绍。

1.17 自动变速器的试验(电子书)

1.18 自动变速器的故障诊断与排除(电子书)

1.19 双离合自动变速器(电子书)

1.19.1 湿式双离合自动变速器(电子书)

1.19.2 干式双离合自动变速器(电子书)

项目一(1.17~1.19.2)电子书

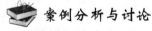

【案例分析】

案例　标致307轿车不能起步的故障排除

故障现象：

一辆使用了6年的东风标致307轿车,装备有AL4型自动变速器,在行驶里程为7.4万km时,出现D挡位和1挡位不能起步,在2挡位时工作不正常的故障,而高速挡和倒挡位工作正常,出现故障时仪表板无故障信号显示。

初步检查分析：

接到故障车后，车辆水平停稳，首先使用 X61（DIAGBOX 软件）诊断仪检查变速器是否有故障码，检查结果无故障码显示。初步分析：电控系统如存在故障，主要和传感器（如 AT 的输入转速传感器、输出转速传感器、ATF 油温传感器和油压传感器）、电磁阀和 TCU 本身故障或连接线路故障有关，通过 X61 诊断仪检查变速器并无故障码存在，通信显示正常，说明电控系统及其网络通信工作正常。随后，进行常规的 ATF 检查，起动发动机后，踩下制动踏板，把变速杆拨到各挡位停留片刻，再回到 P 位置上让发动机怠速旋转，通过 X61 诊断仪观察变速器 ATF 油温上升到 60℃ 以上时，举升车辆到适宜高度，卸下 ATF 液面检查螺栓（见图 1-142，这里注意 AL4 的 ATF 油尺与其他车型 ATF 油尺结构不同），未见 ATF 流出，因此，松开排空螺栓，检查 ATF 的品质，结果 ATF 呈现深褐色，说明 ATF 使用时间过长或车辆长期高负荷运转、离合器或制动器存在磨损打滑。经询问客户了解到，该车从使用到发现故障只添加过 ATF，到 6 万 km 时也未维护自动变速器，因此，按维护规范对 ATF 进行更换，并对油耗计数器重新设定后试车，结果故障依旧。

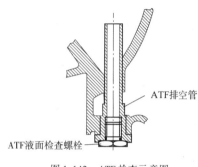

图 1-142　ATF 检查示意图

结构与原理分析：检查自动变速器故障主要包括三个方面内容，即 ATF 的使用状况检查、电控系统故障自诊断和机械传动机构的检查。前两者已做了检查，而要检查机械机构首先得了解 AL4 型自动变速器传动系统的结构（图 1-106）。AL4 型自动变速器采用的是串联式辛普森 Ⅱ 型行星齿轮机构，它的特点是：第一组行星架与第二组齿圈相连，第一组齿圈与二组行星架相连。施力装置由 2 个片式离合器 E1、E2（即双离合器），1 个片式制动器 F1 和 2 个带式制动器 F2、F3 组成。辛普森 Ⅱ 型行星齿轮机构只用复合行星排即可实现 4 个前进挡和 1 个倒挡，动力从前排行星架输出。由于两排复合行星齿轮的公用中心轮不带毂，没有单向离合器，因此自动变速器的结构更加紧凑。

其次应该分析各挡位离合器、制动器和顺序电磁阀的工作情况，尤其要分析故障挡位（1 挡和 2 挡位）的动力传递与哪些零部件有关，以便判断低挡位不能起步故障的真正原因。按执行元件工作表（表 1-14）可知：其换挡控制策略是每个前进挡位都是由三个电磁阀来控制；每次升挡或降挡控制都只有一个电磁阀动作（保证换挡的平顺）；而 R 挡和 3 挡则直接由手动阀控制（保证降级模式运行）；EVS5、EVS6 只有在换挡时瞬间工作（以减小换挡瞬间冲击）。那么，在 1 挡位时，离合器 E1、带式制动器 F3、电磁阀 EVS3、EVS4 和 EVS5 工作，在 2 挡位时，离合器 E2、带式制动器 F3、电磁阀 EVS2、EVS4 和 EVS6 工作，也就是说低挡位工作不正常应与这些零部件的工作状态有关。

故障诊断：

自动变速器如果没有前进 1 挡位（或 D1 挡位），其故障原因有：低速挡带式制动器 F3 工作不正常，或离合器 E1、电磁阀 EVS3、EVS4 和 EVS5 工作不正常，由于故障只在 1、2 挡位，说明离合器 E1、E2 工作正常（因为高挡和 R 挡位工作均正常），之前电磁阀电路检查也无问题；那么只有带式制动器 F3 故障和液压控制单元中 EVS3、EVS4 和 EVS5 相应的电磁阀阀芯存在卡滞故障的可能。

执行元件工作表　　　　　　　　　　　表1-14

挡位	离合器		制动器			顺序电磁阀					
	E1	E2	F1	F2	F3	EVS1	EVS2	EVS3	EVS4	EVS5	EVS6
P	√							√			
R	√			√						√	
N	√							√			
D								√	√		
1	√				√						
2		√			√		√				√
3	√	√									
4		√	√				√	√			√

而如果自动变速器在2挡位时工作不正常，其故障原因则有：低速挡带式制动器F3工作不正常；2挡离合器E2或换挡电磁阀EVS2以及EVS4出现故障。对于手动位置（手自一体）时，还可能是电磁阀EVS6出现故障（电路诊断时工作正常），或是与2挡位液压控制单元中相应的电磁阀阀芯卡滞有关。综合故障现象和其他挡位的工作情况可以判断：因为其他挡位时电磁阀和离合器均正常工作，而在D1或1挡与2挡位工作不正常均与制动器F3这个共同部件有关，可以肯定带式制动器F3存在故障。由于AL4自动变速器各挡位都是由ATF的压力和流向的改变来控制的，如果带式制动器F3的供油油路压力不足或ATF受到污染就可能导致无低挡位。

故障排除：

结合执行元件工作表对故障进行诊断和ATF的油品质检查结果，确定故障部位应在带式制动器F3位置，并制定了检修方案。因此，按规范步骤拆下该制动器检查，发现制动带表面磨损严重，进而拆下液力控制阀总成，检查带式制动器F3的供油油路（图1-143），发现油路中有磨损的杂质污物，变速器ATF油滤网有杂质黏附。因此，进行了认真的清洗，更换了新的制动带后，重新添加ATF，并按要求重新改写油耗量后试车（注：每次调整步幅为2750，当油耗量读数超过32958时，通过"SPT"和"＊"交替闪烁，提示ATF需更换），故障现象消失。由此总结出故障的真正原因是带式制动器F3磨损，导致该制动器的供油油路堵塞和供油压力不足，造成1、2挡位功能下降或失效。

图1-143　带式制动器F3供油油路清洁位置

故障总结：

随着自动变速器应用技术的日臻成熟，目前模糊控制的智能自动变速器的应用也越来越广泛。车辆上各控制单元间的通信越来越密切、互动性也更频繁，尤其是网络被应用后，对维修人员的综合技术能力要求更高了。如果车辆使用不当或维修作业中未按操作规范实施，则往往会产生意外的故障，从而导致原故障未排除又添新故障。需要提示的是：电控系统如果出现故障，一般都可以通过诊断仪检查出来。而自动变速器的机械系统和油液故障后，诊断仪往往检测不到故障的任何显示。但不管哪一款的自动变速器，其故障检修方法大同小异，都要先易后难进行诊断，并借助维修资料，结合结构原理分析去寻找故障点，明确故障部位后方可对症下药，往往可取得满意的工作效果。

【课堂讨论】

1. 为什么自动挡汽车在举升机上处于空挡位置，发动机怠速运转时驱动轮会缓慢转动？请说明其原因。
2. 如何识别自动变速器型号？举例说明。
3. 试分析说明如何检查单向离合器？从发动机位置往后看，工作方向如何转动？
4. 试分析液力变矩器的失效形式？检修中需要注意什么问题？
5. 锁止离合器有什么功用？如何工作？
6. 辛普森式行星齿轮机构与拉维娜式行星齿轮机构各有何特点？
7. 请表述辛普森式行星齿轮机构与拉维娜式行星齿轮机构的动力传递路线。
8. 辛普森式行星齿轮机构与拉维娜式行星齿轮机构如何实现倒挡？请画图分析说明。
9. 液力变矩器如何实现动力传递过程？
10. 辛普森式自动变速器与拉维娜式自动变速器应用主要区别在哪里？
11. 液压系统常见结构有哪些？它们如何工作？请举例说明。
12. 检修离合器和片式制动器时，应检查哪些项目？安装时应注意什么问题？
13. 离合器活塞上的单向阀有何功用？为何要设置单向阀？
14. 检修内啮合齿轮泵应检查什么项目？有何技术要求？请举例说明。
15. 自动变速器油底壳为什么要放置磁铁？有何作用？
16. 蓄压器有何功用？如何检修？
17. 电控自动变速器与全液压控制自动变速器比较有什么优点？
18. 自动变速器电控系统各组成有哪些逻辑关系？
19. 为什么要设置油温传感器？请举例说明。
20. 根据自己的理解，谈谈空挡起动开关的作用？
21. 模式开关有何功用？选择模式开关的根据有哪些？
22. 电磁阀为什么能够承担执行元件的功能？根据自己的理解举例说明。
23. 何谓信号占空比？有何作用？
24. 请谈谈自己对ECU的理解。
25. 如何检查与使用湿式双离合自动变速器？
26. 干式双离合自动变速器与湿式双离合自动变速器有何区别？

思考题

1. 简答题

(1) 汽车自动变速器由哪几部分组成？它可以分为哪些类型？各基本组成有何功用？

(2) 如何识别自动变速器的型号？请举例说明。

(3) 液力变矩器的基本组成有哪些？它如何实现动力传递？

(4)液力变矩器的锁止离合器有何功用？它是如何工作的？

(5)辛普森式行星机构与拉维娜式行星机构各有何特点？各种机构是如何实现动力传递的？

(6)辛普森式自动变速器与拉维娜式自动变速器的机械系统各由哪些零部件组成？各零部件有何功用？

(7)自动变速器液压系统由哪些部件组成？各部件有何功用？

(8)如何选择使用ATF？如何正确检查ATF的液位高度？请举例说明。

(9)液压系统的试验有哪些项目？为什么有些试验项目不适合教学试验？

(10)汽车自动变速器电控系统由哪几部分组成？各基本组成有何功用？

(11)如何检修自动变速器机械系统、液压系统和电控系统？在检修中应注意什么问题？针对各系统故障应检测什么项目？

(12)自动变速器主要有哪些故障？如何对这些故障进行分析与诊断？

(13)湿式双离合自动变速器如何进行动力传递？

2.判断题

(1)自动变速器的液力变矩器安装在飞轮和行星变速机构之间。（ ）

(2)前驱式自动变速器也叫作自动桥是因为在壳体内还装有主减速器和差速器。（ ）

(3)丰田A45DF型号自动变速器，表示该自动变速器用于前轮驱动车辆。（ ）

(4)自动变速器中的密封圈是易耗品，一经拆卸，必须更换新件。（ ）

(5)在自动变速器的离合器和制动器中使用多种类型密封圈，其作用是防止执行元件产生泄漏。（ ）

(6)ECT在P、N挡位时NSW-搭铁之间的电压检测值低于1V。（ ）

(7)通用汽车4L60E自动变速器第3、4位数字表示额定驱动转矩。（ ）

(8)液力变矩器主要由泵轮、涡轮和导轮组成，其单向离合器可以逆转。（ ）

(9)检查ATF发现其中有金属屑或颗粒说明离合器、制动器等磨损严重。（ ）

(10)ECT的ECU接线端子向GND符号功能表示ECM搭铁。（ ）

(11)ECT在P、N挡位时NSW-搭铁之间的电压检测值低于1V。（ ）

(12)自动变速器的变矩器的锁上，在1挡升2挡过程中就会锁上。（ ）

(13)对AT6自动变速器进行更换自动变速器、电脑和调整挡位拉线后，不需要执行N挡的学习程序。（ ）

(14)自动变速器液压泵齿轮与泵盖间的间隙不超过0.10mm。（ ）

(15)无锁止离合器的液压变矩器最高传动效率为100%。（ ）

3.选择题

(1)汽车自动变速器中行星齿轮机构具备的功能,错误的是(   )。
　　A.产生前进挡　　　　　　　B.产生倒挡
　　C.锁止液力变矩器　　　　　D.产生空挡

(2)检测车身相对车桥的位移,可反映车身平顺性和车身高度的是(   )。
　　A.车速传感器　　　　　　　B.车身高度传感器

C. 转向盘转角传感器　　　　　D. 车身加速度传感器

(3) 下述哪一项不属于自动变速器试验的是(　　)。
　　A. 失速试验　　　　　　　B. 时滞试验
　　C. 侧滑试验　　　　　　　D. 液压试验

(4) ECT 的 ECU 接线端子向+B 符号功能是(　　)。
　　A. 经 ECU 供电　　　　　B. ECU 搭铁
　　C. 超速开关信号　　　　　D. 蓄电池直接供电

(5) ECT 的 ECU 接线端子向 BATT 符号功能是(　　)。
　　A. 为 ECU 存储器供电　　B. ECU 搭铁
　　C. 超速开关信号　　　　　D. 蓄电池直接供电

(6) 决定自动变速器换挡时刻的主要传感信息是车速及(　　)。
　　A. 节气门开度　　　　　　B. 发动机转速
　　C. 变速器输入轴的转速　　D. 发电机转速

(7) 下列各项(　　)不是电控自动变速器的输入传感器。
　　A. 节气门位置传感器　　　B. 车速传感器
　　C. 爆振传感器　　　　　　D. 转向盘角度传感器

(8) 在自动变速器中,换挡是由(　　)来控制的。
　　A. 发动机进气真空度信号　B. 换挡开关式电磁阀
　　C. 仪表盘信号　　　　　　D. 发动机转速信号

(9) 在电控自动变速器的控制系统中,使用最广泛的、反映发动机负荷的传感器是(　　)。
　　A. 发动机转速传感器　　　B. 节气门位置传感器
　　C. 进气温度传感器　　　　D. 车轮轮速传感器

(10) 电控自动变速器的电磁阀,安装在(　　)位置。
　　A. 液力变矩器上　　　　　B. 液控阀体上
　　C. 油泵上　　　　　　　　D. 制动器上

4. 填空题

(1) 丰田 A45DF 变速器字母 A 代表_____。左起第 1 位阿拉伯数字如为"3"或"4"或"7",表示该自动变速器用于_____。如果左起第 1 位数字为"1"、"2"或"5",则表示自动变速器用于前驱动车辆。

(2) 单向离合器常见形式有滚柱斜槽式(液力变矩器常用)和_____式(行星齿轮变速器常用)。

(3) 辛普森式行星齿轮机构的组成特点是_____共用_____。

(4) 拉维娜式行星齿轮机构的组成特点是自动变速器有两太阳轮,_____共用_____,一个行星架。

(5) 双离合器自动变速器也叫_____。湿式双离合自动变速器在结构上有两组独立的轮系,采用两根_____输入轴,这两根输入轴分别与_____总成中的其中一个连接。

1.20 自动变速器不能起步的故障检修实训工单

1.20.1 汽车自动变速器机械系统检修(4课时)

1. 技能训练目标

完成本实训项目后,学生应当会:

(1)识别实训所用汽车自动变速器的类型、型号字母的含义和基本组成。

(2)会操作选挡手柄,会描述自动变速器的使用方法。

(3)会分解和安装自动变速器总成,辨认并描述实训所用汽车自动变速器液力变矩器、液泵、离合器、制动器、单向离合器和行星齿轮机构各部件的名称、相对位置和作用。

(4)会描述液力变矩器、液泵、变速机构各零部件原理。

(5)会正确选用检测工具对主要零部件进行检测,分析检测结果(非检测专业不做要求)。

(6)会进行自动变速器各挡位传递路线分析(非检测专业不做要求)。

2. 实训配备

(1)工具、设备、仪器

①自动变速器台架(总成)、工作台。

②普通工具、游标卡尺、百分表、直钢尺、厚薄规、压缩空气、清洗剂、抹布和压缩空气气源等。

(2)维修资料

自动变速器维修资料,可以是纸质手册或电子版、实训室电脑终端等。

3. 实训步骤

(1)每6~8名学生组成1个实训小组,确定1名小组长。

(2)准备好实训用的自动变速器台架。

(3)向实训室领取普通工具等,领取实训自动变速器维修资料(或电脑终端)。

(4)找到自动变速器标识牌,查阅维修资料,读取型号规格。

(5)查阅维修资料,分解自动变速器台架后,找到液力变矩器、液压泵、离合器、制动器、单向离合器和行星齿轮机构等部件。

(6)表述液力变矩器、液压泵、离合器、制动器、单向离合器和行星齿轮机构等部件的名称、安装位置和作用。

(7)进行自动变速器各挡位传递路线分析。

(8)在实训指导老师的同意下,安装自动变速器总成。

(9)在实训过程中,按照工单的要求,完成相应的实训和学习任务。

(10)完成实训任务后,接受指导老师技能考核。

(11)整理清洁工作场所,清点工具、设备、仪器、资料,交回实训室。

4. 实训工单

(1)观察实训自动变速器台架,本次实训所用的自动变速器型号是_____。(检查标识牌、对照维修手册、也可以问实训教师),实训用自动变速器型号各字母含义_____。

(2)观察自动变速器机械系统,根据观察,填写自动变速器各零部件安装位置的方框图(图1-144)。

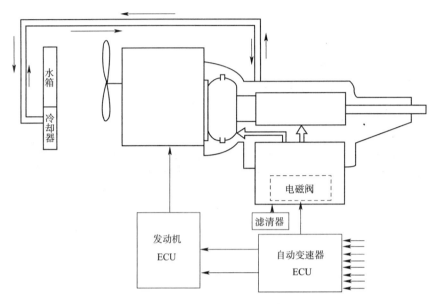

图1-144　自动变速器各零部件安装位置方框图

(3)观察自动变速器机械系统,根据观察,填写自动变速器机械系统的组成方框图(图1-145)。

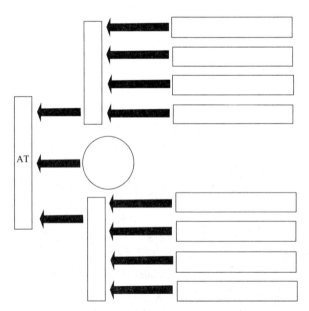

图1-145　自动变速器机械系统组成方框图

(4)分解自动变速器,观察自动变速器机械系统,根据观察,填写自动变速器机械系统各组成的功用(表1-15)。

自动变速器机械系统各组成的功用表　　　　　　　　　　　表1-15

识别零部件名称	本次实训用AT是否配备	功用描述
液力变矩器	是□ 否□	
液压泵	是□ 否□	
离合器	是□ 否□	
制动器	是□ 否□	
带式制动器	是□ 否□	
单向离合器	是□ 否□	
行星齿轮机构	是□ 否□	
蓄能器	是□ 否□	
液压控制阀板	是□ 否□	
操纵手柄阀	是□ 否□	
操纵手柄	是□ 否□	
散热器	是□ 否□	

(5)查阅维修资料,在分解自动变速器后查找并检查、检测机械变速机构的主要零部件,填写表1-16。

自动变速器机械系统解体后零部件检查检测表　　　　　　表1-16

检查零部件名称	检查、检测情况记录	技术要求摘录	判断是否存在故障或缺陷
液压泵	齿轮顶隙：　齿轮侧隙：		是□ 否□
离合器	摩擦片磨损：　弹簧：　油封：		是□ 否□
制动器	摩擦片磨损：　弹簧：　油封：		是□ 否□
带式制动器(如有)	摩擦片磨损：　推杆：　伺服机构：		是□ 否□
单向离合器			是□ 否□
行星齿轮机构			是□ 否□
蓄能器			是□ 否□
液压控制阀板			是□ 否□
散热器			是□ 否□

(6)考核评价表(表1-17)

自动变速器机械系统检修实训考核评价表　　　　　表1-17

实训项目	考核项目	考 核 内 容	评分(百分制或五级制)		
			分值	学生自我评价	小组评价
生产任务一:汽车自动变速器机械系统检修	查阅维修资料	利用维修手册完成工作情况	10%		
	型号与结构识别、拆装与检测	自动变速器型号与结构、部件识别,完成主要零部件检测,动力传递分析	40%		
	工具使用	正确使用各种维修、检测工具	20%		
	工作和学习的主动性、纪律性	积极、主动,沟通良好,纪律性好	20%		
	安全文明生产	操作规程、安全文明生产和环境保洁(出现安全事故,本次实训0分)	10%		
	实训指导老师评价				

实训指导老师(签字):　　　　　　　　　　　　　　　　年　　月　　日

1.20.2　自动变速器油的检查和更换(2课时)

1. 技能训练目标

完成本实训项目后,学生应当会:

(1)识别和选用实训汽车自动变速器所使用的ATF的牌号。

(2)安全操作车辆,按正确的方法检查ATF的液位和油品质。

(3)安全操作举升机和车辆,按正确的方法更换ATF。

(4)识别液力控制机构的基本组成,表述油压的检测方法和相关的试验方法。

(5)表述液压控制系统主要控制阀的功能。

2. 实训条件

(1)工具、设备、仪器

①配备自动变速器车辆、工具柜台。

②举升机、组合工具、扭力扳手、螺丝刀、使用故障诊断仪(或解码器)、数字万用表、线路连接器检测线、尖嘴钳、转向盘护套、变速杆手柄套、座位套、脚垫、翼子板和前格栅磁力护裙等。

(2)技术资料

自动变速器维修资料,可以是纸质手册或电子版、实训室电脑终端等。

3. 实训步骤

(1)每6~8名学生组成1个实训小组,确定1名小组长,接受工作任务,做好工作准备。

(2)准备好实训用的自动挡车辆和举升机。

(3)向实训室领取普通工具、检测工具和耗材等,领取实训自动变速器维修资料。

(4)举升车辆到适宜高度,把选挡手柄放在 P 位或 N 位(空挡),运转发动机到正常工作温度。

(5)踩住制动踏板,将操纵手柄拨至倒挡(R)、前进挡(D)、前进低挡(S、L 或 2、1)等位置,并在每个挡位上停留几秒钟,使液力变矩器和所有换挡执行元件中都充满液力油。最后将操纵手柄拨至驻车挡(P)位置。

(6)检查 ATF 的液面高度和油的品质。必要时按规范更换 ATF,并正确检查液面高度。

(7)在实训过程中,按照工作单的要求,完成相应的实训和学习任务。

(8)完成实训任务后,接受指导老师技能考核。

(9)整理清洁工作场所,清点工具、设备、仪器、资料,交回实训室。

4. 实训工作单

(1)观察实训车辆 VIN 码:_____、自动变速器型号:_____,本次实训所用的 ATF(自动变速器油)型号是_____。(检查标识牌、对照维修手册、也可以问教师)

(2)观察自动变速器,根据观察,填写自动变速器液压系统的方框图,也可以根据实训车型描绘自动变速器液压系统的方框图(图 1-146)。

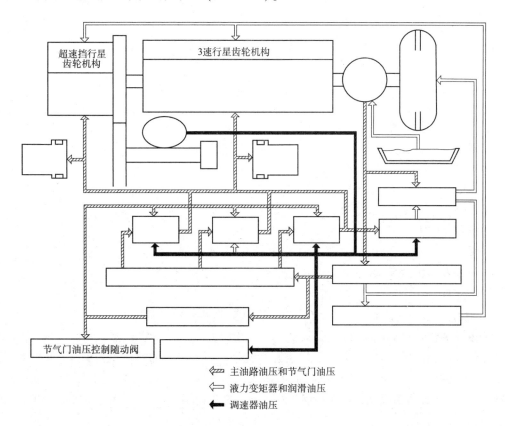

图 1-146 自动变速器内部典型的油液流动路径示意图

(3)查阅维修资料,在实训车辆上检查 ATF 液面及油品质状况,填写表 1-18。

ATF 液面及油品质状况表　　　　　　　　　　　　　　　　　　　　　　　表 1-18

液位检查	本次实训检查情况	ATF 油品状态	本次实训检查情况	故障原因描述
ATF 温度 < _____ ℃	是□否□	ATF 透明、呈粉红色	是□否□	
ATF 温度 ≈ _____ ℃	是□否□	ATF 颜色发白、浑浊	是□否□	
ATF 温度 > _____ ℃	是□否□	ATF 黑色、发稠，油尺上粘有胶质油	是□否□	
液位高度	太高是□否□	ATF 变成深褐色、棕色	是□否□	
	正常是□否□	ATF 中有金属屑或颗粒	是□否□	
	太低是□否□	ATF 有烧焦气味	是□否□	

（4）查阅维修资料，在实训车辆上更换 ATF，填写表 1-19。

自动变速器 ATF 更换记录表　　　　　　　　　　　　　　　　　　　　　表 1-19

| 添加新 ATF 型号规格 | 添加新 ATF(L) | 螺栓紧固力矩（N·m） | |
		加油螺栓	放油螺栓

（5）自动变速器 ATF 液面检查方法

在对 AL4（或其他型号的 AT）自动变速器进行检查前或故障诊断前，首先要对 ATF 液面高度进行检查，一般在车辆行驶_____万 km 后检查液面高度。

自动变速器 ATF 液面检查先决条件：

①车辆要水平放置；发动机怠速运转至油温在_____℃以上。

②检查变速器中没有_____存在。

③拔下油箱盖子，并向变速器内加入_____L 的油。

④起动发动机怠速，踩下制动踏板，在_____进行换挡。

⑤变速杆放在_____P 挡。

（6）检修 AL4（或其他型号的 AT）自动变速器、判断液面正常标准

①拔掉油位螺钉如图 1-147 所示，如果一开始_____流出，然后_____的，则盖好油位螺钉，旋紧到_____。如果开始就是_____的然后就没有了，重新盖好油位螺钉，发动机_____，往变速器中再加入_____L 油，然后把上面步骤重新操作一遍，如果一开始油如线状流出，然后_____的，则说明_____位正确，盖好油位螺钉，旋紧到规定力矩。

②其他车型 ATF 液面检查情况记录。

（7）考核评价表（表 1-20）

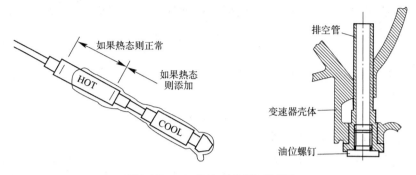

图 1-147 ATF 油尺、油位螺钉示意图

ATF 的检查和更换实训考核评价表　　　　表 1-20

实训项目	考核项目	考 核 内 容	评分(百分制或五级制)		
			分值	学生自我评价	小组评价
生产任务二:自动变速器油的检查和更换	查阅维修资料	利用维修手册完成工作情况	10%		
	型号与结构识别、ATF 的更换,拆装与检测	自动变速器型号与结构、部件识别,完成 ATF 的更换,掌握过程中各种技术规格	40%		
	工具使用	正确使用各种维修、检测工具	20%		
	工作和学习的主动性、纪律性	积极、主动,沟通良好,纪律性好	20%		
	安全文明生产	操作规程、安全文明生产和环境保洁(出现安全事故,本次实训 0 分)	10%		
	实训指导老师评价				

实训指导老师(签字):　　　　　　　　　　　　　　　　年　　　月　　　日

1.20.3 自动变速器电控系统故障的诊断与排除(2课时)

1.技能训练目标

完成本实训项目后,学生应当会能:

(1)会描述实训所用自动变速器电控控制系统的基本组成。

(2)会辨认并说出实训所用自动变速器电控系统主要传感器、执行器的位置、名称、作用。

(3)会正确使用故障诊断仪(或解码器),读取和删除自动变速器电控系统故障代码,并予以检修。

(4)会分析所检修车型 ECT 电控系统的控制电路图,应用诊断结果分析故障原因。

(5)会借助数字万用表检测传感器、执行器电路,检修并恢复自动变速器的使用性能。

2.实训条件

(1)工具、设备、仪器

①自动挡车辆或自动变速器实训台架,汽油箱、蓄电池应充足。

②举升机、组合工具、扭力扳手、螺丝刀、使用故障诊断仪(或解码器)、数字万用表、线路

连接器检测线、尖嘴钳、转向盘护套、变速杆手柄套、座位套、脚垫、翼子板和前格栅磁力护裙等。

(2) 技术资料

自动挡车辆电控系统维修资料(纸质或电子版、实训室电脑终端)

3. 实训步骤

(1) 每 6~8 名学生组成 1 个实训小组,确定 1 名小组长。

(2) 准备好实训用的自动挡车辆并举升到适宜高度。

(3) 向实训室领取 1 台电脑诊断仪(或解码器),领取实训电控自动变速器用维修资料。

(4) 查阅维修资料,在车辆(或自动变速器实训台架)上找到电控系统主要传感器、执行器等部件,检查各部件安装和线束连接是否正常。

(5) 说明各主要传感器、执行器的名称和作用。

(6) 在实训指导老师的同意下,起动发动机,观察发动机与自动变速器的运转状况。

(7) 熄火后,由实训指导老师在自动变速器上设置个别传感器线路故障,再次起动发动机,观察发动机与自动变速器的运转状况。

(8) 将电脑诊断仪与车辆诊断接口连接,选择车型,读取自动变速器电控系统的故障代码和数据流。

(9) 在实训过程中,按照工作单的要求,完成相应的实训和学习任务。

(10) 完成实训任务后,接受指导老师技能考核。

(11) 整理清洁工作场所,清点工具、设备、仪器、资料,交回实训室。

4. 实训工作单

(1) 查找实训车辆 VIN 码:＿＿＿＿＿＿、自动变速器型号:＿＿＿＿＿＿,本次实训所用 ATF 型号是＿＿＿＿＿＿。(检查标识牌、对照维修手册,也可以问教师)

(2) 观察电控自动变速器系统,根据观察,填写控制原理的连接方框图(图 1-148)。

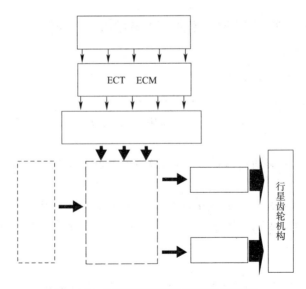

图 1-148 自动变速器控制原理的连接方框图

(3) 观察自动变速器电控系统,根据观察,填写电控系统的逻辑方框图(图1-149)。

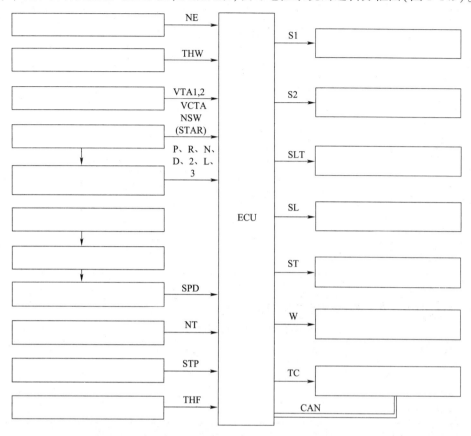

图1-149 自动变速器电控系统的逻辑方框图

(4) 查阅维修资料,在自动变速器(或台架)上查找主要传感器,检查传感器线束插头是否连接正常,填写表1-21。

自动变速器传感器检查记录表 表1-21

传感器名称	本次实训用自动变速器是否配备	安装位置	线束连接器上的接线端子号	连接到ECU的端子号
ATF油温传感器	是□否□			
ATF压力传感器	是□否□			
输入(涡轮)速度传感器	是□否□			
输出速度传感器	是□否□			
节气门位置传感器	是□否□			
手动挡脉冲指令M+、M-信息	是□否□			
空挡起动开关	是□否□			
停车制动灯开关	是□否□			
倒车灯开关	是□否□			

(5) 查阅维修资料,在自动变速器(或台架)上查找主要执行器和其他部件,填写表1-22。

自动变速器执行器检查记录表　　　　　　　　　　　　　　　　　表1-22

执行器名称	本次实训用自动变速器是否配备	安装位置	线束连接器上的接线端子号	连接到ECU的端子号
锁止电磁阀	是□否□			
主油压调节磁阀	是□否□			
换挡顺序电磁阀1	是□否□			
换挡顺序电磁阀2	是□否□			
换挡顺序电磁阀3	是□否□			
流量调节电磁阀4	是□否□			
流量调节电磁阀5	是□否□			
流量调节电磁阀6	是□否□			
自动变速器故障指示灯	是□否□			

(6) 在设置了自动变速器传感器故障后,观察车辆运转情况,使用诊断仪(或)解码器读取故障代码,根据观察和检测结果,填写表1-23。

自动变速器执行器检查记录表　　　　　　　　　　　　　　　　　表1-23

序　号	故 障 现 象	故 障 代 码	故 障 内 容
故障1			
故障2			
故障3			

(7) 考核评价表(表1-24)。

自动变速器电控系统故障诊断与排除实训考核评价表　　　　　　表1-24

实训项目	考核项目	考 核 内 容	评分(百分制或五级制)		
			分值	学生自我评价	小组评价
生产任务三:自动变速器电控系统故障诊断与排除	查阅维修资料	利用维修手册完成工作情况	10%		
	电控系统主要部件认识、故障诊断与检测	认识电控系统主要传感器和执行器,并说明其作用;诊断电控系统故障,借助电路图分析原因,正确检测元器件及其电路	40%		
	工具使用	正确使用举升机、诊断仪、数字万用表等各种维修、检测工具	20%		
	工作和学习的主动性、纪律性	积极、主动,沟通良好,纪律性好	20%		
	安全文明生产	操作规程、安全文明生产和环境保洁(出现安全事故,本次实训0分)	10%		
	实训指导老师评价				

实训指导老师(签字):　　　　　　　　　　　　　　　　　年　　月　　日

项目二　汽车 ESP 指示灯偶尔点亮的故障检修

故障案例

一辆使用了 3 年的东风雪铁龙新爱丽舍轿车,装备 EC5 型发动机、AT8 型自动变速器,客户反映该车在行驶途中转弯时 ESP 指示灯偶尔点亮,转向盘回正后又会自动熄灭,因此来到 4S 店要求检修。

项目二　PPT

生产任务四　汽车 ABS(ESP)系统综合故障的诊断与排除

1. 工作对象

待检修 ABS(ESP)系统故障的车辆(或实训台架)1 辆。

2. 工作内容

(1)领取所需的工具、检测仪器、耗材,做好工作准备(包括举升机的压缩空气准备、电源检查等)。

(2)举升车辆到适宜检修的高度。

(3)在驾驶室内找到诊断插口,将诊断仪通信线路与车辆诊断插口连接。

(4)打开点火开关到"ON"的位置,开启诊断仪,选择车辆类型、年份和相应的参数信息。

(5)选择底盘 DTC 诊断项目,按诊断仪屏幕提示逐步检测。

(6)根据检测结果,找到故障部位并实施检修,恢复汽车制动系统使用性能。

(7)如需要更换制动液,则必须按规范要求排放空气、调整制动踏板自由行程到技术要求范围。

(8)起动发动机,重复检查故障现象。如故障现象消失,则使用诊断仪删除故障码。否则,重复上述步骤直到故障排除。

(9)检查、评价工作质量。

(10)整理工具,清洁工作场地。

3. 工作目标与要求

(1)学生应以小组工作的方式,完成本项工作任务。

(2)学生应当能在小组成员的配合下,利用汽车维修手册(或实训指导书),制订工作计划,实施工作计划。

(3)能通过阅读 ABS(ESP)电路图资料和现场观察,辨别所检修 ABS(ESP)系统的类型和结构组成。

(4)能表述 ABS(ESP)系统各传感器、执行器和 ECU 的作用、结构组成与工作原理。

(5)能识读所检修车型 ABS 系统的控制电路图,应用诊断知识进行检测,分析检测结果,确定故障部位并修复故障。

(6)能向客户解释所修车辆 ABS(ESP)系统的故障情况和修复方案。

(7)能按规范的步骤,完成 ABS(ESP)系统的检测和修理作业,恢复汽车的制动能力。

(8)在工作过程中注意工作安全,做好废料的处理,保持工作环境整洁。

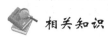
相关知识

2.1 防抱死制动系统的功用与分类

1. 基本概念

ABS 全称是 Anti-lock Brake System,就是防抱死制动系统。它是 20 世纪 80 年代末开发应用的新技术,由于其发展非常迅速,目前在大多数车辆上都实现标准配置。而现代轿车必须装备 ABS。

在汽车制动时,如果车轮抱死滑移,车轮与路面间的侧向附着力将完全消失。如果只是转向轮制动到抱死滑移而后轮还在滚动,汽车将失去转向能力。如果只是后轮制动到抱死滑移而前轮还在滚动,即使受到不大的侧向力干扰,汽车也将产生侧滑(甩尾)现象。这些都极易造成严重的交通事故。特别是在雨、雪、冰的路面上制动时,效果更加明显。因此,汽车在制动时不希望车轮制动到抱死滑移,而是希望车轮制动到边滚边滑的状态。

2. 防抱死制动系统的功用

ABS 的实质是控制汽车轮胎的滑移率,汽车的速度是由车轮的转速所决定的,车轮转得快,汽车就跑得快;车轮转得慢汽车跑得就慢。似乎车轮的转速等于汽车的速度,实际上,由于轮胎的变形,打滑等因素,车轮速度与汽车速度之间总是存在着一定的差值,这个差值与汽车速度的比率就是滑移率,当车轮抱死时,车轮只有滑动而没有滚动,滑移率100%;当车轮纯滚动时轮速与车速相等,滑移率等于 0。实验证明,只有将车辆滑移率控制在 15% ~ 25%,轮胎才具有最大的附着力,制动效能最好。防抱死制动系统的功用就是:

(1)保证制动时车辆的方向稳定性,避免侧滑、甩尾。

(2)保证制动时车辆的转向能力。

(3)一般情况下缩短制动距离。

(4)避免轮胎拖滑磨损,延长轮胎使用寿命。

3. 车轮滑动率对制动力的影响

汽车在行驶过程中由于轮胎的变形、打滑等因素,车轮速度与汽车速度之间总是存在着差值,这个差值与汽车速度的比率就是滑动率,其计算公式为:

$$S = \frac{V - r\omega}{V}$$

式中:S——车轮滑动率;

V——车速;

r——车轮的滚动半径;

ω——车轮角速度。

按上述定义可知,制动时车轮运动特征可由滑动率的大小来表达,即汽车正常行驶中车

轮纯滚动时 $S=0\%$，汽车制动中车轮完全抱死纯滑动时 $S=100\%$，而当汽车制动中车轮处于边滚边滑状态时 $0\%<S<100\%$。

试验所获得的车轮与地面制动力随车轮运动状态不同而变化的规律，见图2-1。从图中可以看出，车轮纵向制动力随车轮滑移率的增加呈先上升后下降的趋势，制动力最大值（亦称峰值制动力），一般出现在滑动率 $S=15\%\sim25\%$，滑动率 S 达到100%（车轮抱死）时的制动力（也称滑移制动力）小于峰值制动力，一般情况下，制动力随道路状况的恶化而增大。同时，当 $S=100\%$ 时，车轮的横向制动力趋近于0，这时，车轮无法获得地面横向制动力。若这种情况出现在前轮上，会因前轮无法获得地面侧向力，导致转向能力的丧失；若这种状况出现在后轮上，则会导致后轴极易产生剧烈的侧滑，使汽车处于危险的失控状态。

综上所述，理想制动系统的特性应当是：当汽车制动时，将车轮滑动率 S 控制在峰值滑动率（即 $S=20\%$）附近，这样既能使汽车获得较高的制动效能，又可保证它在制动时的方向稳定性。

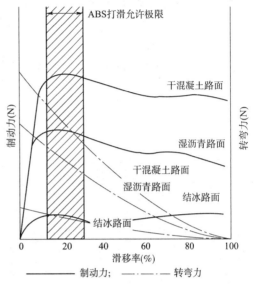

图2-1　制动性能随滑动率变化规律示意图

ABS便是一套能在制动过程中随时监控车轮滑转程度，并依此自动调节作用在车轮上的制动力矩，防止车轮抱死的电子控制装置。它不仅能缩短制动距离，有效避免各种因制动引起的事故，而且还可减少轮胎磨损，延长轮胎使用寿命。

4. 常见ABS的制动系统分类

在ABS中，能够独立进行制动压力调节的制动管路称为通道。如果对某车轮的制动压力可以进行单独调节，称这种控制方式为独立控制。如果对两个或两个以上车轮的制动压力同时进行调节，则称这种控制方式为一同控制。

（1）按照控制通道数目的不同分

目前，汽车上应用较多的可分为三通道四传感器式、三通道三传感器式和四通道四传感器式。

①三通道四传感器式

三通道四传感器ABS如图2-2所示，一般采用两个前轮独立控制，两个后轮按低选原则进行一同控制。对两个前轮进行独立控制，主要是考虑轿车，特别是前轮驱动的轿车，前轮制动力在汽车总制动力中所占的比例较大（可达70%~80%），可以充分利用两前轮的附着力。这种形式的ABS制动方向稳定性较好，但制动效能稍差。

②三通道三传感器式

三通道三传感器ABS如图2-3所示，也是采用两个前轮独立控制，两个后轮按低选原则进行一同控制。与三通道四传感器ABS不同的是后桥只有一个轮速传感器，装在差速器附近，后轮转速低选择控制方式。这种形式的ABS制动方向稳定性较好，但制动效能稍差。

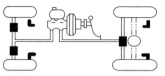
a)四传感器三通道ABS(前后布置)

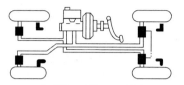
b)四传感器三通道ABS(对角布置)

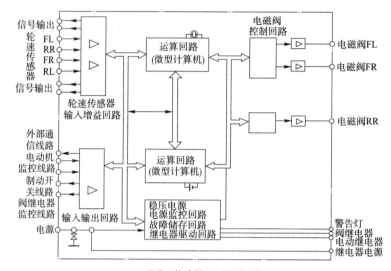
c)三通道四传感器ABS原理框图

图 2-2　三通道四传感器 ABS 及其原理框图

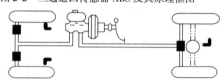
a) 三传感器三通道ABS(前后布置)

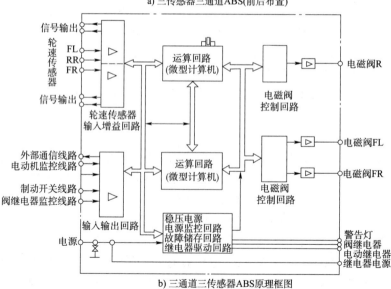
b) 三通道三传感器ABS原理框图

图 2-3　三通道三传感器 ABS 及其原理框图

③四通道四传感器式

现代轿车标配有四通道四传感器 ABS 如图 2-4 所示,每个车轮都有一个轮速传感器,且每个车轮的制动压力都是独立控制的。这种形式的 ABS 制动效能好,但在不对称路面上制动时的方向稳定性稍差。

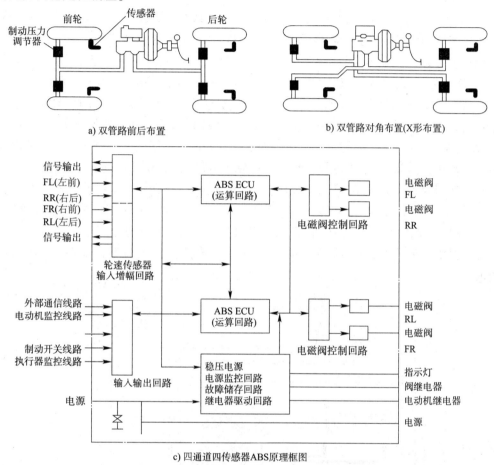

图 2-4　常用的四通道四传感器 ABS 系统及其原理框图

(2) 按生产厂家分类

①德国博世公司生产的 BOSCH ABS,在欧洲、美国、日本、韩国、中国轿车上采用较多。

②德国坦孚公司生产的 TEVES ABS,在欧洲、美国、日本、韩国、中国轿车上采用较多。

③美国达科公司生产的 DEICO ABS,在美国通用、韩国大宇等轿车上采用较多。

④美国本迪克斯公司生产的 BENDIX ABS,在美国克莱斯勒公司生产的汽车上采用较多。

国外生产的以上 4 种 ABS 在轿车上应用很广泛,德国瓦布科(WABCO)公司、日本本田一信友公司、美国凯尔塞·海伊斯(KELSEY HAYES)公司和英国卢卡斯·格林公司生产的 ABS 数量也相当多,主要应用在载货汽车或大型客车上。

国内上海汽车制动系统有限公司生产的 ABS,是从德国坦孚公司和博世公司引进合资生产的。

2.2 ABS 的基本组成与工作原理

1. 基本组成

Bosch 公司的四传感器四通道真空助力式 ABS 的系统组成,如图 2-5a)所示。ABS 通常由轮速传感器、制动压力调节器、电子控制单元 ECU 和 ABS 警示装置等组成。一般的四传感器四通道 ABS 的控制电路,如图 2-5b)所示。不同 ABS 的系统控制电路差别较大,以桑塔纳、捷达轿车为例,两者均采用的 MK20-Ⅰ型 ABS 系统控制电路如图 2-5c)所示,但桑塔纳轿车的 ABS 的系统控制电路是将 6 端子和 22 端子直接连接,而捷达轿车的 ABS 的系统控制电路是将 15 端子和 21 端子直接连接。该 ABS 系统采用了四只轮速传感器,均为磁感应式,其结构原理完全相同,都是由产生信号的传感器和信号齿圈转子两部分组成。前轮速度传感器安装在转向节上,齿圈转子安装在传动轴上,随前轮驱动轴转动而转动;后轮速度传感器安装在固定支架上,齿圈转子安装在与车轮一同转动的后轮毂上。传感器头部与齿圈之间留有一定的空气间隙,前轮传感器间隙为 1.10~1.97mm,后轮传感器间隙为 0.42~0.80mm。传感器安装必须牢靠,否则就会影响传感器正常输出信号或在轿车行驶振动时受到损伤。为了避免灰尘和飞溅的水、泥等影响传感器工作,安装前应在传感器上涂敷防锈液。

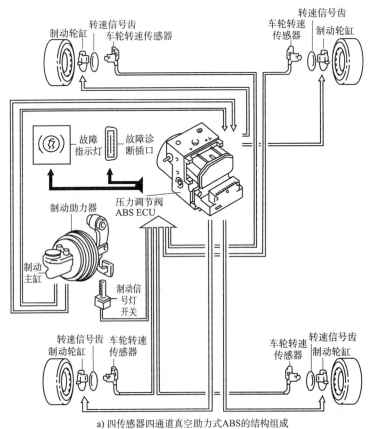

a) 四传感器四通道真空助力式ABS的结构组成

图 2-5

项目二 汽车ESP指示灯偶尔点亮的故障检修

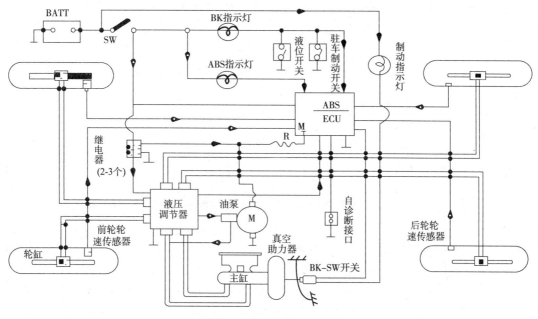

b) 四传感器四通道真空助力式ABS的系统电路

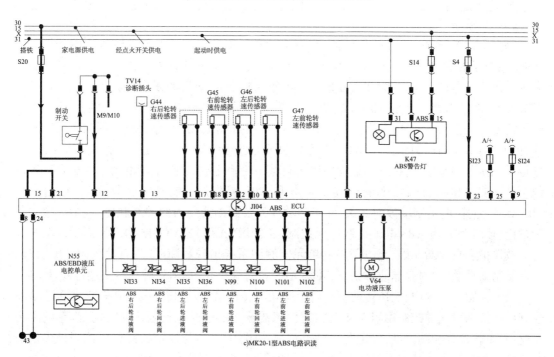

c) MK20-1型ABS电路识读

图 2-5 四传感器四通道真空助力式ABS的系统组成及电路识别示意图

制动灯开关安装在制动踏板旁边,当驾驶员踩下制动踏板时,制动灯开关接通,将制动信号输入 ABS ECU,同时接通轿车尾部的制动灯电路。各组成元件的功用,如表 2-1 所示。

ABS 各主要组成部件的功用 表 2-1

组成元件		元件功能
ABS系统主要组成	传感器	
	车速传感器	检测车速,给 ECU 提供车速信号,适用于滑移率控制方式
	轮速传感器	检测车轮速度,给 ECU 提供轮速信号,各种控制方式均适用
	减速传感器	检测制动时汽车的减速度,识别是否是冰雪等易滑路面,一般用于四轮驱动控制系统
	执行器	
	制动压力调节器	受ECU控制,在可变容积式制动压力调节器的控制油路中建立控制油压;在循环式制动压力调节器调节压力降低的过程中,将由轮缸流出的制动液经蓄能器泵压回主缸,以防止 ABS 工作时制动踏板行程发生变化
	液压泵	接收 ECU 的指令,通过电磁阀的动作实现制动系统压力的增加、保持、降低和增加的全过程
	ABS 警告灯	当 ABS 出现故障时,由 ECU 控制将其点亮,向驾驶员发出报警,并由 ECU 控制闪烁显示故障代码等
	控制器	
	电子控制单元 ECU	接收车速、轮速、减速等传感器的信号,计算出车速、轮速、滑移率和车轮的减速度、加速度,并将这些信号加以分析、判别、放大,由输出级输出控制指令,控制各种执行器工作

2. 工作原理

每个车轮上安置一个轮速传感器,它们将各车轮的转速信号及时的输入到电子控制单元 ECU;电子控制单元是 ABS 的控制中心,它根据各个车轮轮速传感器输入的信号对各个车轮的运动状态进行监测和判断,并形成响应的控制指令,再适时发出控制指令给制动压力调节器;制动压力调节器是 ABS 中的执行器,它是由调压电磁阀总成、电动油泵总成和储液器等组成的一个独立装置,并通过制动管路与制动主缸和各制动轮缸相连,制动压力调节器受电子控制单元的控制,对各制动轮缸的制动压力进行调节,在不同路面附着情况下,每秒进行 4~10 个调节循环,在制动过程中用来确保车轮始终不抱死,车轮滑动率处于合理范围内。警示装置包括仪表板上的制动警告灯和 ABS 警告灯。制动警告灯为红色,通常用"BRAKE"做标识,由制动液面开关、驻车制动开关及制动液压力开关并联控制;ABS 警告灯为黄色(或红色),由 ABS 电子控制单元控制,通常用"ABS 或 ANTILOCK"作标识。ABS 具有失效保护和自诊断功能,当电子控制单元监测到系统出现故障时,将自动关闭 ABS,仅保留常规制动系统;同时存储故障信息,并将 ABS 警告灯点亮,提示驾驶员尽快进行修理。

汽车在制动过程中,轮速传感器把各个车轮的转速信号及时输送给 ABS 控制单元,ABS 控制单元根据设定的控制逻辑对 4 个轮速传感器输入的信号进行处理,并计算汽车的参考车速、各车轮速度和减速度,确定各车轮滑移率,并将滑移率与设定的滑移率控制极限值进行比较。如果某个车轮的滑移率超过了控制极限值,ABS 控制器就输出指令给液压调节装置,使该车轮制动轮缸的制动压力减小;如果某个车轮滑移率还没达到设定的控制极限值,ABS 控制器也输出指令至液压调节装置,使该车轮的制动压力增大;如果某个车轮滑移率接近于设定的控制极限值,ABS 控制器就输出指令至液压调节装置,使该车轮制动轮缸的制动压力保持一定,从而使各个车轮的滑移率保持在理想的范围之内,防止车轮抱死。在制动过程中,如果没有车轮趋于抱死,ABS将不参与制动压力控制,此时制动过程与常规制动系统制动过程相同。如果 ABS 出现故障,ABS 控制单元将不再对液压调节装置进行控制,并将仪表板上的 ABS 报警灯点亮,向驾驶员发出信号,此时 ABS 不起作用,制动过程将与没有 ABS 的常规制动系统工作过程相同。

3. 车速传感器的结构

(1)轮速传感器的结构类型

轮速传感器与齿圈是共同作用的,当齿圈转动时,轮速传感器感应交流信号,输入到 ABS 电子控制单元 ECU,提供轮速信号。轮速传感器通常安装在各车轮轮轴、差速器、变速器输出轴或前驱桥的驱动轴上,轮速传感器由感应头和信号齿圈等组成,如图 2-6 所示。从传感头的形式上可分为柱式,如图 2-6a)所示;菱形极轴式,如图 2-6b)所示;凿式,如图 2-6c)所示。各种传感器的内部结构及工作原理基本相同。图 2-6c)所示的轮速传感器的极轴 6 直接安装到齿圈 2 上方,周围有传感线圈 5。齿圈一般固定安装在轮毂上、后桥(或车轮轴承)上或驱动轴上,极轴同永磁体 3 相连接,磁体的磁感应线延伸到齿圈,并与它构成闭合磁路。当齿圈转动时,齿顶和齿根轮流交替地对向极轴,此时磁感应线不断变化,于是在线圈 5 中产生感应电压信号,并由线圈末端通过电缆 7 传送到 ABS 电子控制单元 ECU,该电压变化的频率便能够精确地反映车轮速度的变化。图 2-6e)所示为东风雪铁龙主动型轮速传感器,它由一个多极电磁铁信号圈安装在轴承的侧密封上,见图 2-7b),随车轮在传感头前旋转,输出信号电压随磁场旋转而变化。

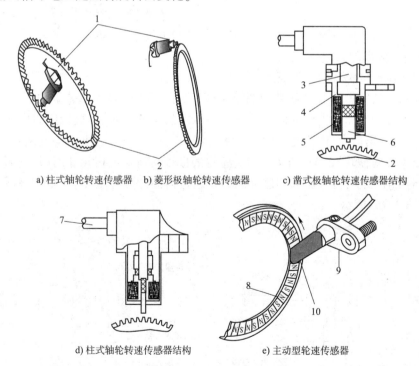

a) 柱式轴轮转速传感器   b) 菱形极轴轮转速传感器   c) 凿式极轴轮转速传感器结构

d) 柱式轴轮转速传感器结构   e) 主动型轮速传感器

图 2-6 轮速传感器及其结构示意图

1-传感器;2-齿圈;3-永久磁铁;4-外壳;5-传感线圈;6-极轴;7-电缆;8-多极信号齿圈;9-连接器;10-传感头

安装轮速传感器时,要保证其传感头与齿圈间留有适当的空隙(1~2mm),要求安装牢固,且安装前需在传感器上加注一些润滑剂(如润滑脂)。确保汽车制动过程产生的振动不会干扰或影响传感器信号,并避免灰尘、水、泥沙等对传感器的输出造成影响。

柱式轴轮速传感器安装时需要将传感头轴向垂直于齿圈,凿式轮速传感器垂直于齿圈安装;菱形极轴轮速传感头安装时其轴向与齿圈相切。凿式极轴和菱形极轴这两种极轴形式在安装时都必须精确地对准齿圈。

齿圈随车轮转动时,轮齿与传感头之间的空气隙发生变化,使磁电式传感器中磁路的磁通发生变化,从而切割线圈产生交流电,交流电的频率随齿圈转速的快慢而变化。根据交流电的频率,ECU 就能计算出车轮的转速。如图 2-8 所示为 2009 款别克君威转向转角传感器和车速传感器电路连接图。

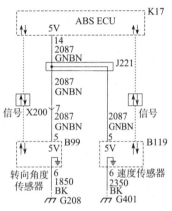

图 2-7 传感器信号发生器示意图　　图 2-8 别克君威转向转角传感器和车速传感器电路示意图

(2)轮速传感器的原理

①磁阻式轮速传感器的工作原理

磁阻式轮速传感器的工作原理,如图 2-9 所示。传感器齿圈随车轮旋转的同时,即与传感器头极轴做相对运动。当传感器头的极轴与齿圈的齿隙相对时,极轴距齿圈之间的空气间隙最大,这时磁阻最大,传感器头的磁极磁力线只有少量通过齿圈而构成回路,在电磁线圈周围的磁场较弱,如图 2-9a)所示。当传感器的极轴与齿圈的齿顶相对时,两者之间的空隙较小,这时磁阻最小,传感器头的磁极磁力线通过齿圈的数量增多,在电磁线圈周围的磁场较强,如图 2-9b)所示。

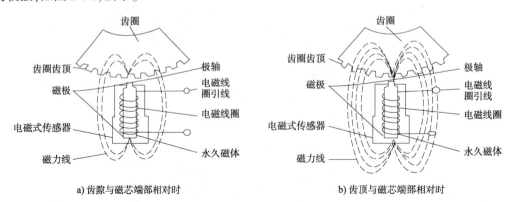

图 2-9 磁阻式轮速传感器原理示意图

齿圈随车轮不停地旋转,就使传感器头电磁线圈周围的磁场以强—弱—强—弱……周期性地变化,因此电磁线圈就感应出交变电压信号,即车轮转速信号,如图2-10所示。

②霍尔式轮速传感器

霍尔式轮速传感器也是由传感器头、齿圈组成。其齿圈的结构及安装方式与磁阻式轮速传感器的齿圈相同,传感器头由永磁体、霍尔元件和电子电路等组成。

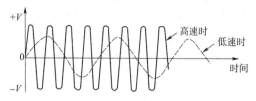

图2-10 磁阻式轮速传感器信号示意图

传感器的工作原理如图2-11所示,永磁体的磁力线穿过霍尔元件通向齿圈,齿圈相当于一个集磁器。当齿圈位于图2-11a)所示位置时,穿过霍尔元件的磁力线分散,磁场相对较弱;而当齿圈位于图2-11b)所示位置时,穿过霍尔元件的磁力线集中,磁场相对较强。传感器的间隙与信号之间的关系,如图2-11c)所示。

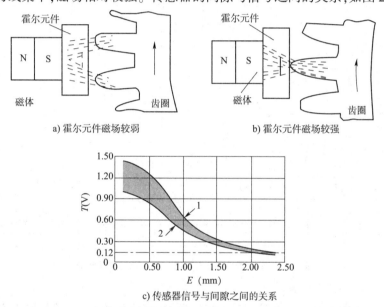

a) 霍尔元件磁场较弱　　　　b) 霍尔元件磁场较强

c) 传感器信号与间隙之间的关系

图2-11 霍尔式轮速传感器工作原理示意图

齿圈转动时,使得穿过霍尔元件的磁力线密度发生变化,因而引起霍尔元件电压的变化,霍尔元件将输出一毫伏级的矩形波电压,此信号由电子电路转化成标准的脉冲电压,即车轮转速信号,如图2-12a)所示。如果取电流作为信号,则霍尔式轮速传感器只有两个接线柱,搭铁线同时也是信号线(mA),如图2-12b)所示。

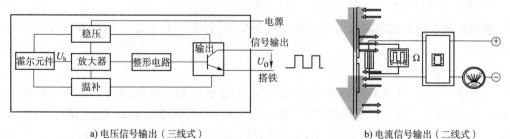

a) 电压信号输出(三线式)　　　　b) 电流信号输出(二线式)

图2-12 霍尔式轮速传感器输出信号示意图

4. 电子控制单元

电子控制单元 ECU 是 ABS 的控制中心，它的主要作用是接收传感器的信号并进行处理，判断车轮是否抱死，然后向制动压力调节器发出制动压力调节控制指令。

ECU 一般由传感器输入放大电路、运算修正电路、输出控制电路和安全保护电路 4 个基本电路组成。各电路的连接方式，如图 2-13 所示。

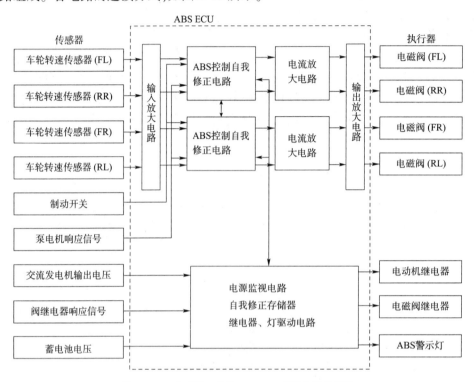

图 2-13　四传感器四通道 ABS ECU 的结构逻辑框图

(1) 传感器输入放大电路

传感器输入放大电路的功能是将轮速传感器、减速度传感器、开关等输入的信号进行预处理、A/D 模数转换等，然后送往运算电路。

(2) 运算修正电路

运算修正电路主要根据输入信号进行车轮速度、即时速度、滑移率、加减速度的运算，以及电磁阀的开启控制运算和监控运算等。

(3) 输出控制电路

输出控制电路是通过来自运算电路的控制信号，控制通往各电磁阀的开启或控制电磁阀的电流。

(4) 安全保护电路

包括稳压电源、电源监控电路、故障反馈电路和继电器驱动电路等。主要作用是监控 12V 和 5V 电压是否在规定范围内，并对输入放大器、运算电路和电磁阀控制电路的反馈信号进行监视。当 ABS 出现故障时，关闭各电磁阀，停止 ABS 工作，返回常规制动状态，同时点亮仪表板上的 ABS 警报灯，提醒驾驶员注意 ABS 的故障。

5.制动压力调节器

制动压力调节器根据 ABS 电子控制单元的指令,通过电磁阀来自动调节车轮制动器的制动压力。根据制动系统的不同,制动压力调节器可分为液压制动压力调节器和气压制动压力调节器两种。本单元以液压式制动压力调节器相关知识为主,气压式 ABS 制动压力调节器相关知识请参看本单元 2.8 节的内容。

(1)液压制动压力调节器的分类

根据制动压力调节器在制动系统中的安装形式可分为循环式和可变容积式两种类型。把直接控制轮缸制动压力的压力调节器称为循环式调节器,把间接控制轮缸制动压力的调节器称为可变容积式调节器。博世公司生产的循环式压力调节器的结构,如图 2-14 所示。液压模块由八个电磁阀、两个储液器、两个缓冲器、泵和电机组成。每个车轮有两个控制电磁阀(一个常开电磁阀和一个常闭电磁阀)。每个对角线有一个储液器。每个对角线有一个缓冲器。制动管路是双管路 X 形布置,因此液压控制单元分为两个相同的调节部分,每个部分负责一条对角线的调节,即一个前轮和一个对角的后轮,每个车轮是由两个电磁阀调节,即一个排出电磁阀(常开)和一个吸入电磁阀(常闭)。

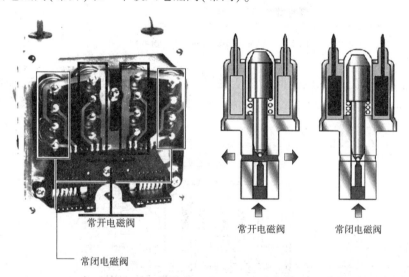

图 2-14 循环式压力调节器的结构组成示意图

当制动没有抱死倾向时,两个电磁阀处于不工作状态。制动主缸和制动轮缸管路相通,制动轮缸接受制动主缸的整个压力。

当制动有抱死的倾向时,计算机通过控制一个或两个电磁阀来调节它的压力,计算机根据车轮的情况可以选择三个压力阶段:压力上升阶段、压力保持阶段、压力下降阶段。

(2)液压制动压力调节器的工作过程

①循环式 ABS 的工作过程

在循环式 ABS 的系统中,制动压力调节器串联在制动主缸与轮缸之间,直接控制轮缸的制动压力。系统中蓄能器的作用是在减压过程中将从轮缸流经电磁阀的制动液暂时储存起来,回油电动泵(再循环泵)的作用是将减压过程中从制动轮缸流进蓄能器的制动液泵回储液室。循环式 ABS 的四个基本工作过程如下:

视频 2.2

第一:升压(常规制动)状态。

在制动过程中,压力上升阶段,常开电磁阀与常闭电磁阀均处于不工作状态,电磁阀处于"升压"位置,如图2-15所示。由制动主缸来的制动液直接进入轮缸,轮缸的压力随主缸压力的增加而增加。此时电动泵不工作。

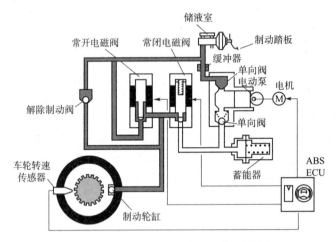

图2-15 循环式ABS的压力上升阶段示意图

第二:保压状态。

在压力保持阶段,常开电磁阀被激活关闭,常闭电磁阀处于不工作状态,如图2-16所示。此时主缸、轮缸不进油也不回油,进油孔和回油孔被电磁阀关闭隔离,轮缸中的制动压力保持一定。

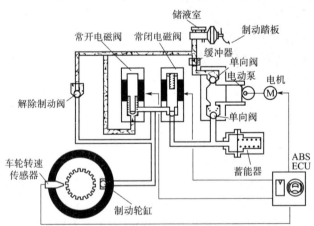

图2-16 循环式ABS的压力保持阶段示意图

第三:减压状态。

在压力下降阶段,常开电磁阀和常闭电磁阀被激活参加工作,常开电磁阀关闭,常闭电磁阀打开,如图2-17所示。此时,电磁阀将轮缸与储液室接通,在电动泵的工作下,将轮缸中的制动液经常闭电磁阀和单向阀泵入储液室,轮缸压力下降。

第四:增压状态。

当制动压力下降而车轮转速太快时,电控单元ECU便控制通往电磁阀的电流,主缸和轮缸再次接通,制动主缸中的高压制动液再次进入轮缸,如图2-15所示,使制动压力增加。制动时,上述过程在紧急制动时反复进行,直到解除制动为止。这四个过程循环往复,相辅相成,某一个过程存在故障,ABS系统就无法正常工作。

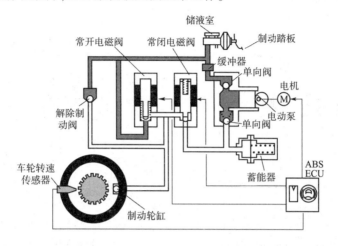

图2-17 循环式ABS的压力下降阶段示意图

②可变容积ABS的工作过程

可变容积ABS的基本原理是在汽车原有制动管路上增加一套液压控制装置,用它控制调节制动管路中制动液容积的大小,从而控制制动压力的变化。该系统的特点是制动压力油路和ABS控制油路是相互分离的。

可变容积ABS制动系统主要由控制活塞、电磁阀、电动泵、蓄能器等组成,如图2-18a)所示。其基本工作过程如下:

第一:升压(常规制动)状态。

汽车制动时,电磁阀7不工作,控制活塞4在弹簧的作用下使活塞位于最左端,活塞顶端推杆将单向阀3打开,使制动主缸2与轮缸5的制动管路接通,制动主缸的制动液直接进入制动轮缸,制动轮缸的压力随主缸压力的变化而变化。这种状态是ABS工作时或ABS不工作时(常规制动状态)系统的制动状态,如图2-18b)所示。

第二:保压状态。

当电控单元ECU向电磁阀7中的电磁阀输入一个较小电流时,由于电磁阀电磁力减小,柱塞11在弹簧力的作用下左移致使蓄能器8、回油管和控制活塞工作腔管路处于关闭的位置,如图2-18c)所示。此时控制活塞左侧的液压保持一定,控制活塞在控制压力和弹簧力的作用下保持在一定位置,轮缸一侧的容积也不发生变化,制动压力保持一定。

第三:减压状态。

当车轮制动趋向抱死、需要减压时,电控单元ECU向电磁阀7输入一较大电流,电磁阀内的柱塞11在电磁力的作用下克服弹簧的作用力向右移动,产生较大位移,如图2-18d)所示,将蓄能器8与控制活塞4的工作腔管路接通。蓄能器8中的制动液进入控制活塞工作腔并推动活塞右移,单向阀3关闭,制动主缸2与制动轮缸5之间的通路被切断。由于控制活塞的右移,使制动轮缸侧制动液容积增大,制动压力减小。

第四:增压状态。

当制动压力不足时,当电控单元 ECU 切断电磁阀 7 中电磁阀的电流,使电磁阀中无电流流过,控制活塞 4 在弹簧力的作用下将活塞推向左端,活塞顶端推杆将单向阀 3 打开,使制动主缸 2 与轮缸 5 的制动管路再次接通,制动主缸的制动液直接进入制动轮缸,使制动轮缸的压力增加,2-18b)所示。

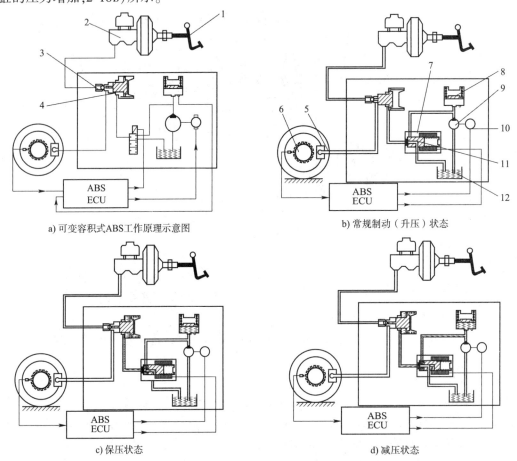

图 2-18　可变容积式 ABS 的工作过程示意图

1-制动踏板;2-制动主缸;3-单向阀;4-控制活塞;5-制动轮缸;6-轮速传感器;7-电磁阀;8-蓄能器;9-电动泵;10-电动机;11-柱塞;12-储液室

2.3　ASR 的基本组成与工作原理

2.3.1　ASR 的作用与控制方式

1. ASR 的作用

驱动防滑系统简称 ASR(Acceleration Slip Regulation)或 TRC/TCS(Traction Control System)。汽车的制动、加速和转向是由驾驶员完成任务的,当路面附着状况不好或交通状况突然改变时,就要求驾驶员有熟练的驾驶技术很好地适应行驶条件的变化。ASR 的作用是维持汽车行驶方向的稳定性,并尽可能利用车轮—路面的纵向附着力,提供最大的附着力。驱

视频　2.3

动防滑系统可在行驶、加速方面解决驾驶技术要求。

2. 防滑转控制方式

ASR 系统的主要控制参数是滑移率 S,控制器(ASR ECU)根据各传感器的信号计算滑移率 S 的大小,当滑移率 S 超限时,控制器输出控制信号抑制车轮滑转,将滑移率 S 控制在理论控制范围内。汽车 ASR 系统常用的控制方式有如下几种:

(1) 驱动轮制动控制

对发生滑转的驱动轮施加制动力,响应时间短。一般采用 ABS/ASR 组合的液压控制系统,驱动控制功能是在 ABS 的基础上增加电磁阀、调节器、蓄能器等而获得的。

(2) 发动机输出功率控制

在汽车驱动轮发生滑转时(起步、加速或行驶在附着系数小的路面上时),ASR 控制器根据各传感器信号输出控制信号来控制发动机的输出功率,以抑制驱动轮滑转。常用的控制方法有节气门控制、燃油喷射量控制和延迟点火提前角控制。

(3) 差速制动和发动机输出功率综合控制

这种类型的 ASR 系统是采用差速制动控制和发动机输出功率控制相结合的综合控制系统。汽车在行驶过程中,控制器可根据发动机的状态和车辆滑转的实际情况采取相应的控制措施。如在发动机驱动力较小的状态下出现车轮滑转,其主要原因可能是由于路面附着系数较小,这时采用对滑转车轮施加制动的方法较为有效。而在发动机输出功率较大(节气门开度大、发动机转速高)时出现车轮滑转的主要原因可能是驱动力过大,这时通过减小发动机输出功率的方法来控制车轮的滑转较为有效。

实际上,车轮滑转的情况非常复杂,通常需要控制器同时控制制动压力和节气门等,对驱动车轮施加制动力的同时减小发动机的输出功率,以达到理想的驱动性能。

(4) 防滑差速锁(Limited-Slip-Differential,LSD)控制

LSD 能对差速器锁止装置进行控制,使锁止范围为 0%~100%,其系统结构如图 2-19 所示。当驱动轮单边滑转时,控制器输出控制信号,使 LSD 和制动压力调节器动作,以控制车轮的滑移率。这时非滑转车轮还有正常的驱动力,从而提高汽车在滑溜路面的起步、加速能力及行驶方向的稳定性。

(5) 差速锁与发动机输出功率综合控制

LSD 制动控制与发动机输出功率综合控制相结合的控制系统可根据发动机的状况和车轮滑转的实际情况采取相应的控制措施以达到最理想的控制效果。

2.3.2 ASR 的组成与原理

1. ASR 的基本组成

ASR 由传感器(轮速传感器、节气门位置传感器等)、ASR 电子控制单元、执行器(制动压力调节器、节气门步进电机)、故障指示灯等组成。ASR 的结构,如图 2-20 所示。

2. ASR 的工作原理

ASR 的工作原理,如图 2-21 所示。车辆行驶过程中,轮速传感器将驱动车轮及非驱动车轮的转速转变为电信号输送给 ASR 电子控制单元 ECU,ASR 电子控制单元 ECU 根据车轮转速计算驱动车轮的滑转率。如果滑转率超出了目标范围,ASR 电子控制单元则综合各

方面参数选择控制方式,并发出相应的指令使执行机构工作,从而使驱动车轮的滑转率控制在目标范围之内。ASR 电子控制单元 ECU 向执行机构发出的指令有以下几种：

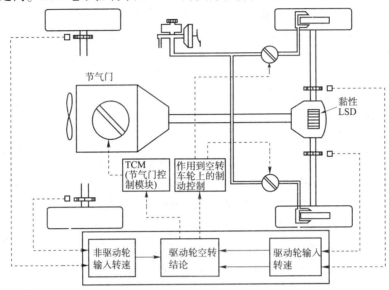

图 2-19 防滑差速锁结构示意图

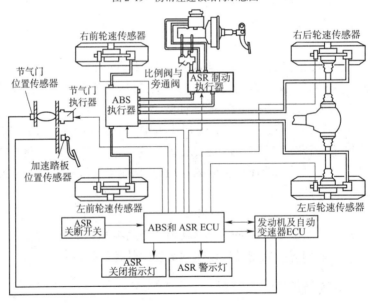

图 2-20 ASR 的结构示意图

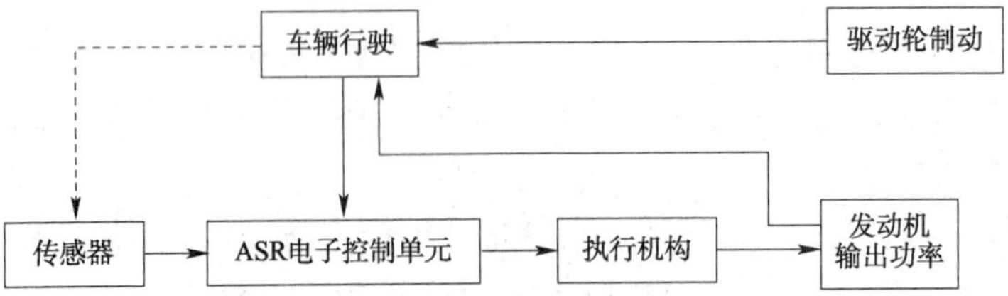

图 2-21 ASR 工作原理框图

（1）控制滑转车轮的制动力。此指令启动 ASR 制动压力调节器，对滑转车轮施加一个适当的制动力，将车轮的滑转率控制在目标范围内。

（2）控制发动机的输出功率。此指令启动节气门驱动器等，使节气门的开度适当改变或减少喷油量，以控制发动机的输出功率，进而控制驱动车轮的滑转。

（3）同时控制发动机的输出功率和驱动车轮的制动力。此指令同时启动 ASR 制动压力调节器、节气门开度调节器，在对驱动车轮施加制动力的同时，减小发动机的输出功率，以达到理想的控制效果。

3. ASR 的传感器

ASR 系统的传感器主要是轮速传感器和节气门位置传感器。轮速传感器与 ABS 系统共用，而节气门位置传感器则与发动机控制系统共用。ASR 电子控制单元 EUC 还有 ASR 选择开关信号输入，关闭 ASR 选择开关，则停止 ASR 系统的作用。如图 2-22 所示为节气门位置传感器电路。节气门位置传感器检测节气门的开启度，并将信号传送给 ECU，如果有故障信号输入，ECU 就阻止 TRC(ASR) 控制。

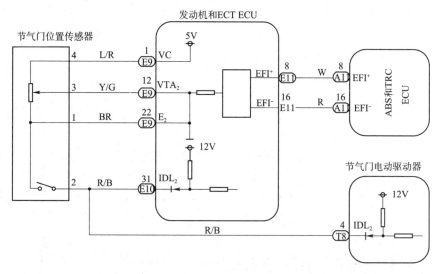

图 2-22　节气门位置传感器电路图

4. ASR 制动压力调节器和节气门

ASR 制动压力调节器接收执行 ASR 电子控制单元 EUC 的指令，对滑转车轮施加制动力并且调节制动力的大小，以使滑转率在规定范围之内。ASR 制动压力来源于蓄压器，通过电磁阀来调节驱动车轮制动力的大小。

ASR 制动压力调节器有单独结构方式和组合结构方式两种。

（1）单独结构方式的 ASR 制动压力调节器

所谓单独结构方式是指 ASR 制动压力调节器和 ABS 制动压力调节器在结构上各自分开，其工作原理见图 2-23。ASR 不起作用时，电磁阀不通电，阀位于上端位置，调压缸的右腔与储液器相通，由于右腔压力低，调压缸的活塞被复位弹簧推到右边极限位，ABS 制动压力调节器与驱动车轮的制动轮缸连通。

当驱动轮出现滑转时，ASR 电子控制单元 ECU 输出控制信号，使电磁阀线圈通电而移至下端位置。此时调压缸右腔与储液器隔断而与蓄压器连通,蓄压器内的压力制动液推动调压缸的活塞左移,进而切断ABS制动压力调节器与驱动车轮轮缸之间的液压通道。同时,随调压缸活塞左移压缩右腔内的制动液,使调压缸左腔和驱动车轮制动轮缸内的制动压力增大,从而使车轮制动。

驱动车轮的制动压力保压时,电子控制单元ECU使电磁阀电流变小,三位三通电磁阀在其复位弹簧力的作用下回到中间位置,调压缸右腔与蓄压器隔断与储液器也断开,调压缸右腔压力保持不变。

减小驱动车轮的制动压力时,电子控制单元ECU使电磁阀断电,三位三通电磁阀在其复位弹簧力的作用下回到上端位置,调压缸右腔与蓄压器隔断而与储液器连通,调压缸右腔压力下降,活塞在复位弹簧力的作用下右移,使调压缸左腔和驱动车轮制动轮缸之间的空间增大,从而使制动压力下降。

(2)组合结构方式的ASR制动压力调节器

组合结构方式的ASR制动压力调节器,其结构方式是指ASR制动压力调节器与ABS制动压力调节器在结构上组合为一个整体,称为ABS/ASR制动压力调节器,其工作原理如图2-24所示。ASR不起作用时,电磁阀Ⅰ不工作,在ABS起作用时,通过控制电磁阀Ⅱ和电磁阀Ⅲ来调节制动压力。

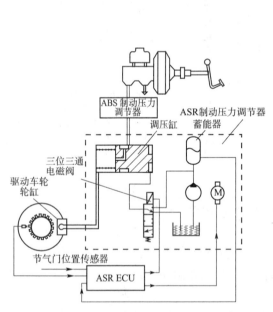

图2-23 ASR单独结构方式示意图

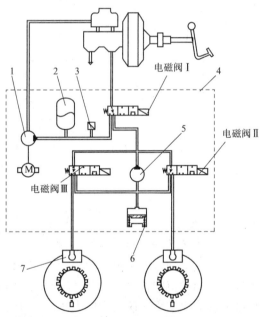

图2-24 ABS/ASR组合结构方式示意图
1-电动泵;2-蓄压器;3-压力开关;4-ABS/ASR制动压力调节器;5-循环泵;6-储能器;7-驱动轮制动轮缸

当驱动车轮出现滑转时,ASR电子控制单元ECU使电磁阀Ⅰ通电工作,电磁阀移至左侧位置;电磁阀Ⅱ和电磁阀Ⅲ不通电,电磁阀处于右侧位置,蓄压器的高压制动液进入驱动车轮制动轮缸,形成制动压力。制动压力的调节是靠电磁阀Ⅱ和电磁阀Ⅲ的工作来完成的。

(3) 节气门装置

节气门装置的主要作用是在驱动防滑转控制的过程中调节节气门的开度,进而调整发动机的进气量,达到控制发动机输出转矩的目的。节气门设置在发动机进气管道中,如图2-25所示。

节气门是由步进电动机根据ABS/ASR的电子控制单元ECU指令进行控制的。步进电动机旋转轴的末端固定有一个齿轮,步进电动机转动时由该齿轮带动节气门轴端的扇形齿轮旋转以控制节气门的开度。ASR(TRC)不工作时,步进电动机不通电,节气门处于完全打开位置,此时发动机的进气量由节气门进行控制;ASR(TRC)工作时,节气门的开度由步进电动机根据ABS/ASR的电子控制单元ECU指令进行控制,使节气门开启一个适当的位置,实现进气量的自动调整,控制发动机的输出功率。节气门体上设有节气门开度传感器,信号传给发动机的ECU和变速器的TCU,发动机的ECU再将此信号传递给ABS/ASR的电子控制单元ECU以实现闭环控制,节气门执行器电路如图2-26所示。

图2-25 节气门装置开闭位置图
1-节气门;2-步进电动机;3-节气ECU
(集成节气门位置传感器)

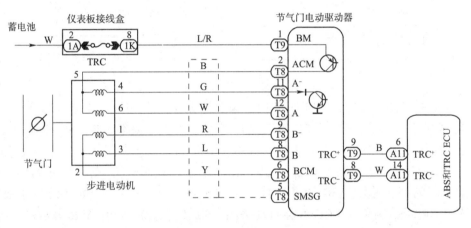

图2-26 节气门总成及其节气门控制电路图

5. ASR电子控制单元

ASR电子控制单元ECU也是以微处理器为核心,配以输入输出电路及电源等组成。ASR与ABS的一些信号输入和处理是相同的,为减少电子器件的应用数量,ASR控制器与ABS电控单元常组合在一起。图2-27所示是典型的ABS/ASR系统逻辑控制示意图。从图中可看出,4个轮速传感器为ABS和ASR所共有,ABS和ASR的电子控制单元ECU组合为一体,称为ABS/ASR ECU。另外,增设了一些ASR的相关部件,主要有ASR制动执行器、步进电动机控制的发动机节气门装置,以及一些ASR的控制开关和故障显示灯等。该系统不但可执行ABS的功能,而且可以实现ASR的控制功能。

ABS/ASR的电子控制单元ECU根据车轮转速信号和汽车参考车速等确定驱动车轮的滑移率。当ABS/ASR电子控制单元ECU判定驱动车轮的滑移率超过设定的上限值时,就使控制节气门的步进电动机转动,减小节气门的开度。节气门的开度即使不变,发动机的进气量也会因节气门开度的减小而减小,从而使发动机的输出转矩减小,驱动力随之下降。若驱动车轮的滑移率仍未降到设定的控制范围内,ABS/ASR 电子控制单元 ECU 会控制 ASR 的制动压力调节装置,对驱动车轮施加一定的制动力,进一步降低驱动车轮的滑移率,以达到防止驱动车轮滑转的目的。一些进口的高级轿车,如日本的雷克萨斯 LS300、LX470,美国的凯迪拉克、别克,德国的奔驰、宝马等车系,都装有 ASR 系统。

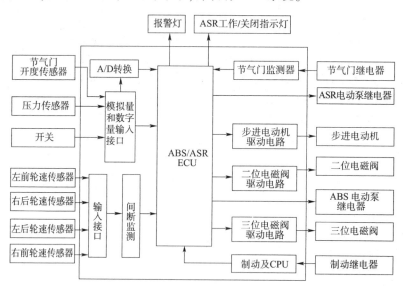

图 2-27　ABS/ASR 系统逻辑控制示意图

在 ASR 处于防滑转控制过程中,驾驶员踩下制动踏板制动时,ASR 会自动退出控制,而不影响正常的制动过程。装有 ASR 的汽车上,在仪表板上一般都装有 ASR 控制开关,驾驶员可通过操作 ASR 控制开关对是否进入 ASR 工作进行选择。关闭 ASR 控制开关,ASR 将不起作用。ASR 控制开关指示灯会自动闪亮,打开 ASR 控制开关,在 ASR 进行防滑转时,ASR 警示灯闪亮。另外,ASR 还具有自诊断功能和失效保护功能,如系统发生故障时,ABS/ASR 的电子控制单元 ECU 就会自动关闭 ASR 工作系统,同时 ASR 警示灯闪亮发出警告。

6. ABS 和 ASR 的比较

ABS 和 ASR 都是用来控制车轮相对地面的滑动,以提高车轮与地面之间的附着力。但 ABS 控制的是轿车制动时车轮的"滑移",主要是用来提高轿车的制动效能和制动时的方向稳定性,它对四个车轮进行有效控制;而 ASR 是控制轿车行驶时的驱动车轮"滑转",用于提高轿车起步、加速及在滑溜路面行驶时的牵引力和确保行驶稳定性,它只对驱动车轮进行有效控制。

虽然 ASR 也可以和 ABS 一样,通过控制车轮的制动力大小来控制驱动车轮相对地面的滑动,但 ASR 只对驱动车轮实施制动控制。

ABS 是在轿车制动过程中工作,在车轮出现"滑移"时起作用;而 ASR 则是在轿车行驶过程中都工作,在驱动车轮出现"滑转"时起作用。一般在车速很低(小于 8km/h)时 ABS 不起作用,而 ASR 一般在车速很高(大于 80~120km/h)时不起作用。

2.3.3 电子制动力分配系统 EBD

电子制动力分配 EBD 也是防滑控制制动系统(专门的电脑程序)的组成之一,根据行驶条件,在 ABS 不工作时,帮助前后轮之间达到良好制动力分配。另外,在拐弯的过程中,还控制左右轮的制动力,以帮助保持车辆稳定性。当 ABS 开始调节的时候,电脑会禁止制动力分配功能。

1. 制动力分配工作原理

(1) 前后轮制动力的分配

如果在车辆向前直行时实施制动,载荷的转移减少施加到后轮上的载荷。防滑电子控制模块根据来自速度传感器的信号决定这种情况,并控制防滑控制制动系统执行器,以便最佳地控制对后轮制动力分配。

在制动过程中,施加到后轮上的载荷是随车辆的载荷情况而变化的,施加到后轮上的载荷量也按减速的程度情况而变化。这样,对后轮的制动力分配得到最佳控制,以便在这些情况下有效地利用后轮的制动力。

(2) 左右轮制动力分配

在车辆拐弯实施制动时,施加到内侧轮上的载荷要减轻,防滑电子控制模块根据来自速度传感器的信号决定这种情况,并控制防滑控制系统执行器,以便最佳地控制对内轮的制动力分配。

2. 控制单元 ECU 原理

对于开车容易慌张的人来说,在紧急制动过程中,不能充分地踩下制动踏板,从而难以实现制动系统的最佳性能。制动助力利用制动防抱死执行器内的压力传感器来探测制动踏板被踩下的速度和力大小,让计算机推算驾驶员紧急制动意愿,以便增加制动力帮助获得来自制动系统中的最大性能。EBD 还具有设定助力定时和助力大小的性能,通过按图 2-28 中的图形调节主力量,可以使制动感觉尽可能自然。

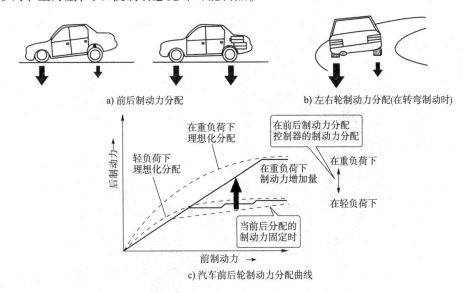

图 2-28 EBD 系统制动力分配控制示意图

EBD 的功能是由控制单元中设定的程序来完成的。在车轮部分制动时,电子制动力分配 EBD 功能就起作用。速度传感器发出四个车轮的转速信号,电子控制单元根据这些信号计算车轮的转速及滑移率。如果后轮滑移率大于某个设定值,则由液压控制单元调节后轮制动压力,使后轮制动力降低,以保证后轮不会先于前轮抱死。当 ABS 起作用时,电子制动力分配 EBD 即停止工作。EBD 压力调节过程也分为升压、保压和减压三个阶段。制动时通过助力器,制动主缸建立制动压力,此时常开阀打开,常闭阀关闭,制动压力进入车轮制动轮缸,车轮转速迅速降低,直到电子控制单元识别出车轮有抱死趋势为止。EBD 的升压及保压与 ABS 工作过程完全一样,但减压控制则有所不同。

当后轮有抱死倾向时,后轮的常开阀关闭、常闭阀打开,车轮压力降低。与 ABS 不同的是:此时油泵不工作,降压所排放出的制动液暂时存放在低压蓄能器中。

当制动结束后,制动踏板松开,制动主缸内的制动压力为零,此时再次打开常闭阀,低压蓄能器中的制动液经常闭阀、常开阀返回制动主缸,低压蓄能器排空,为下一次 ABS 或 EBD 做好准备。

2.3.4 电子差速锁 EDS

1. 电子差速锁运行原理

EDS 电子差速锁,它也是 ASR 的另一种扩展功能,用于汽车的加速打滑控制。在汽车加速过程中,当电子控制单元根据轮速信号判断出某一侧驱动轮打滑时,EDS 功能就会自动开启,通过液压控制单元对该车轮进行适当的制动,从而提高另一侧驱动轮的附着利用率,提高车辆的通过性能。当车辆在恢复正常行驶后,电子差速锁即停止作用。同普通车辆相比较,带有 EDS 的车辆可以更好地利用地面附着力,从而提高车辆的通过性。

2. 电子差速锁工作过程

(1)常规制动。在常规的 ABS 结构的基础上,EDS 需要增加两个电磁隔离阀和两个液压阀,如图 2-29 所示。在常规制动过程中,由制动轮缸产生制动压力,液压阀在常规制动压力的作用下关闭,电磁隔离阀常开,制动压力通过电磁隔离阀及常开阀进入制动轮缸,实施常规制动过程。

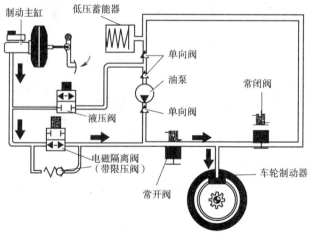

图 2-29 EDS 常规制动过程示意图

(2)压力增加过程。当汽车在加速过程中,如果电子控制单元从轮速信号中发现某一个车轮打滑,那么,EDS 功能它就会自动启用,如图 2-30 所示。这时,ABS ECU 给电磁隔离阀通电,制动轮缸与主缸间的制动液通道被切断,油泵开始运转,从制动主缸来的制动液经液压阀被油泵加压后送往正在空转的车轮的制动轮缸,对该车轮实施制动。同时,非驱动轮的常开阀被关闭,以避免被施加制动。

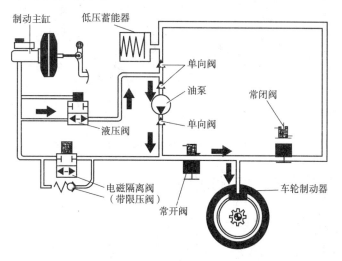

图 2-30　EDS 压力增加制动过程示意图

(3)压力保压过程。在制动加压过程中,如果电子控制单元发现打滑车轮的速度已经下降,为了防止制动压力的进一步升高,油泵被停止工作,同时该车轮的常开阀和常闭阀也被关闭,空转的车轮继续被制动,如图 2-31 所示。

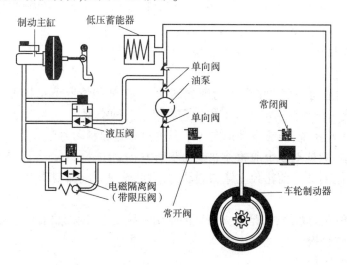

图 2-31　EDS 制动压力保持过程示意图

(4)压力降低过程。如果电子控制单元从轮速信号中发现,车轮已不再处在空转打滑状态,此时,常开阀被打开,电磁隔离阀也打开,制动液从车轮制动轮缸回到制动主缸,制动压力被解除,EDS 中止工作,如图 2-32 所示。

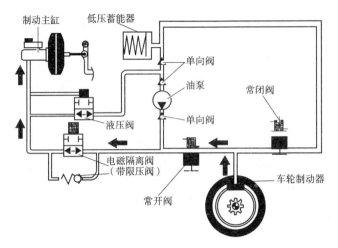

图 2-32　EDS 制动压力降低过程示意图

2.4　ESP 的基本结构与工作原理

1. ESP 的概念与类型

(1) ESP 的概念

ESP 是 Electronic Stability Program 的缩写,即汽车电子稳定程序,简称电子稳定系统。ESP 是通过发动机 ECU 的控制,有选择性地控制制动轮缸的制动力,防止车辆滑移,属于汽车主动安全系统,又称为行驶动力控制系统。它是 ABS 和 ASR 两种系统功能的延伸。从某种意义讲,ESP 系统也是一种牵引力控制系统,但是与其他牵引力控制系统比较,ESP 不仅控制驱动轮,而且控制从动轮。如后轮驱动汽车转向过度时,ESP 便通过控制外侧的前轮制动力来稳定车辆,防止后轮失控而发生甩尾现象。在转向过小时,为了校正行驶方向,ESP 则会通过控制内侧的后轮制动力,从而实现行驶方向的目的。

(2) ESP 的类型

ESP 能够自动地向一个或多个车轮施加制动力,在某些情况下每秒可进行 150 次的有效制动,以确保汽车行驶在选定的车道内。它有以下三种类型:

①4 通道或 4 轮系统,能够自动地向 4 个车轮独立施加制动力。

②2 通道系统,只能对 2 个前轮独立施加制动力。

③3 通道系统,对 2 个前轮独立施加制动力,对后轮一同施加制动力。

(3) ESP 优点

①ESP 不是独立的系统,而是建立在别的牵引系统之上,因而也有牵引系统的特征。

②驾驶员操作轻松。

③汽车易于稳定控制。

④减少交通事故。

2. ESP 的结构组成及各元件的功能

(1) ESP 的结构组成

ESP 系统一般由传感器、电子控制单元、执行器和警示装置组成。即用于检测汽车状态和驾驶员操作的传感器部分;用于估算汽车侧滑状态和计算恢复到安全状态所需要的旋转动量和减速度的 ECU 部分;用于根据计算结果来控制每个车轮制动力和发动机输出功率的执行器部分;用于告知驾驶员汽车失稳的信息部分见图 2-33a)。ESP 系统各零件在车上的安装位置,如图 2-33b)所示。

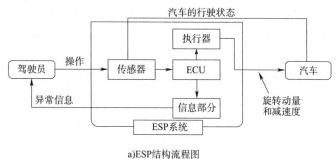

a)ESP结构流程图

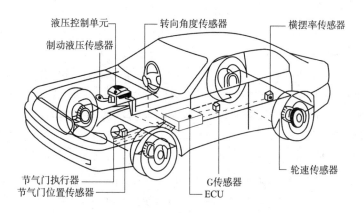

b)ESP系统各零件在车上的位置

图 2-33　ESP 系统逻辑结构及安装位置示意图

(2) ABS、ASR 和 ESP 系统各部件的功能

ABS、ASR 和 ESP 电子控制 ECU。装在发动机舱左前侧或乘客室内的 ABS、ASR 和 ESP 电子控制 ECU 通过线束与每个传感器和执行器相连,它接收传感器的信号,计算汽车侧滑状态和恢复到安全状态所需的旋转动量和减速度,并向执行器发出控制指令。输入信号元件功能如下:

①横摆率传感器。也叫偏转率传感器,装在汽车行李舱前部,与汽车垂直轴线平行。它只检测横摆率(汽车绕垂直轴旋转的角速度)。

②减速度 G 传感器。水平地安装在汽车重心附近地板下方的位置,它检测汽车的纵向和横向加速度。有的车型把横摆率传感器与减速度 G 传感器装在一起。

③转向角度传感器。集成安装在转向盘中,检测转向盘的转动变化量。

④制动液压力传感器。装在 ESP 液压控制装置内部,检测驾驶员进行制动操作时制动液压的变化。

⑤轮速传感器。装在每个车轮上,检测每个车轮的转速。

⑥节气门位置传感器。装在节气门体上,检测节气门的开度。

⑦ESP OFF 开关。驾驶员可以通过"ESP OFF"开关手动开启和关闭 ESP 功能。

（3）输出执行元件功能

①节气门体。安装在发动机进气通道上，在 ESP 起作用期间，调节发动机输出功率，由节气门体上的节气门电动机来控制发动机节气门的开度。

②ABS、ASR 和 ESP 液压控制装置。装在发动机舱左前侧，在正常情况下，制动时如果车轮抱死，它执行 ABS 的功能。当车轮在起步、加速下出现打滑空转时，它执行 ABS 和 ASR 功能。当汽车转向，出现侧滑时，它执行 ESP 功能。总之，在电子控制单元 ECU 的控制下，ABS、ASR 和 ESP 液压控制装置把受到控制的制动液压施加到每个车轮。

汽车高速行驶时急转弯可能出现两种意外：一是因为后轮与地面的附着力不足，车后部甩尾，叫作过度转向。二是因为前轮与地面的附着力不足，车前部甩出，叫转向不足。如果意外发生在湿滑路面上，轻者造成侧滑、甩尾，重者可能翻车。

当后轮首先达到抓地极限，开始出现侧滑时，汽车本身会变得不稳定。在这种情况下，就会出现所谓的"回旋"现象，又称为"甩尾"，就像汽车被快速拉向转弯角一侧。前轮胎首先达到抓地极限而引起的过度侧滑现象称为"漂出"，又称为"侧滑"。当出现这种状态时，驾驶员再打方向也不能减少转弯半径，汽车难以正常行驶。

ESP 解决的办法：当出现后轮侧滑时，外前轮被制动，以产生向外转的运动，确保汽车的稳定性；要抑制前轮的侧滑，首先制动后轮，以得到向内转的运动，然后对四个车轮进行制动，使车速下降到某一水平来平衡旋转运动，使转向在转弯力的范围内进行。

四个车轮所需的总转向力与车速的平方成正比，而每个车轮的实际转向力并不随车速而变。这是汽车在高速下不稳定的原因之一。因此车速高时，即使车速轻微下降，也会使所需的转向力大大下降，从而可明显地改善汽车的稳定性。

ESP 工作的同时，ECU 计算需要的制动力，液压单元迅速将制动力分别施加在相应车轮上，还用指示灯和蜂鸣器来预警汽车在转弯时出现失控，告知驾驶员轮胎有抓地力不足的危险，注意安全行驶。仪表板上与 ESP 有关的警示信号，如图 2-34 所示。

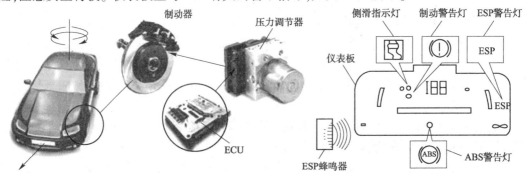

图 2-34　仪表板信号装置示意图

3. ESP 控制的工作过程

（1）ESP 液压控制单元结构

德国博世公司生产的 ESP 液压控制回路结构如图 2-35 所示，它在 ABS 的基础上增加 4 个电磁阀、2 个转换电磁阀、2 个 ESP 主电磁阀，转换电磁阀不工作时为 ABS 功能，转换电磁阀和 ESP 主电磁阀工作时，进入 ESP 功能。

项目二 汽车ESP指示灯偶尔点亮的故障检修

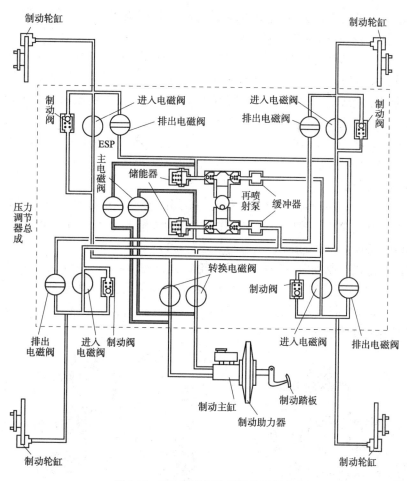

图 2-35　ESP 液压控制回路结构示意图

ESP 液压控制单元结构如图 2-36 所示,ESP 液压控制装置主要分 4 个部分:

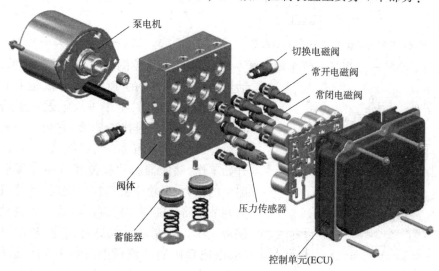

图 2-36　ESP 液压控制单元结构示意图

①液压制动力的产生部分,由电动机驱动电动泵和蓄压器组成。蓄压器储存由电动泵供应的制动液,作为本液压装置的压力源。

②制动主缸和制动助力器部分。根据驾驶员的制动操作产生液压,并进行助力。

③选择电磁阀部分。当 ABS、ASR 或 ESP 工作时,它关闭制动主缸的制动液,并把从液压制动力来的制动液或从制动助力器(调节液压)来的制动液送到控制电磁阀,达到控制每个车轮制动轮缸的液压。

④控制电磁阀部分。当 ABS、ASR 或 ESP 工作时,它增加或降低每个车轮制动轮缸的压力,以控制每个车轮的制动力。

(2)ESP 工作过程

①压力升高阶段。制动时,只要车轮稳定,制动钳(或车轮轮缸)中的压力相当于制动主缸产生的压力。制动踏板上的作用力直接作用在制动车轮轮缸上。进入电磁阀处于打开状态。排出电磁阀关闭。ESP 的 ECU 不参与该运行阶段,如图 2-37 所示。

②压力保持阶段。制动时,制动钳(或车轮轮缸)中的压力升高到某一车轮稳定车速,ESP 的 ECU 参与该运行阶段,通过操作选择进入电磁阀关闭,排出电动阀关闭,车辆保持匀速运行,见图 2-38。控制电磁阀脉冲关闭时长由通/断占空比来驱动,以调节高压制动液并控制在匀速所需的合适水平。

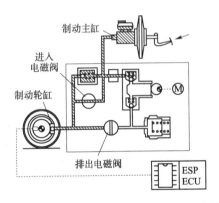

图 2-37 常规车轮的制动液路(压力增加)示意图

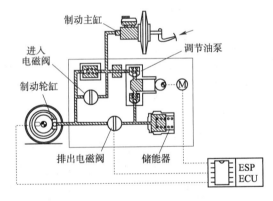

图 2-38 制动液路(压力保持)示意图

③压力下降阶段。当某一侧车轮极度不稳定,某一侧车轮制动附着力迅速降低,超过滑动界限值后,ESP 的 ECU 参与该运行阶段,如图 2-39 所示。这时,由于进入电磁阀还处于关闭状态,计算机打开排出电磁阀,它将某一侧车轮制动钳(或车轮制动轮缸)与储能器连通,调节油泵开始工作,储能器膜片移位并压缩弹簧来降低管路中的压力,车轮恢复速度。同时,计算机控制压力调节泵将储能器中的制动液输送到制动主缸的储液室中。控制电磁阀脉冲由通/断占空比来驱动,以把高压制动液调节并控制到合适的水平。增压—保压—降压—增压过程往复循环。

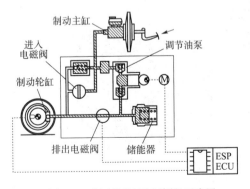

图 2-39 制动液路(压力降低)示意图

4. ESP 控制汽车运动的原理

ESP 是一套电脑程序,通过对各传感器传来的车辆行驶状态信息进行分析,进而向 ABS 和 ASR 发出纠偏指令,帮助车辆维持动态平衡。工作时,ESP 不需要驾驶员对其操作,而是根据实际情况作出自动反应,从而实现主动安全,不再盲目服从驾驶员,使汽车行驶安全性大大提高。最重要的信息由偏转率传感器提供,负责测定汽车围绕纵轴的旋转运动(偏转率),其他传感器负责记录偏航角速度和横向加速度。ESP 电子控制单元 ECU 计算保持车身稳定的理论值,与偏转率传感器和横向加速度传感器测得的数据进行比较,发出平衡纠偏指令。转向不足产生向理想轨迹曲线外侧的偏离倾向,过度转向产生向理想轨迹曲线内侧的偏离倾向。ESP 自动纠正驾驶员的不足转向和过度转向,如图 2-40 所示。

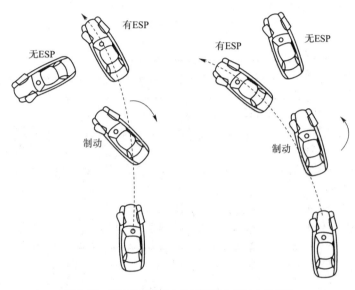

图 2-40 ESP 对不足转向和过度转向的纠偏示意图

5. 典型 ABS-TCS(ASR)/ESP 系统电路图

现代轿车的 ABS 或 ESP 与发动机或其他电脑之间均采用网络通信,由于要求数据传输要快,所以大多应用 CAN 网线系统。别克荣御汽车的 ASR 系统又称 TCS(牵引力控制系统)系统与 ESP 集成设计,其 ABS-TCS(ASR)/ESP 系统电子控制电路图,如图 2-41 所示。ABS 控制故障诊断码一缆如表 2-2 所示,各种车系 ABS 控制故障诊断码代号是不一样的,具体可查阅品牌车型维修手册。别克荣御轿车电子控制系统 ECU 将 ABS、TCS(ASR)和 ESP 结合起来,主要有以下功能:在正常情况下,制动时如果车轮抱死,它执行 ABS 的功能;当车轮在起步、加速下出现打滑空转时,它执行 ABS 和 TCS(ASR)的功能;当汽车转向,出现侧滑时,它执行 ESP 功能。总之,在电子控制单元 ECU 的控制下,ABS、TCS(ASR)和 ESP 液压控制装置把受到控制的制动液压施加到每个车轮。再如,雪铁龙轿车 ESP 系统电子控制电路如图 2-42 所示,ESP 控制 ECU 与其他系统的 ECU 通信采用 CAN 网络,通过高网速的信号传输,使得电路系统更复杂,但只要具有一定的电子知识,对电控系统的检修如对轮速传感器的线路检修,因其电线连接使用编号的线路完整地呈现在一张电路图上,因此使用数字万用表检测及进行故障诊断分析时,还是非常方便的。

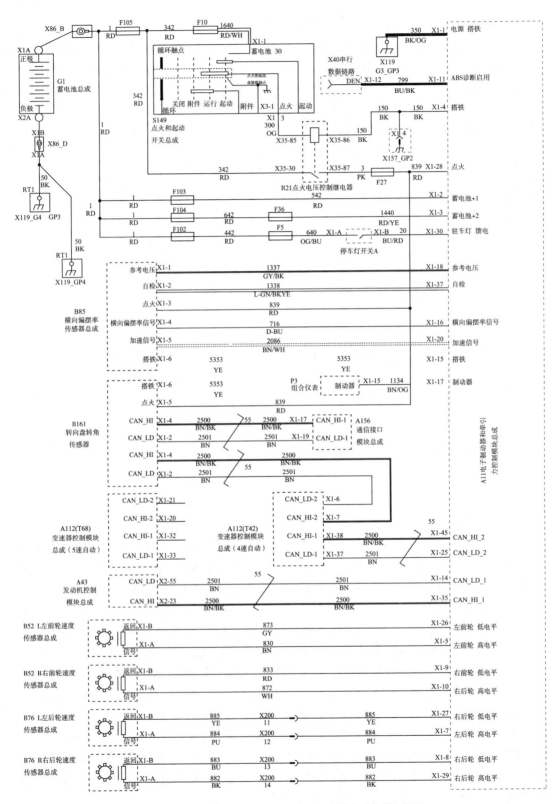

图 2-41　别克荣御 ABS – TCS(ASR)/ESP 系统电子控制电路图

液压 ABS 控制诊断码一览表　　　　　　　　　　表 2-2

诊断故障码	故障码的含义	诊断故障码	故障码的含义
C0035	左前轮速度传感器信号低或参考电压电路故障	C0146	压力调节器前启动电磁阀 1 电路故障
C0040	右前轮速度传感器信号低或参考电压电路故障	C0151	压力调节器后隔离电磁阀 2 电路故障
C0045	左后轮速度传感器信号低或参考电压电路故障	C0156	压力调节器后启动电磁阀 2 电路故障
C0050	右后轮速度传感器信号低或参考电压电路故障	C0161	制动开关电路故障
C0060	左前压力调节器出口电磁阀电路故障	C0186	横向加速传感器故障
C0065	左前压力调节器进口电磁阀电路故障	C0196	横向偏摆率传感器输出信号故障
C0070	右前压力调节器出口电磁阀电路故障	C0245	车轮速度传感器输出信号故障
C0075	右前压力调节器进口电磁阀电路故障	C0252	车轮速度信号超出工作参数范围
C0080	左后压力调节器出口电磁阀电路故障	C0253	长期补偿失效
C0085	左后压力调节器进口电磁阀电路故障	C0460	转向盘转角传感器故障
C0090	右后压力调节器出口电磁阀电路故障	C0550	内部电子控制单元故障
C0095	右后压力调节器进口电磁阀电路故障	C0551	电子控制单元未编程设置
C0110	压力调节器泵电动机电路故障	C0569	电子控制单元系统配置不符
C0121	电子控制单元内部继电器故障	C0800	蓄电池电压超出范围
C0131	压力调节器压力传感器故障	C0895	转向盘转角传感器供电电压超出范围
C0141	压力调节器前隔离电磁阀 1 电路故障		

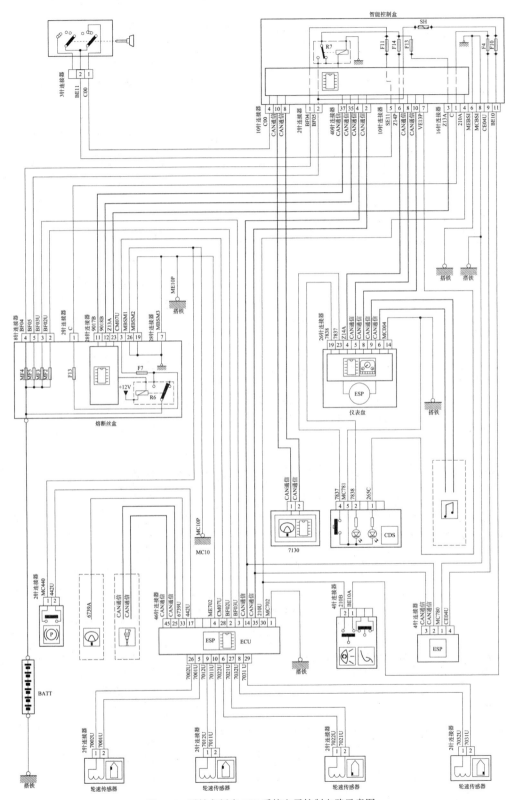

图 2-42 雪铁龙轿车 ESP 系统电子控制电路示意图

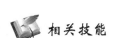相关技能

2.5 液压式 ABS 故障的诊断与检修

2.5.1 液压式 ABS 故障的诊断与检修的一般方法

在对 ABS 进行故障诊断之前,首先要确定故障是发生在 ABS 电控系统还是常规制动系统。由于 ABS 具有失效保护功能,若故障发生在 ABS 电控系统中,ABS ECU 就会立即停止 ABS 的工作,转换至正常制动系统。由于 ABS 有自诊断功能,当故障发生时,ABS 警告灯就会发亮,以警告驾驶员。此时,应使用诊断仪与诊断接口连接读取故障码,确定故障部位。

1. ABS 的直观检查

初步检查是在 ABS 系统出现明显故障而不能正常工作时,首先采取的检查方法,例如 ABS 故障警告灯常亮不熄,系统不能正常工作等。检查方法如下:

(1)检验驻车制动器是否完全释放。

(2)检查制动液液面是否在规定的范围之内。

(3)检查 ABS 的 ECU 导线插头、插座的连接是否良好,连接器及导线是否良好。

(4)检查传感器导线连接器(插头与插座)和导线的连接或接触是否良好。

(5)检查所有的继电器、熔断器是否完好,插接是否牢固可靠。

(6)检查蓄电池容量,测量铅酸电池电解液相对密度(或免维护蓄电池)和电压是否在规定的范围内;检查蓄电池正、负极导线的连接是否牢靠,连接处是否清洁

(7)检查 ABS ECU、液压控制装置等的搭铁端的接触是否良好。

(8)检查车轮规格、胎面花纹槽的深度是否符合规定。

如果用上述方法不能正确确定故障位置,就需要使用自诊断。

2. 读取故障码

若 ECU 发现系统中存在故障,它首先使警告灯点亮,中断 ABS 系统工作,恢复常规制动;再将故障信息以代码形式存入存储器内,以便修理人员调取使用,ABS 系统故障码的读取方法有 2 种:

(1)解码器读码。借助解码器与 ABS ECU 故障诊断通信接口相连,按照一定的操作程序,通过与 ECU 双向通信,从解码器的显示器上读取故障码。

(2)利用专用诊断仪进行故障码读取。许多现代品牌轿车都是利用专用诊断仪对故障系统进行直接诊断,检修人员可以按照一定的自动检测程序,从专用诊断仪显示屏上选择菜单命令,进行自诊断并显示 ABS 系统故障码和故障信息。

3. 清除故障码

清除 ABS 系统故障码的步骤如下:

(1)人工删除故障码

拔下蓄电池负极搭铁线 10s 以上,但时钟及日期等信息会丢失,必须对显示屏时钟及日期重新设定。

(2)诊断仪删除故障码

利用诊断仪或解码器连接车辆诊断接口,选择菜单命令删除故障码。

4.故障诊断与检查的基本内容

对于不同的车型,诊断与检查的方法和程序都会有所不同。ABS系统基本诊断与检查方法的内容一般包括如下4个步骤:

(1)初步检查。

(2)故障自诊断。

(3)快速检查。

(4)故障警告灯诊断。

通常情况下,只要按照上述4个步骤进行诊断与检查,就会迅速找到ABS系统的故障部位。汽车ABS系统故障检测与诊断的一般流程,如图2-43所示。

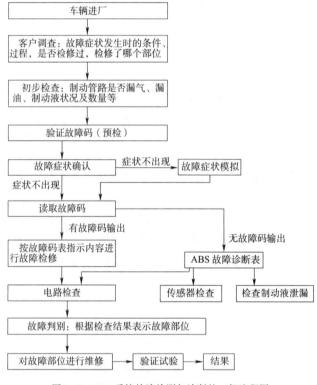

图2-43 ABS系统故障检测与诊断的一般流程图

5.检修的基本步骤

通过诊断与检查判断出ABS系统中的故障部位,就可以进行调整、修复或换件,直到故障被排除为止。修理的步骤如下:

(1)泄去ABS系统中的压力。

(2)对故障部位进行调整、拆卸、修理或换件。

(3)添加制动液,按规定步骤排除空气。

如果是轮速传感器有故障,应按规定进行传感器的调整、更换;ABS ECU损坏只能更换并重新编码。

6. ABS 系统维修的注意事项

(1) ABS 系统与普通制动系统是不可分的,普通制动系统一出现问题,ABS 系统就不能正常工作。因此,要将两者视为整体进行维修,不能只把注意力集中于传感器、ECU 和压力调节器上。

(2) ABS ECU 对过电压、静电非常敏感,稍有不慎就会损坏 ECU 中的芯片,造成整个 ABS 瘫痪。因此,点火开关接通时,不要插拔 ABS 系统的线路连接器;插拔 ECU 上的连接器应做好防静电措施。

(3) 拆卸时注意不要碰伤传感器头,不要用传感器齿圈当作撬动其他零件的支点,以免损坏。安装时应先涂覆防锈油,安装过程中不可敲击或用蛮力。

(4) 维修 ABS 液压控制装置时,切记要首先进行泄压,然后再按规定进行修理。例如,制动主缸和压力调节器设计在一起的整体式 ABS 系统,其蓄压器存储了高达 1800kPa 的压力,如不先行泄压,则高压制动液喷出会伤人,应特别注意安全操作规程。

(5) 制动液每隔两年至少要换一次,最好是每年更换一次。

(6) 在进行 ABS 诊断与检查时,要掌握诊断仪等专业工具的使用方法,按照维修手册中给出的故障诊断图表进行故障诊断。

2.5.2 液压式 ABS 主要部件的检修

1. 轮速传感器的检修

(1) 轮速传感器电路

轮速传感器电路用于检测车轮速度,并将对应的信号传输至 ECU。若轮速传感器电路发生故障,ECU 便执行故障防护功能,切断通往 ABS 电磁阀继电器的电流,阻止 ABS 的工作。下面以雷克萨斯 LX470 为例说明 ABS 的电路工作原理和检查方法。轮速传感器电路,如图 2-44 所示。当 ABS 轮速传感器电路出现故障时,仪表板会显示故障警告指示。

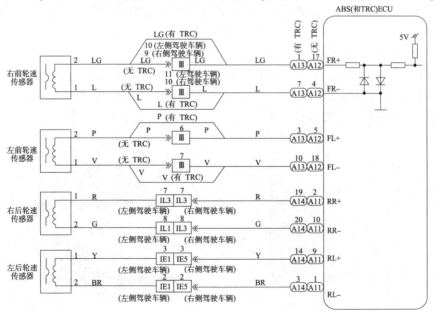

图 2-44 轮速传感器电路图

（2）检查

轮速传感器可能出现的故障有：磁阻式线圈短路、断路或接触不良，传感器齿圈上的信号齿有缺损或脏污，信号探头安装不牢或磁极与齿圈之间有脏物等。其轮速传感器在安装时注意其传感头应按额定力矩拧紧（具体检阅检修车型维修手册），不要拧得过紧或过松，否则极轴与齿圈的间隙过小或过大，会影响轮速信号的产生与输出。检查轮速传感器与桥壳之间无间隙；传感器齿圈的齿面应无刮痕、裂缝、变形或缺齿等现象，严重时应更换转子轴总成。

检查传感器安装有无松动，导线及线束连接器应有无松脱。检查传感器感应线圈的电阻值（一般前轮为 0.8~1.3kΩ，后轮为 1.1~1.7kΩ），如图2-45a）所示，断开线束连接器，找到相应的传感器接线柱进行检测。检查传感器线圈与金属壳体的绝缘性能，方法如图2-45b）所示。转动车轮，测量传感器输出交流电压信号，其电压值应随车轮转速的增加而升高，一般应能达到 2.0V 以上。检测车轮速度传感器导线的导通情况时，应参考 ECU 连接器接线柱的连接位置。

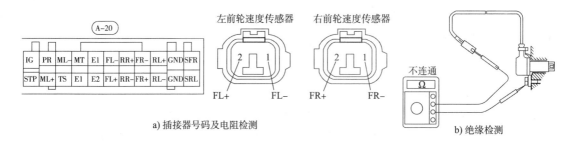

图2-45 传感器的电阻检测示意图

RL：后左车轮速度传感器；RR：后右车轮速度传感器；FR：前右车轮速度传感器；FL：前左车轮速度传感器；GND、E1、E2：搭铁

如使用示波器检测传感器的输出信号电压波形，应为均匀稳定的正弦波形，如图2-46所示。如电压无波形或有残缺，应拆下传感器做进一步的检查或直接更换。

（3）轮速传感器的调整

轮速传感器出现故障，不一定说明传感器已损坏。若传感器头脏污、传感器的间隙没有达到技术要求，都会引起传感器工作不良。通过对传感器进行调整，可恢复其正常工作。如图2-47所示，车轮传感器的调整方法如下：

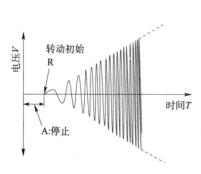

图2-46 磁阻式传感器输出信号示意图

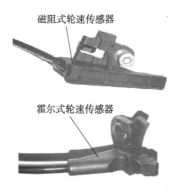

图2-47 车轮传感器类型示意图

①升起车辆,拆下相应的车轮。

②拧松紧固螺栓,拆下传感器头,并清除头部脏物。

③在传感头端面粘贴一纸片,纸垫片上做一"F"标记表示前轮,对于连接器为32脚的ABS,纸垫片的厚度是1.3mm,对于连接器为35脚的ABS则是1.1mm。

④拧松把衬套固定在传感器支架上的螺栓,旋转钢衬套,给固定螺栓提供一个新的锁死痕面。

⑤将传感头装进支架上的衬套,确定纸片在传感头端面上。

⑥拧紧传感器支架上固定钢衬套的螺栓,确定传感器上线束连接良好。

⑦推传感头向传感器齿圈顶端移动,直到纸片与齿圈接触为止,用2~4N·m的力矩拧紧紧固螺栓,使传感头定位。

⑧重新安装好轮胎和车轮等装置,并降下车辆。

⑨开动汽车试验,观察ABS故障灯是否点亮,如果不亮说明系统正常,传感器良好,否则说明ABS系统还有问题。

2. ABS执行器电磁阀电路

ABS执行器电磁阀电路(以LX470车型为例),如图2-48所示。执行器电磁阀由ABS的电子控制单元ECU发出的信号控制其接通状态,调节作用在制动轮缸上的液压力,从而控制制动力的大小。若执行器电磁阀发生故障,ABS的电子控制单元ECU便执行故障防护功能,切断通往ABS电磁阀继电器的电流,阻止ABS的工作。当ABS执行器电磁阀电路出现故障时,则诊断仪会显示故障码21、22、23和24。

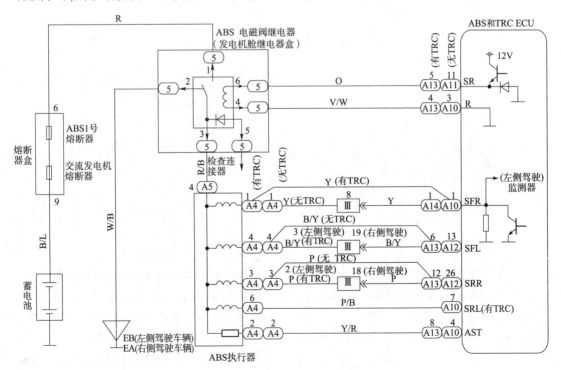

图2-48　ABS执行器电磁阀电路图

检查 ABS 执行器电磁阀时,拆下空气滤清器及导管,检查 ABS 执行器 A5 连接器第 4 端子与 A4 连接器 1、3、4 端子之间是否导通,如图 2-49 所示。正常情况为导通,且每个电磁阀的电阻一般为 1.1Ω。如果以上检查不正常,更换 ABS 执行器;检查正常,则进行下一步检查。

3. 检查 ABS 的电子控制单元 ECU

首先检查 ABS 的电子控制单元 ECU 与执行器之间连接器和配线有无开路或短路、线束连接器有无松动,连接导线有无松脱;再检查其线束连接器各端子的电压、电阻值或波形与标准值进行比较。如果与之相连的部件和线路正常,则应更换 ECU 再试。更换 ABS 的电子控制单元 ECU 时,将点火开关关闭,拆下 ECU 上的线束连接器,拆下旧的 ECU,固定好新的 ECU,插上所有的线束连接器(注意线束不能损坏和腐蚀,插头应接触良好)对角线拧紧固定螺钉;然后使用诊断仪对新的 ECU 重新设置或编码,确认输入地址指令

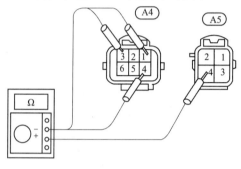

图 2-49 检查 ABS 电磁阀电阻示意图

和功能选择无误后,起动发动机,红色制动灯和 ABS 灯应显示系统正常。

4. ABS 压力调节器的检修

(1)拆卸压力调节器

①关闭点火开关,拆下蓄电池。

②从 ABS 电子控制单元上拆下线束连接器,如图 2-50 所示。

③踩下制动踏板,并用踏板架定位,如图 2-51 所示。

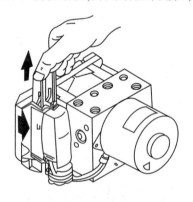
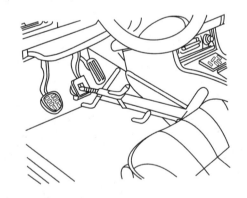

图 2-50 控制单元线束连接器的拆卸　　图 2-51 用踏板架固定制动踏板

④拆卸压力调节器时,在制动液管下垫一块布,用以吸收拆卸时流出的制动液。

⑤从制动压力调节器阀体上拆下制动液压管路 A 和 B,并做上记号,如图 2-52 所示。同时用密封塞将调节器阀体上的管口塞住,如图 2-45 所示。用软丝将制动液压管路和 A 和 B 捆在一起,挂到使其管口高于储液器的液面处。

⑥从制动压力调器上拆下制动液压管路 1、2、3、4,做上记号,并用密封塞将压力调节器阀体上的管口塞住,如图 2-53 所示。

在操作过程中,不能使制动液渗入 ABS 电子控制单元中,否则会因腐蚀元件而使系

统损坏。

⑦从支架上拆下压力调节器,并放在特定的操作台上。

(2)分解压力调节器

①压下连接器侧的锁扣,拆下制动压力调节器上电动泵的线束连接器。

②用专用套筒扳手拆下 ABS 电子控制单元与制动压力调节器连接的 4 个螺栓,如图 2-54 所示。

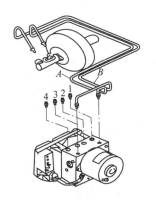
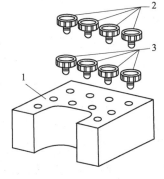
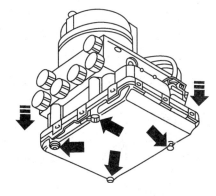

图 2-52 制动液压管路的拆卸　　图 2-53 密封塞堵管口　　图 2-54 调节器连接螺栓拆卸

③将制动压力调节器与 ABS 电子控制单元分离。注意不要碰坏阀体。

④在 ABS 电子控制单元上盖一块防尘布,以防灰尘及脏物进入;将制动压力调节器安放在专用支架上,防止碰坏阀体。

(3)装配压力调节器

①把 ABS 电子控制单元与制动压力调节器装成一体,用专用套筒扳手按对角拧紧连接螺栓,并按规定的拧紧力矩紧固。

②插上 ABS 电子控制单元与制动压力调节器的线束连接器,锁扣要锁好。

(4)安装压力调节器

①拆下相应的密封塞,检查制动液管的位置记号,依次装上连接各制动轮缸的 4 根制动液管,并以规定的力矩拧紧管接头。

②拆下相应的密封塞,检查制动液管的位置记号,依次连接制动主缸前、后腔的两根制动液管,并以规定的力矩拧紧管接头。

③插上 ABS 电子控制单元线束连接器。

④对 ABS 系统加注制动液并排放空气。

⑤若更换了 ABS 电子控制单元或制动压力调节器,因 ABS 电子控制单元配件一般没有编过码,应使用故障诊断仪对电子控制单元进行编码。具体操作方法按故障诊断仪提示的汽车系统测试指令,输入地址指令和功能选择,按检修车型编码要求进行。

⑥打开点火开关,ABS 警告灯应亮 2s 后熄灭。

⑦使用故障诊断仪,先清除故障码,再检查有无新的故障码出现。

⑧试车检测 ABS 的功能。应至少在 40km/h 的初始速度下紧急制动,若感觉到制动踏板有轻微的颤动,路面上基本没有轮胎拖痕和制动跑偏,说明 ABS 工作正常。

2.6 ESP 故障的诊断与检修

2.6.1 ESP 传感器的检修

1. ESP 的轮速传感器

ESP 的轮速传感器与 ABS 等系统共享，其构造、工作原理与检修方法前述已行解释，这里不再赘述。

2. 横摆率传感器和线性加速度传感器

横摆率传感器和线性加速度 G 传感器(也称陀螺仪)，如图 2-55 所示。半导体式的横摆率传感器和线性加速度传感器集成在一个单元中，结构更加紧凑，安装在中央控制台下方，有些车型则安装在行李舱内。当车辆加速时，加速度传感器内的可变电极产生移动，根据与固定电极间的距离变化计算电极间的静电容量，并转换为电信号。相对于车辆的前后方向，两个 G 传感器分别与车辆轴向呈 45°安装，这样，两个 G 传感器的组合能检测车辆水平方向所有的加速度率，加上线性输出特性，能在各种路况条件下进行精确的控制。

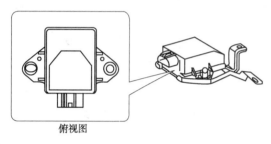

图 2-55 横摆率传感器和线性加速度 G 传感器示意图

根据压电陶瓷元件的绕率大小和方向，横摆率传感器能检测车辆轴向的旋转角速度(横摆率和轴向速度)。将专用的 IC(集成电路)用于传感器单元的摆动和信号处理，结构更加紧凑，并确保性能稳定。横摆率传感器电路，如图 2-56 所示。

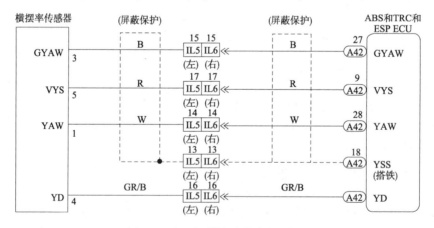

图 2-56 丰田车系横摆率传感器电路图

当存在横摆率传感器的故障码时，应先检查横摆率传感器和 ECU 之间的线束、插头有无断路和短路，通常如果线路、插头正常，则更换传感器。横摆率传感器的检测如下：

(1) 拆松两只固定螺母及同插头已连接的横摆率传感器。

(2) 连接诊断仪至 DLC3(丰田车系诊断插座，各车系诊断接口有自己的代码)。

(3) 将点火开关转至"ON"位置，并按下诊断仪主开关"ON"。

(4)按诊断仪的提示,选择诊断模式。

将横摆率传感器与地面垂直放置并绕其中央轴线转动,检查诊断仪显示的横摆率传感器的横摆率值的变化情况。正常:横摆率值一定。当横摆率传感器静止时输出值:±4°/s。

如果没有诊断仪,也可以用万用表检测,检测方法如下:

(1)将点火开关转至ON位置。

(2)测量电脑的YD和GND端子间电压,正常电压:4.5~5.3V。

(3)安装横摆率传感器并按规定力矩拧紧固定螺母。

(4)当连接器连接好时,测量横摆率传感器的端子1和3、3和4间的电压,如图2-57所示。正常情况下,端子1(YAW)和3(GYAW)电压为2.42~2.58V。端子3(GYAW)和4(YD)电压为4.5~5.3V。如果加速度传感器电路发生任何故障,ABS、ASR与ESP控制功能将失效。

加速度传感器的诊断仪检测方法如下:

(1)连接诊断仪至DLC3。

(2)将点火开关转至ON位置,按下诊断仪主开关ON。

(3)选择诊断仪的"数据列举"或"读取数据流"模式。

当使车辆倾斜时,检查诊断仪显示的加速度传感器的加速度值发生变化。正常:加速度值必须变化。

如果不正常:检查加速度传感器和电子控制ECU间的线束、插头有无断路和短路,通常如果线路、插头正常,则更换传感器,并重新检测,直到故障排除。

3. 转向角度传感器

转向角度传感器安装在转向盘组合开关内(图2-58)。该传感器检测转向力和转向方向,向电子控制ECU输出信号。

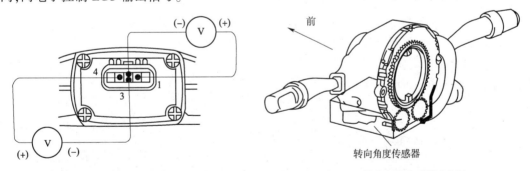

图2-57 传感器端子电压检测示意图　　图2-58 转向角度传感器示意图

传感器由两组内置于检测齿轮中能检测电磁旋转运动的电磁阻线芯组成,可检测到信号齿轮旋转时发生的电磁阻力变化,从而检测到转向盘的转动。转向角传感器电路,如图2-59所示。

如果转向角传感器电路发生任何故障,ABS、ASR和ESP控制功能将失效。

转向角传感器电路的诊断仪检测方法如下:

(1)连接诊断仪至DLC3。

(2)将点火开关转至ON,按下诊断仪主开关ON。

(3)选择诊断仪的"数据列举"或"读取数据流"模式。

当转动转向盘时,检查诊断仪显示的转向角位置传感器的转向盘转向角值应当发生变化。

如果不正常:检查转向角传感器和 ECU 之间的线束、插头有无断路和短路,通常如果线路、插头正常,则更换传感器,并重新检测,直到故障排除。

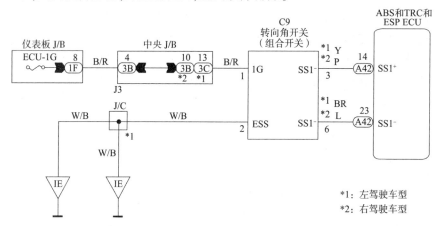

图 2-59　转向角传感器电路图

如果使用示波器检测,检测方法如下:

(1)拆下转向盘下部 2 号和 3 号盖、转向盘护垫以及转向柱上下盖。
(2)脱开组合开关插头(用于转向角传感器)。
(3)连接示波器至组合开关插头的端子 3 和 6(用于转向角传感器)。
(4)在端子 1 和 2 间加上蓄电池正电压。

慢慢转动转向盘并检查信号波形,正常波形如图 2-60 所示。(注:图 2-59 所示的波形不是规则地重复 ON 与 OFF,而且这种组合根据数据依情况而变化)

4. 制动主缸压力传感器

制动主缸压力传感器内置于制动执行器中,将主缸压力信号输出到电子控制 ECU,电压信号与压力的关系,如图 2-61 所示。

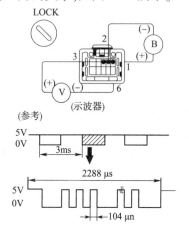

图 2-60　检测转向角传感器的波形示意图

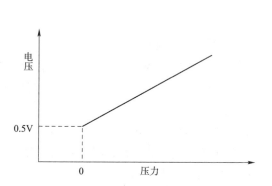

图 2-61　压力传感器输入的信号示意图

2.6.2 ESP系统的故障诊断

ESP电子控制ECU具有自诊断功能,当点火开关打开后,满足一定的条件下,ECU就会进行自诊断。打开点火开关后,车速首次达到6km/h时,ESP系统先后开启制动执行器的各个电磁阀和电动机,进行自诊断。诊断过程中,发动机舱中电磁阀和电机会有动作声,属于正常的声响。

组合仪表内安装了各种指示器和警告灯。侧滑指示灯在灯光闪烁时提示驾驶员ASR、ESP正在工作,而ASR关闭时,指示灯亮起。

制动警告灯除了在一般情况下施加驻车制动器时以及制动液减少时亮起以外,还可与ABS警告灯同时亮起。

ABS警告灯在ABS或制动助力系统出现故障时,警告灯亮起通知驾驶员。此外,在诊断模式时,警告灯闪烁显示ABS的DTC(诊断故障代码)信息。

ESP警告灯在ESP系统出故障时,警告灯亮起通知驾驶员。此外,在诊断模式时,警告灯闪烁显示ESP的DTC诊断故障代码。

1. 故障码的读取

当电子控制ECU检测到电控系统存在故障时,就会在存储器中存储故障码。通常,故障码采用诊断仪读取。

使用诊断仪检查故障码的步骤:

(1)接诊断仪的接口到车辆故障诊断座(图2-62)。

(2)将点火开关转至ON位置。

(3)依照诊断仪屏幕的提示读取故障码,详细资料请参考诊断仪使用手册。

2. 故障码的清除

使用诊断仪清除故障码的步骤:

(1)连接诊断仪到故障诊断插座。

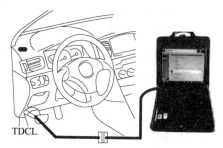

图2-62 连接诊断仪到故障诊断插座示意图

(2)将点火开关转至"ON"位置。

(3)操作诊断仪清除存储在ECU中的故障码,不同型号的诊断仪使用方法有所不同,具体请查阅相应的使用手册。

如果使用切断蓄电池的方法删除故障码,在关闭点火开关后需要等待一定时间,等网络休眠后再切断电源,否则容易造成车辆上各电器元件的损坏。

3. ESP系统的故障诊断注意事项

(1)对于不同类型轮胎的周长,ESP计算机识别与其他车轮的周长偏差为5%的车轮。计算机因而纠正其发布的信息。(自动校正偏差)

当周长偏差大于5%时,系统转为降级模式(丧失ESP功能,保留ABS和EBD功能)。注意:当车轮之间的周长偏差未达到6%时,ABS和EBD应该是完全可以运行的。

(2)转向盘角度传感器的标定

转向盘角度传感器需要进行标定的情况有:调节前束,更换ESP计算机,更换转向盘角度传感器,维修转向柱或转向柱支架。

转向盘角度传感器的标定操作分为两个阶段:解除锁定和标定,客户只能看到"标定"功能,解除锁定是诊断仪后台自动进行。在调整程序开始前,要确定车轮在直线位置,标定方法如下:

第一个方法:

沿直线行驶:必须在平直且无侧向强风的路面上行驶 100m。在行驶的终点,汽车应该尽可能在保持转向盘的位置的条件下停车。

第二个方法:

在举升机上的调直:HUNTER 型举升机可以保证前轮调直。前轮调直以后,用诊断仪做如下操作:

①"开始标定?:是/否"。
②正在标定。
③标定结束。

标定后的检测:汽车沿直线或弯道行驶 1 或 2km,以确认转向盘在 0 位(诊断仪断开),故障报警灯不应该点亮,在行驶试验过程中不能使用 ESP 或 ABS 调节。

小组工作

实施生产任务小组的工作步骤如下:

(1)每 6~8 名学生组成 1 个工作小组,确定 1 名小组长,接受工作任务,做好工作准备。

(2)阅读工作单,查阅维修手册(或实训指导书),观察待修车辆的 ABS 系统,讨论故障检测方法和步骤,确定小组人员工作分工。向实训指导教师汇报讨论结果,经指导教师同意后,开始下一步的工作。

(3)按照工作单的引导,查阅、识读 ABS 系统电路图,完成待修车辆 ABS 系统的故障检测、诊断、分析、检查和修理工作。

(4)在完成工作任务的过程中,根据工作单的要求,完成 ABS 各传感器、执行器实物的认识、电路分析和工作原理描述等学习任务。

(5)完成工作单要求的 ABS 系统故障检测点的确定,实施检查检测,将检测结果记录在工作单的相应栏目,并对照本车型标准参数数值作出分析。

(6)回答指导教师的现场提问,接受指导教师的技能考核。

(7)完成工作任务后,对工作过程进行自我评价和小组互评,听取指导教师的点评。

(8)清洁工作场所,清点维护工具设备,完成任务交接。

知识与技能拓展

2.7 液压式 ABS 系统的维护作业

1. ABS 系统制动液的正确选用

ABS 系统是一套复杂、精密的工作系统,对制动液的选用有较高的要求:

(1)黏度要合适。

(2)高温高压条件下稳定性好,沸点高。

(3)抗氧化能力强。

(4)对橡胶密封件和橡胶软管无腐蚀作用。

(5)对金属无腐蚀作用。

现在的 ABS 系统专用油有 DOT3、DOT4、DOT5。DOT5 的沸点较高,但 DOT5 是硅基制动液,对橡胶件有较强的腐蚀作用。

DOT3 和 DOT4 是醇基制动液,国产 4606 合成制动液与其相当,具有较强的吸湿性。而制动液的水分过多,会造成精密零部件锈蚀;还使制动液黏度变大,导致制动反应迟缓。因此应根据实际使用情况,合理选用制动液。目前,普通轿车大多选用 DOT4 醇基制动液或 4606 合成制动液。

2. ABS 系统制动液的补充和更换

(1)先将制动液加至储液室的最高液位标记"MAX"处。

(2)按规定排除空气。

(3)将点火开关置于"ON"位置,反复踩踏制动踏板,直至电动泵开始运转为止。

(4)使电动泵停止运转后,再对储液室中的液位进行检查。

如果此时储液室中的制动液液位在最高标记线以上,先不要泄放制动液,而应重复第(3)步,再检查液面的高度。

(5)如果储液室内的制动液仍在最高液位线以上,则应泄放部分制动液,如果储液室的制动液液面高度有下降,则将它补充到最高标记线。

(6)若要更换制动液,可采用系统排气方法将旧制动液放出,当制动液储液室的旧制动液放完时,可边加入新的制动液边放油,直至排出新的制动液时为止。然后按规定将制动液补足到最高液位标记"MAX"处。

3. 如何为 ABS 系统卸压

正常的 ABS 系统内,工作油压在 1400~1800kPa,维修时若不把压力卸除就拆动油管,高压油在瞬间喷出,将造成机器设备脏污、损坏,或造成人员伤害。因此在对 ABS 系统进行故障排除和维修前,特别是维修液压装置部件如电动油泵,电磁阀体、蓄压器,制动轮缸时,必须卸去 ABS 系统内压力。

制动防抱死装置 ABS 卸压方法如下:关闭点火开关,然后反复踩踏制动踏板(有时要反复踏踩 40~50 次),直到感觉到踏板变硬,也就是感觉不到有液压助力时,说明系统内的压力已卸除。有的 ABS 系统必须用专门的仪器和工具进行卸压,其具体的方法必须按照维修手册中的要求进行操作。

4. ABS 的汽车制动系统排除空气

ABS 系统中如果有空气,不仅会使防抱死功能丧失,而且会严重影响常规装置的制动效果,所以在对 ABS 的液压装置进行维修后,要按规定排放液压装置的空气。

视频 2.7

对于雪铁龙轿车,由于 ABS 系统管路不同于普通制动系,因此,在制动系维护时,排气操作区别于普通制动系,可分为两级排气。制动主缸至制动轮缸管路排气(一级管路人工排气)和常开电磁阀至缓冲器管路排气(二级管路诊断仪排气)。

在一般情况下,进行制动主缸、制动轮缸管路维修时,只需进行一级管路排气,方法与普通制动系相同,但要确保在排气过程中,ABS系统不工作。如果更换压力调节器时,则需要使用DIAGBOX(诊断仪)等专用工具进行第二级排气。下面以雪铁龙世嘉轿车为例加以说明:

方法一:人工排气

人工排气须两个操作工配合操作,在制动液储液罐内加注制动液到"max"标记处,发动机在停机状态,一人反复踩制动踏板,然后踩住踏板不放松,另一人将一干净塑料管接到轮缸排气螺栓上,并接入容器中,打开排气螺栓,含气泡的制动液流出,关闭排气螺栓后,使制动踏板自然复位。反复进行上述操作,直到流出的制动液清洁且不含气泡,以同样方法对其他车轮由远到近进行操作,当制动管路排气完成时,检查踏板行程,如果行程较长及柔软,重复排气步骤。

方法二:诊断仪二级排气

如果在一次调节之后制动踏板的行程加长(液压单元管路中的空气进入到制动管路中),则需要进行制动排气,这道工序只能在第一级排气(手动排气)已经完成后才能进行。

(1)左后轮排气。打开左后轮的排气螺钉,确认诊断仪启动排气程序,排气程序正在进行时,要不停地踩制动踏板(持续25s),通过诊断仪开始第1阶段排气,排气程序结束,继续踩制动踏板直到流出干净且无气泡的制动液,关上左后车轮的排气螺钉。

(2)左前轮的排气。打开左前轮的排气螺钉,确认诊断仪启动排气程序,排气程序正在进行,要不停地踩制动踏板(持续25s),通过诊断仪开始第2阶段排气,排气程序结束,继续踩制动踏板直到流出干净且无气泡的制动液,关上左后轮的排气螺钉。

(3)右前轮的排气。打开右前轮的排气螺钉,确认诊断仪启动排气程序,排气程序正在进行,要不停地踩制动踏板(持续1min45s),通过诊断仪开始第3阶段排气,4个循环,排气程序结束,继续踩制动踏板直到流出干净且无气泡的制动液,关上右前车轮的排气螺钉。

(4)右后轮的排气。打开右后轮的排气螺钉,确认诊断仪启动排气程序,排气程序正在进行,要不停地踩制动踏板(持续1min45s),通过诊断仪开始第4阶段排气,4个循环,排气程序结束,继续踩制动踏板直到流出干净且无气泡的制动液。关上右后轮的排气螺钉。

诊断仪屏幕显示排气结束,排气结束。

2.8 液压式ABS系统的故障诊断与排除

以德国BOSCH ABS系统的故障诊断与排除为例。

(1)故障现象

①在发动机起动后或汽车行驶中ABS故障警告灯一直亮着。

②ABS装置失去作用,汽车紧急制动时车轮会抱死。

③汽车制动效能较差。

(2)故障原因

①制动主缸储液室内的制动液太少,液面高度太低。

②制动系统管路中有空气。

③车轮转速传感器损坏或线路有故障。

④车轮转速传感器感应齿圈损坏或传感器与感应齿圈间隙之间有杂物。

⑤电动回液泵继电器损坏或线路有故障。
⑥电动回液泵电动机损坏或线路有故障。
⑦二位二通电磁阀继电器损坏或线路有故障。
⑧二位二通电磁阀损坏或线路有故障,压力调节器中电磁阀位置如图2-63所示。

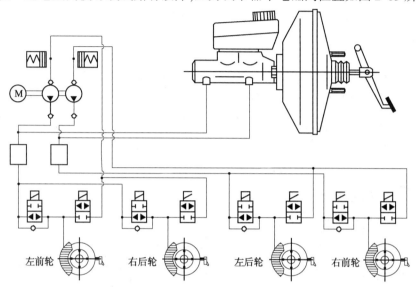

图2-63 压力调节器中电磁阀的安装位置示意图

⑨ABS 的 ECU 电源线路或搭铁线路有故障。

(3) 故障诊断与排除

①检查制动主缸储液室内的液面高度,若太低,应加注制动液至正常液面高度。

②进行故障自诊断,按照读取的故障代码查找故障原因。

③如果无法读取故障代码,则可按 ABS 故障警告灯点亮的规律判断故障的大致范围:若打开点火开关后或发动机起动后 ABS 故障警告灯一直不熄灭,则可能是 ABS 的 ECU、电动回液泵、二位二通电磁阀损坏或其电源线路、搭铁线路有故障;若打开点火开关后或发动机起动后 ABS 故障警告灯能正常熄灭,但汽车行驶至 40km/h 时踩制动踏板后 ABS 故障警告灯又亮起,则通常是车轮转速传感器损坏或其线路有故障。

④检测 ABS 的 ECU 电源线路。打开点火开关,对照所检修车型的 ABS 线路图,从 ABS 的 ECU 线束插头上检测与蓄电池正极及点火开关电源线路连接的各脚的电压,其值应等于蓄电池电压,否则说明熔断丝或电源线路有故障,应予以修复。

⑤检测 ABS 的 ECU 搭铁情况。对照线路图,从 ABS 的 ECU 线束插头上检测各搭铁端子与蓄电池负极之间的电阻,其值应为0,否则说明搭铁不良,应予以修复。

⑥检测电动回液泵继电器及其线路,若继电器有故障应予以更换;若继电器的电源线路或与 ECU 连接的控制线路有故障。应予以修复。

⑦检测电动回液泵电动机及其线路。拆开制动压力调节器上盖,拔下电动回液泵继电器,打开点火开关,将继电器插座上连接继电器开关触点的2个端子用一根导线短接,使蓄电池电源直接施加在电动机上,此时应能听到电动回液泵电动机转动的声音,否则说明电动机或其线路有故障,应检修线路或更换制动压力调节器总成。

⑧检测二位二通电磁阀继电器及其线路,如继电器有故障应更换,如线路有故障应予以修复。

⑨检测二位二通电磁阀。拔下制动压力调节器线束连接器,对照所修车型的 ABS 线路图,在制动压力调节器线束插座上分别测量各个二位二通电磁阀的线圈电阻,其阻值应符合标准(一般为 0.8~1.5Ω)。如有异常,应更换制动压力调节器总成。

⑩测量制动灯开关如图 2-64 所示,在踩下制动踏板时,制动灯开关应闭合;未踩制动踏板时,制动灯开关应断开。如有异常,应更换制动灯开关。

⑪检查各个车轮转速传感器,检查感应齿圈有无缺齿、齿圈与传感器之间有无杂物、齿圈与传感器之间的气隙是否正常。拔下传感器线束连接器,检测传感器电阻方法如图 2-65 所示,其阻值应符合标准;转动车轮,同时用万用表测量传感器输出电压信号,如无信号输出,说明传感器有故障,应予以更换。

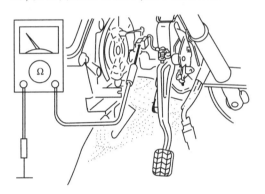 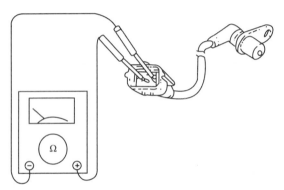

图 2-64 制动灯开关的检测方法示意图　　　图 2-65 车轮转速传感器电阻的检测方法示意图

2.9　电子驻车装置与紧急制动辅助装置

1. 电子驻车装置

电子驻车制动装置 EPB(Electrical Park Brake,EPB)是指将行车过程中的临时性制动和驻车后的长时性制动功能整合在一起,并且由电子控制方式实现驻车制动的技术。EPB 主要由传感器、ECU 和执行器组成。EPB 由电子按钮手动操作,并兼备自动控制功能。电子驻车制动系统由装有行星减速机构、电机、左右后制动钳和电控单元组成,该系统电控单元与整车控制器局域网(CAN)通信,对左右后制动钳上的电机进行控制。当需要驻车制动时,EPB 按钮被按下,按钮操作信号反馈给电控单元,由电控单元控制电机和行星减速齿轮机构工作,对左右后制动钳实施制动。

(1)电子驻车制动装置类型

目前,电控驻车制动系统可分为钢索牵引式和整合卡钳式两种类型。

①钢索牵引式电控驻车制动系

钢索牵引式电控驻车执行机构与传统驻车制动无异,同为制动蹄(或制动盘)式,仅仅是把原来用于平衡左右侧驻车制动力的驻车制动拉索平衡器换成电子控制拉索控制模块而已,如图 2-66 所示。由于钢索牵引式电控驻车装置的加装成本低,结构紧凑,因而更利于对普通车型应用时的设计变更。

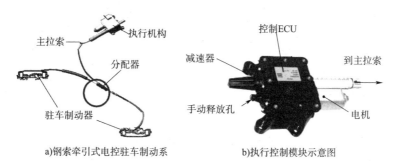

a) 钢索牵引式电控驻车制动系　　b) 执行控制模块示意图

图 2-66　钢索牵引式电控驻车制动系示意图

②整合卡钳式电控驻车制动系

整合卡钳式电控驻车制动系统需要专用的制动卡钳和相关的执行机构,其执行部件均位于后轮制动卡钳上,没有了传统的驻车制动拉索,系统变得更加简单,如图 2-67 所示,但成本相对较高。由于整合卡钳式电控驻车制动系统采用了电线进行指令信号传递,因而更利于对普通车辆的组装(或改装)及驻车系统的简化、更经济实用。

(2) 基本组成与功用

后轮驻车制动系统成包括:驻车制动 ECU、驻车制动电机、传动皮带、行星减速机构、螺纹丝杠、制动盘和制动蹄摩擦片等,见图 2-68。电控机械式驻车控制模式有:

图 2-67　整合卡钳式电控驻车制动机构示意图

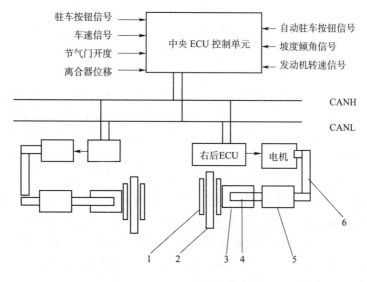

图 2-68　电子驻车装置示意图

1-制动蹄摩擦片;2-制动盘;3-制动活塞;4-螺纹丝杠;5-轮系减速机构;6-传动皮带

①驻车制动功能

在"点火系统关闭"的情况下自动驻车。电控机械式驻车系统确保车辆可以在 30% 坡度的斜坡上也能够安全驻车。

②动态起步辅助功能

在上坡路上起步时,只有当车辆的输入转矩大于控制单元计算出的斜坡输出转矩时,驻车制动才会解除,因此确保了车轮不会自行向后滚动,可以减轻驾驶员的负担。

如果在交通信号灯前驻车时就无需踩制动踏板。一旦踩下加速踏板,驻车制动就会自动解除,车辆可以继续行驶。

③动态紧急制动功能

当制动踏板失灵或锁住时,通过按住电控机械式驻车制动器按钮,可以通过动态紧急制动功能强行制动车辆。

④AUTOHOLD 按钮

AUTOHOLD 按钮是一个辅助功能,驾驶员可以按下中控台中的 AUTOHOLD 按钮,按钮中的指示灯点亮,说明该功能已经激活。再一次按下 AUTOHOLD 按钮,就关闭了自动驻车功能。

(3) 工作原理

电子驻车制动系统由中央控制 ECU 负责各种电子驻车制动信号的采集、处理,并发出指令,然后通过 CAN 总线传输到两个后轮的制动 ECU,皮带的传动比为 1∶3,通过减速器能够把电机的高转速、小转矩的输出转换成执行机构的低转速、大转矩的输出。电机的转动带动皮带的转动,而皮带驱动减速器转动。减速器上连接着斜盘蜗杆,斜盘蜗杆上套有丝杠,从而使斜盘蜗杆的转动转化为丝杠的直线移动,丝杠直线移动顶向制动活塞而促使制动蹄摩擦片产生机械驻车。ECU 通过控制电机的正反转达到施加和解除驻车制动的目的。

常用的 EPB 自动控制功能有两种。一种是系统在发动机熄火后,通过整车 CAN 与该系统电控单元联合控制电机,对左右后制动钳实施制动。另一种是坡度驶离,在坡上,车辆起步时,EPB 电控单元控制左右后轮制动钳,使其自动松开,车辆自动驶离。EPB 系统还与电子稳定性控制程序 ESP 联合工作。

(4) 执行机构

电控驻车执行机构从技术升级上看,比长期使用的传统型驻车制动模式推进了一大步。后制动钳一体化的 EPB 技术,最早于 2001 年在菲亚特中高档轿车 Lancia 上使用,现已配备到北美和欧洲许多车型包括本特利、宝马 7 系、奥迪 A8、A6,新帕萨特 B6,雪铁龙品牌等车辆上,在轿车上有着广泛的应用前景。

①整合卡钳式电控驻车执行器与电路

一汽奥迪 A6L 轿车电子驻车执行器是一个电控机械式伺服单元,它集成在后车轮制动钳中,如图 2-69 所示。通过电机、多级变速器及螺杆传动,EPB 控制单元将命令"操作驻车制动器",将制动摩擦片转换成相应的制动力压靠到制动盘上,实现驻车功能。

制动执行器的结构如图 2-69c) 所示。电机旋转运动到螺杆直线运动的整体传动比为 1∶150(电机转动 150 转,能带动螺杆转动 1 转)。

奥迪 A6L 轿车电子驻车电路如图 2-70 所示,EPB 控制 ECU(J540) 通过离合器位置传感器 G476 了解到驻车信息,并向左侧驻车马达 V282 和右侧驻车马达 V283 发指令,实现驻车功能。因其传感器/执行器代码标识在右上图,查找电路很容易看懂。

项目二 汽车ESP指示灯偶尔点亮的故障检修

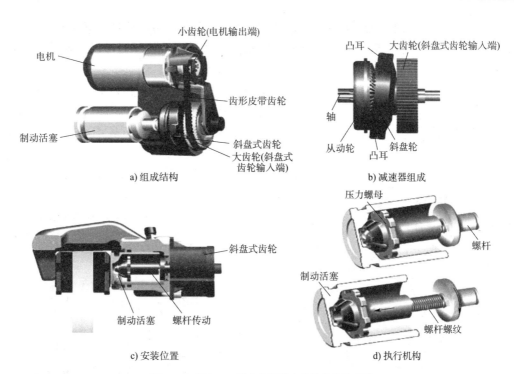

图 2-69 奥迪 A6L 轿车电子驻车执行机构示意图

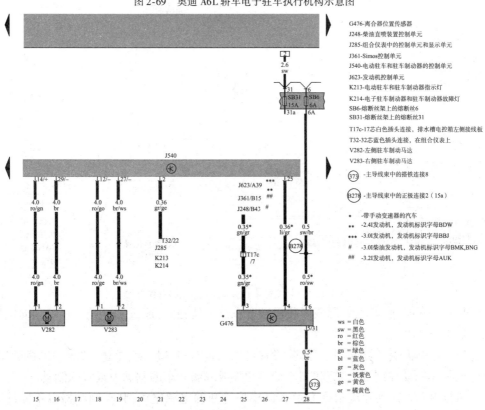

图 2-70 奥迪 A6L 轿车电子驻车电路示意图

153

离合器位置传感器 G476 的位置固定在主动缸上,主动缸通过插销节固定在支撑座上。驾驶员踩离合器踏板时,挺杆推动主动缸中的活塞。通过这个传感器可以获知驾驶员是否踩了离合器踏板。

② 钢索牵引式电控驻车执行器与电路

钢索牵引式电控驻车执行器由电机、减速器、控制蜗杆、蜗杆套等组成,宝马车系、雪铁龙车系电控驻车执行器原理如图 2-71 所示。电控驻车 ECU 通过收集各种传感器进行计算、分析,向执行电机发出驻车指令。

雪铁龙车系驻车控制模块与 ESP 模块的通信,见图 2-72,电控驻车制动器控制模块 EPB 接收的信息如下:

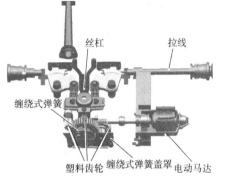

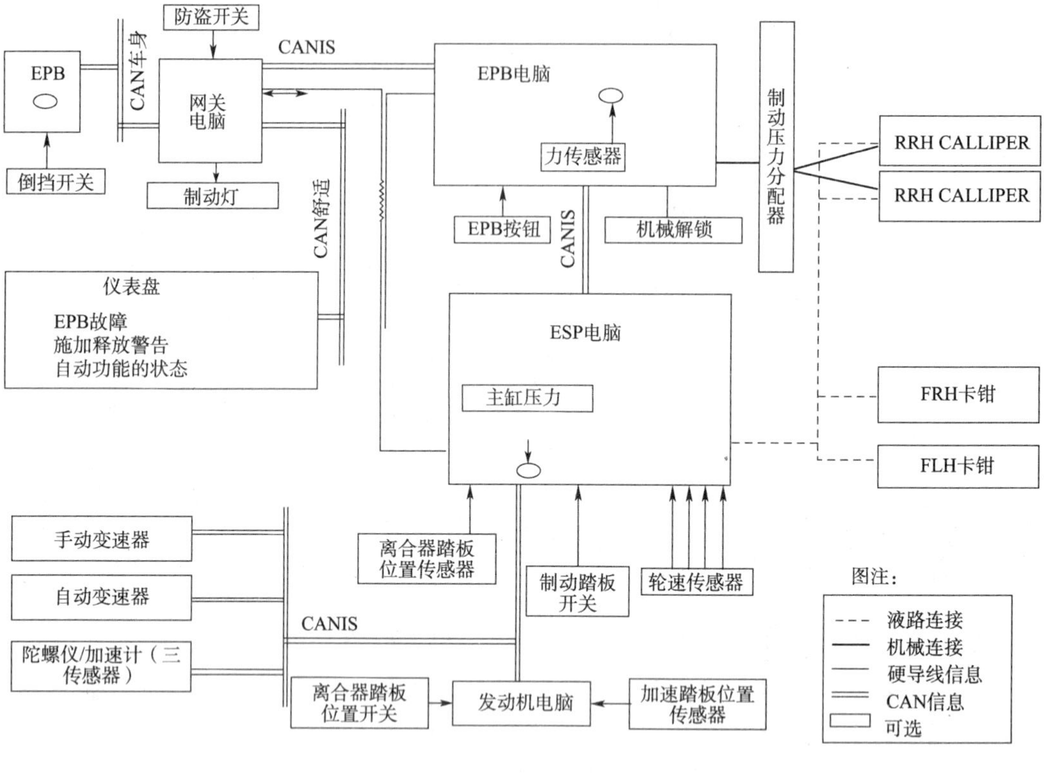

图 2-71 雪铁龙轿车电子驻车执行机构示意图

图 2-72 雪铁龙轿车 EPB 系统通信电路示意图

① 如果必须持续制动、解除或者使电控驻车制动器独立,那么 ESP 控制模块须向电控驻车制动器发出指令。

② ESP 控制模块计算的制动、解除设置可以根据车辆的坡度、重量、关闭发动机的请求,按下电控驻车制动控制键,转矩和加速踏板增强或减弱驻车的制动力或解除制动。

③ 执行电动机旋转速度根据 ESP 控制模块诊断的电源电压,驻车制动器以不同的速度被应用(如果电池电压较低,应用速度较慢)。

2. 紧急制动辅助装置

为了改善驾驶的乐趣,目前所有的制动装置都安装了制动放大器,目的是减少踩制动踏板所用的力,安装位置如图 2-73 所示。

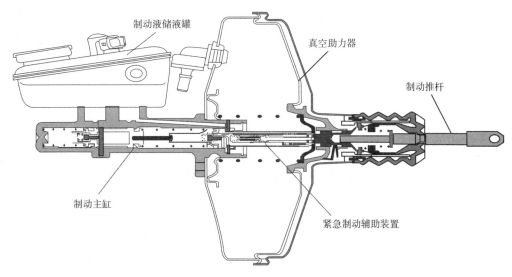

图 2-73 紧急制动辅助装置安装位置示意图

在制动主缸与真空助力之间上安装辅助应急系统,最早是德国的 Bosch 公司研发的,紧急制动辅助装置的作用是在发生紧急情况时,通过减小制动伺服推杆的反应力,将制动模式由正常助力转为紧急助力。其辅助活塞结构组成如图 2-74 所示。它安装在制动主缸与真空助力器之间。凭借紧急制动辅助系统,车辆在轻点制动踏板时非常柔和,而急减速时,制动力能极快地达到最大。此气压机械系统,有 2 种工作状态:一种是缓慢制动,放大比为 6,另一种是紧急制动,放大比为 23~26。快速踩踏制动踏板进行急制动时,系统保证制动力在最短时间内达到最大。由于提高了制动效率,驾驶员在发生危险的情况下能够尽早启动 ABS 系统,以充分利用车辆的制动潜力。

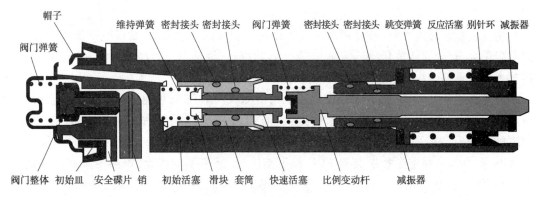

图 2-74 紧急制动辅助装置示意图

紧急制动辅助装置可补偿踩踏制动踏板不到位的部分,更快而充分地触发 ABS 系统工作。制动系统能在平常或紧急情况下保证高效的制动效果,使制动距离最短,耐久性更好和灵敏性更高。

2.10 典型 ASR 故障的诊断与检修(电子书)
2.10.1 雷克萨斯 LX470 轿车 ABS 和 TRC(ASR)ECU 的功用(电子书)
2.10.2 TRC(ASR)的故障检修(电子书)
2.11 气压式 ABS 的组成和原理(电子书)
2.12 轮胎监测系统的组成与原理(电子书)

项目二(2.10~2.12) 电子书

案例分析与讨论

【案例分析】

案例一 雪铁龙爱丽舍轿车 ABS 故障排除分析

故障现象:

一辆雪铁龙爱丽舍轿车,车辆 VIN 码为 LDC703L3870×××776,在行驶里程为 2.6 万 km 时,驾驶员发现,实施紧急制动时后车轮失效,并伴有甩尾现象,而仪表板上的 ABS 制动故障指示灯未警示。

故障检查分析:

接车后,首先查看该车型的 ABS 系统,使用的压力调节器是 BOSCH5.3 结构,系统主要由制动主缸、制动助力器、制动轮缸、感载比例阀、车速传感器、压力调节器、ABS 电子控制单元 ECU、继电器和故障指示灯等组成。由于该车型是在原来普通制动系统中附加上 ABS,装备的是独立控制方式四传感器,制动过程中当车轮处于稳定行驶时,ABS 不起作用;而当有一只车轮旋转处于有抱死趋势时,ABS 就开始工作,这时高压制动液管路一侧被卸载到低压力的管路中,如车速继续升高则液压压力再次上升,循环往复,这样常使驾驶人员感受到制动踏板有轻微的振动。

为排除该车 ABS 发生的故障,将车辆升起,松开驻车制动器,拆下后轮胎,检查盘式制动器与制动蹄摩擦片是否正常工作,踩制动踏板,发现制动轮缸有"咔嗒"声响,释放时制动器能自由转动,没发现异常情况。随后检查车速传感器与转速信号齿圈,两者之间有沙尘黏附,因此,拆下传感器,清洁齿圈与传感器头,在点火开关处于"OFF"位置不制动情况下,断开轮速传感器线路连接器,并使用数字式万用表检查传感器的电压,测得电压值为 45mV,内部电阻很大,符合霍尔式传感器未通电情况下的特性,说明 ECU 及传感器工作正常。随后按技术要求重新装配传感器后试车,故障依旧。

为此做进一步检查,使用 DIAGBOX 专用检测仪与 DTC 诊断插口连接,打开点火开关(ON),开启检测仪,点击检测程序快捷键,直接选择车辆系列和 BOSCH5.3,自动搜索 ABS 结果没有故障码显示。因此判断故障存在于常规制动系统中,为了确定故障部位,断开 ABS 压力调节器电子控制装置 ECU 线束连接器,试车制动试验,故障现象并没有消失。由于制动主缸、制动轮缸工作正常,各管路未发现泄漏,因此,怀疑感载比例阀发生故障。爱丽舍轿车液压制动系统中采用了感载比例阀,其特点是利用轴载变化时,车身与车桥间的距离发生变化来改变弹簧预紧力,作用于活塞的轴向力是可变的。由于拉力弹簧经吊耳与摇臂相连,而摇臂则夹紧在后悬架的横向稳定杆的中部。当汽车的轴载荷增加时,后桥向车身移近,后悬架的横向稳定杆便带动摇臂逆时针转过一个角度,将拉力弹簧进一步拉紧,作用于活塞上推力便增加;反之,轴载荷减小,推力便减小。由于车辆行驶振动导致调整弹簧固定螺母松脱,促使调整弹簧不能正常工作,调节作用起始点压力值就不能准确地随轴载荷而变化。

故障排除:

检查后制动管路的压力。举升故障车辆,将压力检查仪串接在感载比例阀与后制动轮缸之间,拧松压力检查仪的排气螺钉进行排气。随后起动发动机怠速运转,踩下制动踏板,即可从压力表上读取后制动器的压力为26.5MPa。参考维修手册制动力比例曲线,其正常压力值应在27~39MPa,确定故障为感载比例阀失衡,原因是调整弹簧锁紧螺母松脱外移,造成弹簧伸长弹力减小。

调整感载比例阀(该种车型目前已停产)。如图2-84所示为感载比例阀调节位置图,调节步骤如下:

(1)先不要松动塑料螺母1,当拧松移动螺母2时,弹簧3会猛烈移动螺母2和锁紧螺母4。所以,在拧松移动螺母2之前,用扳手固定住锁紧螺母4,抵住弹簧3的作用力。

(2)抵住锁紧螺母4的同时,拧松移动螺母2。

(3)为增大制动力,应缩短弹簧3的长度。使用两把开口扳手对螺母4与螺母2配合调整使弹簧缩短。

(4)再次起动发动机,踩下制动踏板,检测到后制动器的压力为35MPa(可分多次调整弹簧压力,直到满足技术要求)。并使用拧紧力矩为15N·m紧固螺母2。

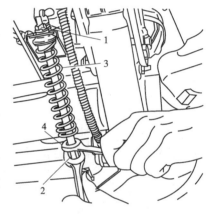

图2-84 感载比例阀调节位置图
1-塑料螺母;2-移动螺母;3-弹簧;4-锁紧螺母

最后卸下压力检查仪并进行空气排放,方法是:使用制动液加注机向储液罐内添加新鲜、无气泡的制动液(注意使用加注机的最大压力不能超过0.2MPa),重复踩下制动踏板排空制动管路中的空气,排气的顺序为右后轮、左前轮、左后轮和右前轮(不同型号ABS系统,其排气的顺序不一样),过程注意收集已排出的制动液,防止污染。完成上述修理作业后,经试车检验故障现象消失。

故障小结:

目前,绝大多数轿车都配置有ABS,如在使用中由于技术维护不及时,时常会出现各种故障,而使车辆无法投入正常工作,严重时甚至发生安全事故。虽然电子控制系统能够自动检测故障,除了电控线路中传感器、ECU和执行元件之外,有些故障仍然无法由自检系统检测出来。通过这一次的ABS故障检修,总结出以下经验:

第一,在平时的维修业务中,应加强与客户的沟通,告知车主需要根据车辆使用要求进行定期维护,并时常做一些预防性检查,及时发现和处理潜在故障隐患,即可减少故障和修理频率,也可以降低维修费用。

第二,检修车辆电控系统故障的方法多种多样,不能撇开常规检查,而一味依赖电子检测手段,检修车辆与医生诊治病人一样,可采用望、闻、问进行排查诊修,在无法确定故障的情况下,配合诊断仪器检查,往往使问题得到更快的解决。

第三,进行路面制动试验时,对于 ABS 系统,操作方法是一次踩死制动踏板,制动压力的调整交由 ECU 控制,决不能像操作常规液压系统哪样,踩一次踏板不够,可连续踩几次。这是初次驾驶或检验 ABS 车辆人员应该引起注意的问题。

案例二 雪铁龙轿车 ESP 故障自诊断分析

1. ESP 电子稳定系统的组成

雪铁龙轿车电子稳定系统 ESP 的组成可分为传感器、控制单元和执行元件三部分,见图 2-85。

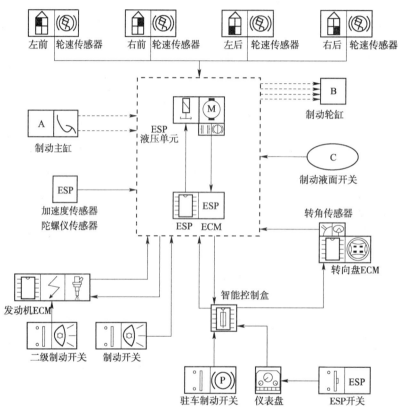

图 2-85 雪铁龙轿车 ESP 系统的组成示意图

2. ESP 数据流读取

将 DIAGBOX 专用诊断仪连接到故障诊断接口,起动发动机怠速运转,打开诊断仪进入 ESP 系统菜单,读取 ESP 系统的数据,并根据 ESP 系统数据和发动机工作状态分析是否存在故障。ESP 数据流信息,如表 2-5 所示。

ESP 数据流读取信息 表 2-5

序号	参数选择	帮 助 信 息
1	计算机供电电压	带 ABS 或 ESP 的调节:最低值 = 8.8V,最高值 = 17.4V
2	轮速	来自磁阻型传感器的信息,最大转速 255km/h
3	车速	正常模式时,前车轮的平均速度

续上表

序号	参数选择	帮助信息
4	制动压力	如果制动踏板或循环泵没有被起动,压力为0MPa; 最低值=0MPa;最高值=250MPa
5	偏转角的速度	汽车沿垂直轴的旋转速度;信息来自陀螺仪和加速度计传感器;汽车停止,偏转速度=0°/s;车速大约13km/h时转向盘打到底,偏转速度=40±5°/s
6	横向加速度	信息来自陀螺仪和加速度计传感器;汽车停止:横向加速度=0m/s²;车速大约13km/h时转向盘打到底,横向加速度=3+/-0.5m/s²
7	制动灯开关	开关与智能控制盒线束连接,停止=0,起用=1
8	二级制动灯开关	开关与发动机的控制模块线束连接,停止=0,起用=1
9	驻车制动器状况	驻车制动器传感器与智能控制盒线束连接,停止=0,起用=1
10	电磁阀继电器的状态	有+APC(附件供电)时关闭
11	喷射泵继电器的状态	当喷射泵不运行时打开
12	网络通信诊断	有+APC且发动机运转时激活,停止=0,起用=1
13	MSR/ESP关闭开关	开关与智能控制盒线束连接,可以改变MSR的运行,也可以关闭ESP。0表示正常运行;1表示发动机开环;2表示降级运行;3表示不能进行任何运行
14	方向盘角度传感器	如果传感器不运行(内部故障),则转向盘的角度和速度信息无效 如果传感器没有被标定,则转向盘的角度信息无效 如果传感器安装正确,则转向盘传感器已调整,最小值=-610°,最大值=610°
15	MSR(ASR)的指令	MSR(ASR)指令就是发动机最终要达到的转矩,只在发动机运转时有效

3. 自诊断分析实例

故障现象:

一辆使用了3年的东风雪铁龙新爱丽舍轿车,装备EC5型发动机,AT8型自动变速器,客户反映该车在行驶途中转弯时ESP故障灯偶尔点亮,转向盘回正后又会自动熄灭,因此来到4S店要求检修。

初步诊断:接到故障车后,首先对制动系统进行常规检查,检查制动储液罐液面正常且无异味,检查各连接管路,未发现泄漏,说明制动管路机械系统没有故障。

之后使用专用诊断仪DIAGBOX(东风雪铁龙与东风标致升级后共用)软件检测ESP的ECU,显示无持续性故障,无故障代码。因此,可以确定制动系统电控部分没有故障。起动车辆试车检查,转弯时故障现象重现。因此怀疑车辆电控线路存在故障。这款车型应用的是2010电气架构,1、2级车均标配有ABS+EBD+HBA(紧急制动辅助)+TCS(牵引力控制)+AYC(主动横摆角控制),且ESP电脑是串联在智能控制盒(网关ECU)和自动变速器电脑之间,如图2-86所示。因此,使用万用表检查四个车轮的轮速传感器,静态电阻∞(霍尔式),电压43mV,正常,线路连接器经检查没发现接触不良现象。之后检查发动机系统网络线,ESP与智能控制盒(BSI)和BSI与发动机电脑(CMM)网线工作正常。这样工作陷入被动局面,既然网线和ABS的传感器工作正常,那为什么会有ESP故障指示呢?

故障分析：

在 ESP 系统中，由于机械部分和制动液经认真检查后无故障，而 ESP 故障灯偶尔点亮又真实存在，那么故障一定存在电控系统之中。因此，使用专用诊断仪 DIAGBOX 软件进行动态检测，发现转向盘角度传感器信息（电动转向转矩传感器）没有变化，原地打转向盘也没有变化，因此，怀疑故障存在电子助力转向系统当中。

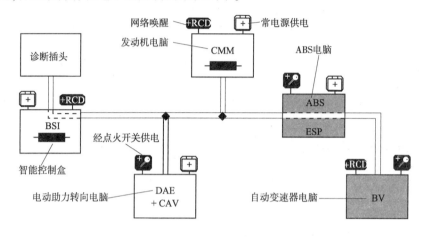

图 2-86　新爱丽舍轿车系统网结构组成示意图

故障排除：根据上述可以知道，ESP 与电子助力转向系统共用转矩传感器，使用专用诊断仪 DIAGBOX 软件进行动态检测时，发现转向盘角度传感器信息（电动转向转矩传感器）没有变化，可以判定转矩传感器存在故障，随后有针对性地检查电子助力转向系统，对 DAE 电控线路进行检查，结果为 3 路黑色连接器中有 1 只针脚接触不良，经检修后故障现象消失。

维修小结：

随着现代轿车网络通信技术的不断应用，故障现象指示的部位不一定就是故障的位置，本案例表明"头痛医脚"的现象仍时有发生。在进行故障诊断的过程中，必须遵守先易后难的步骤，先检查外观是否存在泄漏现象，然后使用诊断仪把故障位置区别开来，如果故障存在于机械系统和液压系统，则诊断仪检查不到故障描述（这里注意要与各电控单元不得电检查不到故障码分开），如果故障存在于电控系统，则一定有故障码存在，偶发性接触不良除外。不能一时故障位置找不到就慌了手脚，而是要相信诊断仪器和检查方法，考虑问题应周全。当然同一种故障现象，对于不同的品牌车型，其产生故障的原因差别很大，只有熟悉故障车型的技术应用，才能事半而功倍，提高售后服务质量才有保证。

【课堂讨论】

1. ABS 系统有什么功用？它与普通的常规制动回路有何区别和联系？
2. 试分析说明车轮滑动率对制动力的影响？
3. ABS 的 ECU 一般由哪些逻辑元件组成？它们各起着什么作用？
4. 循环式与容积式 ABS 的工作过程有何异同点？检修中需要注意什么问题？
5. 轮速传感器在检修中应检查什么项目？
6. ABS 的制动系统有哪些类型？各有何优缺点？

7. 循环式 ABS 的基本工作过程如何实现？

8. ASR 在 ABS 的基础上增加了哪些传感器？ASR 系统常用的控制方式有哪些？

9. ASR 制动压力和节气门有什么关系？请予以分析说明。

10. ASR 制动压力调节器有哪些结构形式？各有何优缺点？

11. ESP 在 ABS 和 ASR 的基础上增加了哪些传感器？ESP 在哪些情况下应该工作？

12. ESP 的基本工作过程如何实现？

13. 气压式 ABS 与液压式 ABS 在检修时有何异同点？请举例表述。

思考题

1. 简答题

(1) 什么是滑移率？在正常的路面上，滑移率处于什么范围可实现最大的附着力、制动效能最好？

(2) ABS 制动系统与传统制动系统有何区别？采用 ABS 有何优点？

(3) ABS 的基本组成有哪些？其主要组成元件有何功用？

(4) 车速传感器有哪些结构形式？应用检测原理有何异同点？

(5) ABS 系统的维护作业有哪些项目？请表述如何实施维护作业。

(6) 如何正确选用 ABS 系统的制动液？

(7) 如何正确对 ABS 系统进行检修和空气排除？

(8) 如何诊断 ABS 系统的故障？请举例说明。

(9) ASR(TRC) 系统的工作原理是什么？有什么作用？

(10) 什么是 ESP？有何作用和优点？如何检修 ESP 的传感器电路？

(11) 气压式 ABS 与液压式 ABS 在结构上各有何优缺点？在应用上如何选择配置？

(12) 请列举一检修液压式 ABS 故障的实例，并进行分析。

2. 判断题

(1) ESP 是通过发动机 ECU 的控制，有选择性地控制制动轮缸的制动力，防止车辆滑移，属于汽车主动安全系统。（　　）

(2) 配置有 ABS 的汽车在制动时不希望车轮制动到抱死滑移，而是希望车轮制动到边滚边滑的状态。（　　）

(3) ASR 是驱动防抱死系统的英文缩写。（　　）

(4) ESP 是英文字母的缩写，即汽车电子稳定系统，简称电子稳定系统。（　　）

(5) 电子制动力分配 EBD 是在 ABS 不工作时，帮助前后轮之间达到良好制动力分配或左右轮的制动力分配。（　　）

(6) 同普通车辆相比较，带有 EDS 的车辆可以更好地利用地面附着力，从而降低车辆的通过性。（　　）

(7) BOSCH 公司生产的 ESP 生产的 ESP 在某些情况下每秒可进行 150 次的有效制动，以确保汽车行驶在选定的车道内。（　　）

(8) BOSCH 公司生产的 ESP 液压控制回路结构在 ABS 的基础上增加 4 个电磁阀、2 个转换电磁阀、2 个 ESP 主电磁阀。（　　）

(9) 汽车 ABS 故障指示灯闪亮,故障部位一定就在 ABS 系统。( )

(10) 在无故障码时,根据诊断仪对制动系统数据随发动机工作状态分析,可以确定故障部位。( )

3. 选择题

(1) 前轮驱动的轿车,前轮制动力在汽车总制动力中占( )左右,可以充分利用两前轮的附着力。

  A. 70%   B. 85%   C. 50%   D. 30%

(2) 液压式 EPS 车速较低时,所需的转向操纵力较小,车速较高时,转向所需的操纵力适当( )。

  A. 上升   B. 减小   C. 下降   D. 增大

(3) ABS 和 ASR、EPS 与自动变速器等系统的传感器使用的电源基准电压为( )。

  A. 0.1V   B. 4.5V   C. 3.5V   D. 5V

(4) 实验证明,只有将车辆滑移率控制在( )之间,轮胎才具有最大的附着力,制动效能最好。

  A. 5%~15%   B. 15%~25%

  C. 25%~35%   D. 10%~20%

(5) ABS 三通道四传感器一般采用两个前轮独立控制,两个后轮按( )原则进行一同控制。

  A. 优选   B. 任选   C. 低选   D. 高选

(6) ASR 的作用是维持汽车行驶方向的稳定性,并尽可能利用车轮—路面的( )附着力,提供最大的附着力。

  A. 横向   B. 侧向   C. 斜向   D. 纵向

(7) 在分析车轮滑动率对制动力的影响时,其车轮的半径计算参数指( )。

  A. 车轮的滚动半径   B. 轮辋的半径

  C. 轮胎的半径   D. 车轮的半径

(8) ( )的现代轿车,前轮制动力在汽车总制动力中所占 70% 左右,可以充分利用两前轮的附着力。

  A. 前轮驱动   B. 后前轮驱动

  C. 四轮驱动   D. 以上 ABC

(9) 关于 ASR+"牵引力控制"功能说法正确的是( )。

  A. ESP ECU 提供的适应于路面(抓地类型,坡度)的功能使 ASR 进一步协调。

  B. 该功能与 M+S(泥地和雪地)轮胎配合在一起提升了系统的性能。

  C. ASR+ 是 ASR 的升级(适应于发动机速度和转矩的车轮滑转)。

  D. 考虑驾驶员的输入(加速踏板和离合器传感器)并据此调整逻辑。

(10) 关于 ASR+ 或牵引控制说法正确的是( )。

  A. 每次打开钥匙时,ESP 默认激活在"正常模式"。

  B. 每次切断点火,ESP 自动重新激活"正常模式"。

  C. 如果车速超过 50km/h,ESP ECU 将不再考虑驾驶员请求的模式。

D. 车速在 0~50km/h 时,可以选择 5 工作模式中的某一种模式。

(11) 关于 ESP ECU + 液压单元作用说法正确的是:(　　)

　　A. 在较差驾驶条件下基于客户选择的工作模式改善了车辆牵引(通过控制车轮滑转)。

　　B. 评估轮胎抓地性。

　　C. 发动机 ECU 通过行驶条件设定发动转矩。

　　D. 通知车辆其他系统 ASR + 的工作状态。

(12) 电子驻车制动系统提供有哪些功能(　　)。

　　A. 紧急制动(动态制动)

　　B. 切断点火后的自动驻车制动施加

　　C. 自动驻车制动释放(驶离)

　　D. 停车时监控车辆的移动

4. 填空题

(1) ABS 液压调节器可分为循环式压力调节器和＿＿＿＿式压力调节器。

(2) 霍尔元件将输出一毫伏级的＿＿＿＿电压,此信号由电子电路转化成标准的脉冲电压,即车轮转速信号。

(3) 如果霍尔式轮速传感器取电流作为信号,则结构上只有＿＿＿＿接线柱,接地线同时也是信号线。

(4) 电子驻车制动系统可以实现＿＿＿＿、＿＿＿＿、＿＿＿＿和＿＿＿＿等功能。

(5) ABS 三通道四传感器一般采用两个前轮独立控制,两个后轮按＿＿＿＿原则进行一同控制。

2.13　ABS(ESP)系统综合故障的诊断与排除实训工单

1. 技能训练目标

完成本实训项目后,学生应当会:

(1) 会描述实训所用车辆 ABS、ASR、ESP 的基本组成和工作原理。

(2) 会辨认并表述实训所用车辆 ABS、ASR、ESP 的传感器、执行器的位置、名称、作用。

(3) 会正确使用故障诊断仪(或解码器),读取 ABS、ASR、ESP 电控系统故障代码并予以检修(非检测专业不做要求)。

(4) 会分析所检修车型 ABS、ASR、ESP 的控制电路图,应用诊断结果分析故障原因(非检测专业不做要求)。

(5) 会借助数字万用表检测传感器、执行器电路,检修并恢复故障系统性能(非检测专业不做要求)。

2. 实训配备

(1) 工具、设备、仪器

①配置有 ABS(或含 ASR、ESP)实训车辆(或台架),制动系统正常。

②举升机、普通工具、诊断仪(或解码器)、数字万用表、线路连接器检测线等。

(2)维修资料

带 ABS(或含 ASR、ESP)车辆底盘维修资料(纸质或电子版、实训室电脑终端等)。

3. 实训步骤

(1)每 6~8 名学生组成 1 个实训小组,确定 1 名小组长。

(2)准备好实训用的带 ABS(或含 ASR、ESP)车辆并举升到适宜检修高度。

(3)向实训室领取 1 台电脑诊断仪(或解码器),领取实训车辆底盘维修资料。

(4)查阅维修资料,在车辆上找到 ABS(或含 ASR、ESP)电控系统主要传感器、执行器等部件,检查各部件安装和线束连接是否正常。

(5)识别并表述各主要传感器、执行器的名称、安装位置和作用。

(6)在实训指导老师的同意下,起动发动机,使用诊断仪观察实训车辆的运转状况。

(7)熄火后,由实训指导老师在 ABS(或含 ASR、ESP)系统上设置个别传感器线路故障,再次起动发动机,观察车辆的故障指示状况。

(8)将电脑诊断仪与车辆诊断接口连接,选择车型,读取 ABS(或含 ASR、ESP)电控系统的故障代码和发动机运转时的数据流。

(9)检查常规制动管路的工作情况,必要时更换制动液,并进行人工一级管路排除空气。

(10)根据诊断仪菜单的提示,使用诊断仪对 ABS(或含 ASR、ESP)管路进行二级排除空气。

(11)在实训过程中,按照工单的要求,完成相应的实训和学习任务。

(12)完成实训任务后,接受指导老师技能考核。

(13)整理清洁工作场所,清点工具、设备、仪器、资料,交回实训室。

4. 实训工单

(1)查阅维修资料,查找有关实训用带车辆的相关信息:

查找实训车辆 VIN 码:_____ABS(或含 ASR、ESP)型号:_____,本次实训所用制动液型号是_____。(检查标识牌、对照维修手册,也可以问教师)

(2)观察 ABS(ESP)系统,根据观察,填写控制原理的连接方框图(图 2-82)。

(3)观察 ABS(ESP)电控系统,根据观察,将下列说明的编号填写在方框图内(图 2-83)。

(4)在配置有 ASR 的车辆上,观察车辆运转情况,根据观察,填写下列方框图(图 2-84)。(选做题)

(5)制动液的正确选用填空题。

根据 ABS 系统的特点,一般都选用_____的制动液。尽管 DOT5 的制动液具有更高的沸点,但是,由于_____是硅基制动液,会对橡胶件产生较强的损害。因此,在 ABS(ESP)系统中,一般不选用 DOT5 的制动液。_____和_____制动

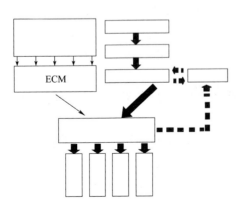

图 2-82 ABS(ESP)控制原理的连接方框图

液一般经过_____个月的使用以后其中的含水率为_____%,经过_____个月的使用以后,其中的含水率平均可达_____%,因此,建议客户每隔_____个月更换一次制动液。

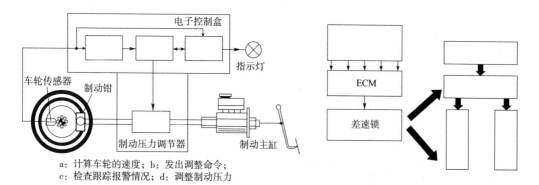

图 2-83 ABS(ESP)电控系统工作原理图　　　　图 2-84 ASR 差速器组成框图

(6)查阅维修资料,在实训车辆(或台架)上查找主要传感器,检查传感器线束插头是否连接正常,填写表 2-6。

ABS(ASR/ESP)电控系统传感器检查记录表　　表 2-6

传感器名称	本次实训用制动系统是否配备	安装位置	线束连接器上的接线端子号	连接到 ECU 的端子号
左前轮速度传感器	是□否□			
右前轮速度传感器	是□否□			
左后轮速度传感器	是□否□			
右后轮速度传感器	是□否□			
ESP 转向盘转角传感器	是□否□			
ESP 横摆率传感器和线性加速度传感器	是□否□			
	是□否□			
	是□否□			
	是□否□			

(7)查阅维修资料,在实训车辆(或台架)上查找主要执行器和其他部件,填写表 2-7。

ABS(ASR/ESP)电控系统系统执行器检查记录表　　表 2-7

传感器名称	本次实训用制动系统是否配备	安装位置	线束连接器上的接线端子号	连接到 ECU 的端子号
左前轮缸进油电磁阀	是□否□			
左前轮缸回油电磁阀	是□否□			
右前轮缸进油电磁阀	是□否□			
右前轮缸回油电磁阀	是□否□			
左后轮缸进油电磁阀	是□否□			
左后轮缸回油电磁阀	是□否□			

续上表

传感器名称	本次实训用制动系统是否配备	安装位置	线束连接器上的接线端子号	连接到ECU的端子号
右后轮缸进油电磁阀	是□否□			
右后轮缸回油电磁阀	是□否□			
ABS主油路常开电磁阀1	是□否□			
ABS主油路常开电磁阀2	是□否□			
ESP轮缸主进油电磁阀	是□否□			
ESP轮缸主回油电磁阀	是□否□			
ESP指示灯	是□否□			

(8)在设置了ABS(或含ASR、ESP)故障后,观察车辆运转情况,使用诊断仪(或)解码器读取故障代码,根据观察和检测结果,填写表2-8。(非维修专业选做)

ABS(ASR/ESP)电控系统故障检查记录表　　　　　　　　　表2-8

序号	故障现象	故障代码	故障内容
故障1			
故障2			
故障3			

(9)考核评价表(表2-9)。

ABS(ASR/ESP)电控系统故障诊断与排除实训考核评价表　　　　　　　　　表2-9

实训项目	考核项目	考核内容	评分(百分制或五级制)		
			分值	学生自我评价	小组评价
生产任务四:ABS(ESP)系统综合故障的诊断与排除	查阅维修资料	利用维修手册完成工作情况	10%		
	ABS、ASR、ESP主要部件认识、故障诊断与电路检测	认识ABS、ASR、ESP主要传感器和执行器,并说明其作用;诊断电控系统故障,借助电路图分析原因,正确检测元器件及其电路	40%		
	工具使用	正确使用举升机、诊断仪、数字万用表等各种维修、检测工具	20%		
	工作和学习的主动性、纪律性	积极、主动,沟通良好,纪律性好	20%		
	安全文明生产	操作规程、安全文明生产和环境保洁(出现安全事故,本次实训0分)	10%		
实训指导老师评价					

实训指导老师(签字):　　　　　　　　　　　　　　　　　　年　　月　　日

项目三　汽车电控悬架系统失效的故障检修

故障案例

有一位客户开着一辆 Audi A8 轿车来到维修车间,向维修业务接待员反映悬架故障指示灯闪亮。使用故障诊断仪(VS5053/20)初步检查显示:右后悬架执行器电路短路或断路故障或接线不良。经检查为执行器电源电路熔断丝烧断,检修后试车故障现象消失。

项目三　PPT

生产任务五　电控悬架系统综合故障的诊断与排除

1. 工作对象

待检修电控悬架控制执行器电路故障的车辆(或实训台架)1 辆。

2. 工作内容

(1)领取所需的工具、耗材,做好工作准备(包括举升机的压缩空气准备、电源检查等)。

(2)举升车辆到适宜检修的高度,找到驾驶室诊断接口。

(3)将诊断仪通信线与车辆诊断插口连接。

(4)打开点火开关,开启诊断仪,选择车辆类型、年份和相应的参数信息。

(5)选择汽车故障专家系统的相关诊断项目,按屏幕提示逐步检测。

(6)根据检测结果,找到电控悬架故障部位并实施检修。

(7)起动发动机,重复检查故障现象。如故障现象消失,则使用诊断仪删除故障码。否则,重复上述步骤直到故障排除。

(8)检查、评价工作质量。

(9)整理工具,清洁工作场地。

3. 工作目标与要求

(1)学生应以小组工作的方式,完成本项目工作任务。

(2)学生在小组成员的配合下,能够利用汽车维修手册(或实训指导书),制定工作计划,实施工作计划。

(3)能通过阅读电路图资料和现场观察,辨别所检修电控悬架系统的类型和结构组成。

(4)能够表述电控悬架系统各传感器、执行器和 ECU 的作用、部件结构和工作原理。

(5)能识读所检修电控悬架系统的控制电路图,应用诊断知识进行检测,分析故障原因,确定故障部位并修复故障。

（6）能向客户解释所修车辆电控悬架系统的故障情况和修复方案。
（7）能按规范的步骤，完成电控悬架系统的检测和修理作业，恢复汽车的行驶能力。
（8）在工作过程中注意工作安全，做好废料的处理，保持工作环境整洁。

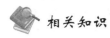

相关知识

3.1 电控悬架系统的功用、类型与组成

汽车电控悬架系统（Electronic Controlled Suspension System，ECSS），又称为电子调节悬架系统（Electronic Modulated Suspension System，EMS）。

为了追求舒适性和操纵稳定性的提高，以微型计算机为核心的电子控制技术被有效地应用在现代汽车悬架上，它能根据不同的车速，不同的路况和不同的行驶状态，及时自动调整悬架装置的刚度和阻尼力系数，也可以根据载重量的变化改变汽车高度。由电脑控制的、主动式、智能化的电控悬架系统相继在一些高等级轿车上得到了配置，不仅舒适性可达到人们的要求，其操纵稳定性也达到最佳状态。

电控悬架系统的一般工作原理是：利用传感器（包括开关）对汽车行驶时路面的状况和车身的状态进行检测，将检测信号输入计算机进行处理，计算机通过驱动电控悬架系统的执行器动作，完成悬架特性参数的调整。

3.1.1 电控悬架系统的功用

电控悬架系统的基本功用是通过自动调节悬架的刚度和阻尼力系数，使汽车的悬架特性与道路状况和行驶状态相适宜，从而使汽车的乘坐舒适性和操纵稳定性都得到提高。电控悬架系统具有以下三个基本作用。

1. 刚度和阻尼系数随车速与路面变化的控制

当汽车处于高速行驶时，可以自动提高悬架的弹性刚度和减振器的阻尼系数，以提高汽车高速行驶时的操纵稳定性。当前轮遇到障碍物时，可减小后轮悬架弹簧刚度和减振器阻尼系数，以衰减车身的振动和冲击。当汽车行驶在恶劣的路面上时，可以降低弹簧刚度和减振器阻尼系数，以抑制车身的振动。

2. 车身姿态的控制

当汽车转向时对车辆侧倾的控制。在车辆急转向时，可以提高弹簧刚度和减振器阻尼系数，以抑制车身的侧倾。制动时点头控制，紧急制动时，可以提高弹簧刚度和减振器阻尼系数，以抑制车身的点头。加速时后坐控制，急加速时，提高弹簧刚度和减振器阻尼系数，以抑制车身的后坐。对弹簧刚度、减振器阻尼系数的控制主要有以下几个方面：

（1）防侧倾控制。侧倾发生于汽车在横向坡道高速行驶和汽车高速转弯时。电控悬架系统能根据汽车的行驶速度和转向角度信息，使减振力和弹簧刚度转换为"坚硬"状态，抑制转弯期间的侧倾（减少汽车转向时的姿势变化量），改善汽车的操纵性。这种控制持续时间大约为2s，然后恢复到最初的减振力和弹簧刚度。

（2）防车头点头控制。电控悬架系统能根据汽车的行驶速度、制动开关信号和汽车高度的变化,将减振力和弹簧刚度转换为"坚硬"状态,使汽车制动时的姿势变化尽量小,抑制制动期间的车头点头。

(3)防车尾下坐控制。电控悬架能根据汽车速度、节气门开启角度和速度的变化,将减振力和弹簧刚度转换为"坚硬"状态,用来抑制汽车起步和急加速时的车尾下坐。在2s后或当汽车速度达到一定水平时,恢复最初的状态。

(4)高速控制。当汽车行驶速度超过一定设置水平时,电控悬架使弹簧刚度保持"坚硬"状态,减振力变成"中等"状态,以提高汽车高速行驶时直线行驶的稳定性和操纵性。

(5)不平道路控制。根据道路的不平整性,电控悬架使弹簧刚度和减振力转换为"中等"或"坚硬"状态,以抑制汽车车身在悬架上下振动,从而改善汽车在不平道路上行驶时的乘坐舒适性(抑制汽车在不平道路上行驶时的颠簸或上下跳动)。实施不平道路控制时,能分别精确地对前、后轮发出执行指令,当汽车行驶速度低于10km/h时,不能进行控制调整。

3. 车高调节功能

不管车辆负载在规定范围内如何变化,都可以保持车身高度一定,车身保持水平,可大大减少汽车在转向时产生的侧倾。当车辆在凹凸不平的道路上行驶时可提高车身高度,当车辆高速行驶时又可使车身高度降低,以减少风阻并提高车辆的操纵稳定性。具体表现在以下几个方面:

(1)自动高度控制。不管乘客和行李重量如何变化,操作高度控制开关能使汽车的目标高度变为"正常"或"高"的状态,使汽车始终保持一个恒定的高度。

(2)高速控制。当汽车在良好的路面上高速行驶时,车速超过90km/h,若汽车高度控制开关选择在"HIGH"位置,汽车高度将自动转换为"NORM",以降低车身高度,减少空气阻力,提高汽车行驶的稳定性。当汽车在连续差路面上行驶时,车速在40~90km/h,则提高车身高度,以提高汽车的通过性。

(3)点火开关"OFF"控制。驻车时,点火开关断开后,乘客和行李重量的变化使汽车高度高于目标高度时,能使汽车高度降低到目标高度。即能改善汽车驻车时的姿势(降低汽车高度),降低车辆重心高度,且更加安全。表3-1所示为电控悬架系统的功用。

电控悬架系统的功用　　　　　　　　　　　　　　　表3-1

控制项目	功　　用
防侧倾控制	使弹簧刚度和减振力变成"坚硬"状态,能抑制侧倾而使汽车的姿势变化减至最小
防点头控制	使弹簧刚度和减振力能抑制汽车制动时的点头而使汽车的姿势变化减至最小
防下坐控制	使弹簧刚度和减振力变成"坚硬"状态,能抑制汽车加速时的后部下坐而使汽车的姿势变化减至最小
高车速控制	使弹簧刚度保持"坚硬"状态或使减振力变成"中等"状态,能改善汽车高速行驶时的稳定性和操纵性
不平整路面控制	使弹簧刚度和减振力视需要变成"中等"或"坚硬"状态,以抑制车身在悬架上下跳动,从而改善汽车在不平坦路面上行驶时的乘坐舒适性

续上表

控制项目	功用
颠动控制	使弹簧刚度和减振力变成"中等"或"坚硬"状态,抑制汽车在不平整路面上行驶时的颠动
跳振控制	使弹簧刚度和减振力视需要变成"中等"或"坚硬"状态,能抑制汽车在不平整路面上行驶时的上下跳动
自动高度控制	不管乘客和行李的质量情况如何变化,使汽车保持某一恒定的高度位置,操作高度控制开关使汽车的目标高度变为"正常"或"高"的状态
点火开关"OFF"控制	当点火开关关闭后,因乘客和行李的质量变化而使汽车高度变为高于目标高度时,能使汽车高度降低至目标高度,从而改善汽车驻车时的姿态

3.1.2 电控悬架系统的类型

轿车悬架的作用是承受和传递车轮与车架之间的各种力和力矩,吸收和减缓轿车运行过程中的冲击和振动,使轿车具有良好的平顺性和稳定性。现代汽车配置的电控悬架系统类型很多,根据控制目的的不同,可分为车高控制系统、刚度控制系统、阻尼控制系统和综合控制系统等形式。根据刚度和阻尼系数是否可调,悬架可分为主动悬架和被动悬架。根据传力介质的不同,可分为电控空气悬架系统和电控液压悬架系统。根据控制系统有源或无源,可分为半主动悬架和全主动悬架,其中全主动悬架的各种性能都明显优于半主动悬架和被动悬架。目前,轿车上采用的悬架系统主要有半主动悬架系统和全主动悬架系统。

1. 半主动悬架系统

半主动悬架结构示意图,如图3-1a)所示。半主动悬架系统通常只控制减振器阻尼力,以提高汽车的操纵稳定性和乘坐舒适性。采用半主动悬架的轿车,在平直的路面上行驶时,可以将减振器阻尼力调至最小,从而获得良好的舒适性;当轿车在坏路条件下行驶或转弯、制动时,则将减振器阻尼力调至最大,以获得良好的操纵稳定性。由于半主动悬架结构比较简单,工作时几乎不消耗车辆动力,又能获得与主动悬架相近的性能,因此应用比较广泛。

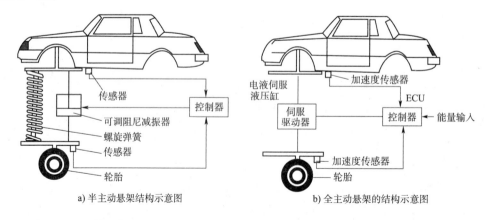

图3-1 电控主动悬架系统类型

2. 全主动悬架系统

全主动悬架系统的结构示意图,如图3-1b)所示。全主动悬架系统不同于单纯吸收能量、缓和冲击的传统悬架系统,也不同于仅仅调节减振器阻尼力的半主动悬架系统。它是一种具有做功能力的悬架。当轿车载荷、行驶速度、路面状况等行驶条件发生变化时,能自动调整悬架的性能,从而同时满足乘坐舒适性和操纵稳定性等各方面的要求。全主动悬架系统除控制减振器的阻尼力外,还控制弹性元件的刚度、车身高度和姿态,对减振器的阻尼力控制几乎不消耗能量,但对弹性元件的刚度和车身高度进行控制一般需要消耗能量,因此,系统一般是有源的。

目前,主动悬架系统有以高压气体作为能量的空气悬架,也有以高压液体作为能量的油气悬架。空气悬架需要空气压缩机等为系统提供动力,而油气悬架由液压缸等提供动力。

3.1.3 全主动电控悬架系统的组成

电控悬架系统的逻辑结构如图3-2所示,一般由传感器、电子控制单元、执行元件等组成。电控悬架系统的各组成在汽车上的布置,如图3-3所示,系统共有5个车身基本状态传感器,由车高传感器以及模式选择开关、高度控制器、空气弹簧、电子控制单元ECU警告灯等组成。传感器主要包括车身高度传感器、车身加速度传感器、车速传感器、转向盘转角传感器以及控制开关等。常用传感器的名称及用途,见表3-2。电子控制单元ECU一般由微机和信号放大电路组成。执行元件由电磁阀、步进电动机和气泵电动机等组成。

电控悬架系统的工作原理是:传感器将汽车行驶的路面情况和车速及起动、加速、转向、制动等状态转变为电信号,输送给ECU,ECU将传感器输入的电信号进行综合处理,输出对悬架的刚度和阻尼系数及车身高度进行调节的控制信号,执行元件按照ECU的控制信号准确地动作,及时地调节悬架的刚度和阻尼系数及车身高度。

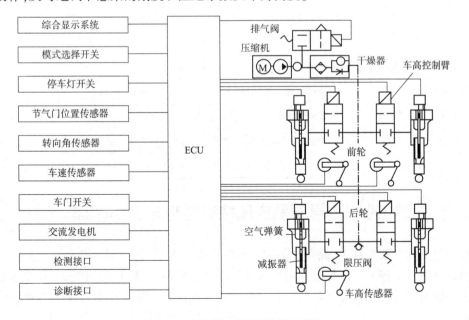

图3-2 电控悬架系统逻辑结构示意图

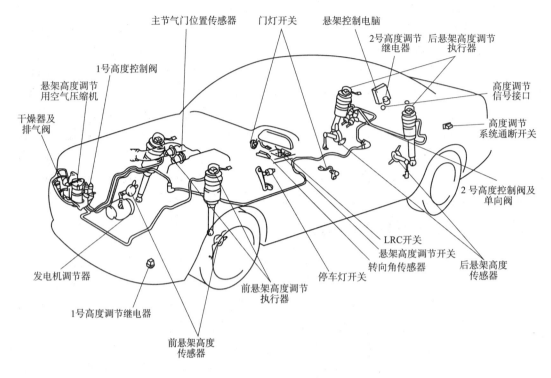

图 3-3 雷克萨斯 LX470 电控悬架系统结构组成及布置示意图

常用传感器的功用 表 3-2

传感器名称	传感器功用
车身加速度传感器	检测车身的摆动,可间接反映汽车行驶的路面情况
车身高度传感器	检测车身相对车桥的位移,可反映车身的平顺性和车身的高度
车速传感器	检测车轮的速度,可反映车速和用于计算车身的侧倾程度
转向盘转角传感器	检测转向盘转角,用于计算车身的侧倾程度
制动压力开关	检测制动管路的制动液压力,提供汽车制动信号
制动灯开关	检测制动灯电路的通断,提供汽车制动信号
节气门位置传感器	检测节气门的开度,提供汽车加速度信号
加速踏板传感器	检测加速踏板的动作,提供汽车加速度信号

3.2 全主动电控空气悬架系统部件的结构与工作原理

在电控空气悬架系统中,储存有起到弹簧作用的压缩空气,弹簧刚度和汽车高度控制可根据驾驶条件自动控制。减振器的减振系数也由电子控制,以抑制车辆侧倾、制动时车辆前部点头和加速行驶车辆后部下坐时汽车姿势发生变化,因此,能明显保持乘坐的舒适性及操纵的稳定性。

3.2.1 传感器的结构与原理

1. 转向盘转角传感器

转向盘转角传感器的功用是检测转向盘的转角信号,并将这些信号传给电控单元ECU,电控单元ECU从而间接得到汽车的转向状态信息(快慢、大小等信号),电控单元ECU根据这些信号和其他信号等综合判断汽车此时的侧向力大小、方向,以控制车身的稳定。转向盘转角传感器安装在转向轴上。

转向盘转角传感器种类很多,现代轿车常用的有磁阻式和霍尔式转角传感器(在本书项目四将做介绍),本单元对光电式转角传感器做一般性介绍(仅供学者参考)。光电式传感器的结构如图3-4所示,工作原理如图3-5a)所示,电路原理如图3-5b)所示。在转向轴上装一个带等距孔环的圆盘形成遮光盘,遮光盘的两面分别有两个发光二极管和两个光敏三极管,组成两组光电耦合器。当遮光盘随转向轴转动时,带孔环的遮光盘使光电耦合器之间产生的光束发生通断变化,从而两个光电耦合器的输出端即可进行ON/OFF变换,形成脉冲信号。电子控制单元ECU根据

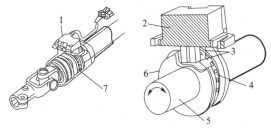

图3-4 光电式转角传感器的安装位置与结构图
1、2-转角传感器;3-光电元件;4-遮光盘;5-转向轴 6、7-传感器带孔圆盘

两个光电耦合器输出端ON/OFF信号变换的速度,检测出转向轴的转动速度,同时由于两个光电耦合器ON/OFF信号变换的相位错开约90°,通过判断哪个遮光器首先转变为"ON"状态,即可检测出转向轴的转动方向。

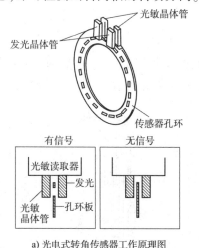

a) 光电式转角传感器工作原理图

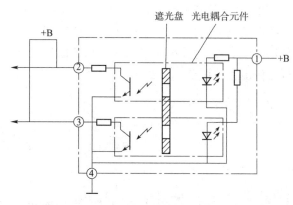

b) 光电式转角传感器的电路原理

图3-5 光电式转角传感器的工作原理及电路原理图

2. 车身高度传感器

车身高度传感器的功用是将车身与车桥之间高度的相对变化(悬架高度变形量的不同)转换为电信号并送给电控单元。车身高度传感器常用的形式有片簧式开关、霍尔式和光电式传感器,其中第一种是接触式传感器,在使用中存在由于磨损而影响检测精度的缺点,后

一种是光电式传感器即非接触式传感器,不存在如上所述的缺点。因此,在一些高级轿车的电控悬架系统中得到应用。

(1)片簧式开关车身高度传感器

片簧式开关车身高度传感器有4组触点开关,分别与相应的2个三极管相连,构成4个检测回路,如图3-6所示。该传感器将车身高度划分为低、正常、高和超高4个检测区域。

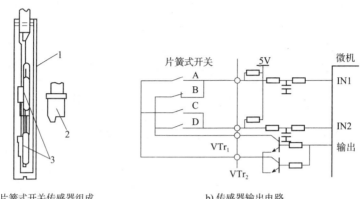

a)片簧式开关传感器组成　　b)传感器输出电路

图3-6　片簧式开关车身高度传感器
1-车身高度传感器;2-磁体;3-片簧式开关

当车身高度调整到正常高度时,如果车身高度偏离正常高度,如车辆行李增加使车身高度降低时,这时片簧开关式车身高度传感器就会有一对触点接触,将车身高度降低的电信号输送给电控单元ECU,电控单元ECU根据得到的信号进行处理后,输出指令到执行器,执行器控制相关元件使车身高度恢复到正常高度。

(2)霍尔式车身高度传感器

霍尔式车身高度传感器一般由两个霍尔集成电路、磁体等组成,其结构如图3-7所示。当车身高度发生变化时,两个磁体就会产生相对位移,在两个霍尔集成电路上就会产生相应的霍尔电压信号,电控单元根据接收到的信号就可以判定车身高度状态,从而发出指令控制执行器作出相关调整。

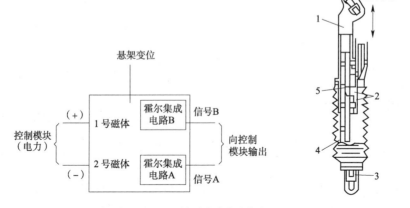

图3-7　霍尔式车身高度传感器
1-传感器;2-霍尔集成电路;3-弹簧夹;4-滑动轴;5-窗孔

（3）光电式车身高度传感器（仅供学者参考）。光电式车身高度传感器在电控悬架中的应用也广泛，这种传感器一般安装在车身与车桥之间，其安装位置和工作原理如图3-8所示。在传感器内部有由连接杆带动的转动轴，轴上固定一个带槽的圆盘。带槽的圆盘两侧对称安装有4组发光二极管和光敏晶体管，组成4对光电耦合器（Tr_1、Tr_2、Tr_3、Tr_4）。当车身高度发生变化时，车身与车轮的相对运动使车身高度传感器的连接杆转动，通过传感器转动轴带动带槽孔的圆盘转动。当带槽孔的圆盘上的槽孔对准耦合器时，发光二极管发出的光线通过该槽孔使光敏晶体管受光导通，输出"通"（ON）信号，反之则输出"断"（OFF）信号。利用这4对光电耦合器的"通"与"断"的组合变化，就可以对车身高度的变化进行检测。

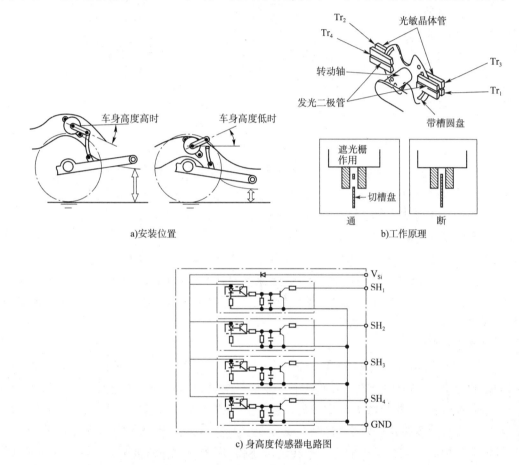

图3-8 车身高度传感器安装位置与工作原理图

3. 加速度传感器

当车轮打滑时，不能以转向角和汽车车速正确判断车身侧向力的大小，这时可以利用车身加速度传感器检测出车身的横向加速度和纵向加速度，从而判断车身侧向力的状况。横向加速度传感器主要用于检测汽车转向的时候，因离心力的作用产生的横向加速度，并将产生的电信号输出给电子控制单元ECU，电子控制单元根据接收的信号可以判断悬架系统阻尼系数改变的大小以及空气弹簧中气压的调节情况，调整车身到最佳姿态。

对于2010年后生产的LX470轿车，其前加速度传感器安装在左、右高度传感器内，后加速度传感器安装在行李舱右下侧的下面。这 3 个加速度传感器分别检测车身的前左、前右和后右位置的垂直加速度。车身后左位置的垂直加速度则由悬架 ECU 从这 3 个加速度传感器所获得的数据推导出来。加速度传感器主要由压电陶瓷盘和膜片组成,其结构及工作原理如图 3-9 所示。

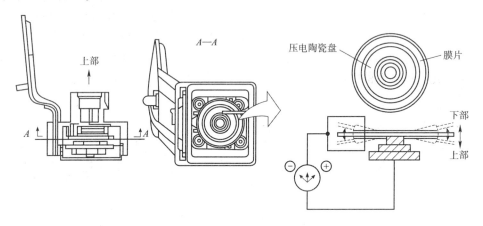

图 3-9 加速度传感器的结构与原理示意图

工作原理是:两个压电陶瓷盘固定在膜片两侧,并支承在传感器中心。当加速度作用在整个传感器时,压电陶瓷盘在其自身重力作用下弯曲变形。根据压电陶瓷的特性,它们将产生与其弯曲率成正比变化的电荷,这些电荷由传感器内的电子电路转换成与加速率成正比例变化的电压,输送到悬架 ECU。

悬架 ECU 根据从加速度传感器接收到的信号计算出 4 个车轮的弹簧支承质量的垂直加速度,此外,悬架 ECU 还通过高度传感器计算出弹簧支承质量和非弹簧支承质量之间的相对速度。根据这些数据,悬架 ECU 把 4 个车轮的减振阻尼控制在最佳值,以获得稳定的汽车行驶状态,以提高汽车行驶的稳定性。

4. 车速传感器

车速传感器的功用是检测出车轮的转速信号。汽车车身的倾斜程度取决于车速和汽车转向半径的大小。当电子控制单元接收到车速信号与转向盘转动角度信号后,就可计算出车身的侧倾程度,通过调节悬架系统阻尼系数的大小来改善汽车行驶的安全性。这种传感器的结构布置有安装在仪表板上的,也有安装在变速器输出轴上的,但大多安装在车轮上,与其他系统共用。常见安装在车轮上的转速传感器,用于是测量车轮转速信号齿轮的瞬时转速,其结构如图 3-10a) 所示。

转速信号发生齿圈的每个齿经过车轮转速传感器时引起线圈磁通量的变化,在线圈中产生感生电动势。感生电动势的电压和频率与车轮转速及信号齿数成正比,电压的频率是计算机所采集的信号。车轮转速传感器输出电压波形,如图 3-10b) 所示。

5. 节气门位置传感器

节气门位置传感器的功用是利用节气门开启位置转化为电信号来判断汽车是否在进行急加速,可以间接检测汽车的加速度信号。电子控制单元利用此信号作为防止车身下坐控制的一个工作状态参数。详细内容请参阅本书 1.10.1 的介绍。

6. 车门传感器

车门传感器是为了防止行驶过程中车门未关闭而设置的。其实该传感器仅仅是一个开关，用于判断车门的开启和开关信号。

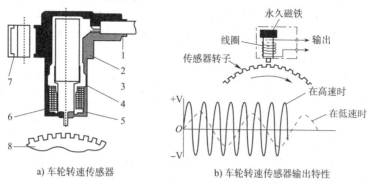

a) 车轮转速传感器　　b) 车轮转速传感器输出特性

图 3-10　车轮转速传感器及其输出电压波形

1-电线；2-壳体；3-永久磁铁；4-衬套；5-带探头的磁极；6-线圈；7-衬套；8-转速信号齿

7. 高度控制开关

高度控制开关是用来选择汽车高度的，电子控制单元可检测高度控制开关的状态和相应信号使汽车高度升高或下降。有的车辆上还安装有高度控制开关(ON/OFF)，用于人为选择开启或停止车高控制。

8. 模式选择开关

模式选择开关位于变速器操纵手柄旁，驾驶员根据汽车的行驶状况和路面情况选择悬架的运行模式，即悬架的"软"、"中"或"硬"状态，从而决定减振器的阻尼系数的大小。模式选择开关的位置，如图 3-11 所示。

驾驶员通过控制模式选择开关，可使悬架系统工作在 4 种模式下运行：自动、标准；自动、运动；手动、标准；手动、运动。当选择自动挡时，悬架系统可以根据汽车的行驶状态自动调节减振器的阻尼系数，从而保证汽车乘坐的舒适性和操纵的稳定性。当选择手动挡时，悬架系统的阻尼系数只有标准和运动两种状态的转换。

9. 制动灯开关

制动灯开关的功用是当踩下制动踏板时，制动灯开关便接通，电控单元接收这个信号作为防点头控制用的一个起始状态。制动灯开关的安装位置，如图 3-12 所示。

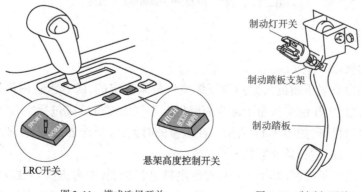

图 3-11　模式选择开关　　　　图 3-12　制动灯开关

3.2.2 电子控制单元 ECU

电子控制单元是电控悬架系统的控制中枢,它实际上是一台微型计算机。它由数字电路构成,各传感器传来的信号经输入电路整形变换后,以数字信号的形式通过输入电路送给悬架 ECU,ECU 对这些信号进行分析、比较和判断处理,经精确计算后输出控制信号。控制信号有变换减振器阻尼系数和空气弹簧刚度的执行器信号及表示阻尼系数和空气弹簧刚度状态的指示器驱动信号,这些信号从悬架 ECU 经输出电路输出。悬架 ECU 根据各种传感器的信号和悬架模式选择开关所确定的工作模式,控制减振器的阻尼系数、悬架刚度和车身高度。

ECU 还具有故障自诊断功能,当电子控制系统出现故障时,ECU 将以故障代码的形式存储故障,并使指示灯闪亮。ECU 还具有对系统的保护功能,即在控制系统出现故障时暂时切断对悬架的控制。悬架电子控制单元逻辑电路,如图 3-13 所示。

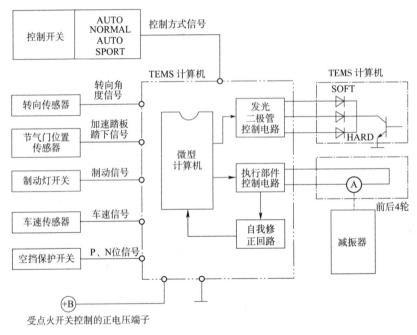

图 3-13 悬架电子控制单元逻辑电路示意图

3.2.3 执行元件

1. 空气压缩机

车身高度是由空气压缩机汽缸内的压缩空气量来决定的,随着汽缸内压缩空气量的增多而增高,随着汽缸内压缩空气量的减少而降低。空气压缩机总成包括空气压缩机、排气电磁阀、干燥器、电动机等,如图 3-14 所示。在检修的时候,除干燥器总成外,压缩机和排气电磁阀均不可维修,只能进行总成互换。

空气压缩机由电子控制单元 ECU 通过继电器进行控制,用来提供车身高度调节所需的压缩空气。从压缩机出来的空气进入干燥器,经干燥吸湿后被送入高度控制电磁阀,由高度控制电磁阀控制空气弹簧的充气量,空气弹簧空气室的压力由调节阀控制,当排气阀打开时,空气弹簧内的压缩空气从排气阀排入大气,同时将干燥器内的水分一起带走。

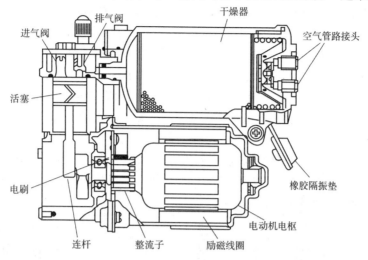

图3-14 空气压缩机结构组成

当车辆载客人数(或行李质量)增加时,车身高度会下降,车身高度传感器将这一信号传送给悬架ECU,控制空气压缩机、车身高度电磁阀工作,向空气弹簧主气室充气,直至车身高度达到规定值。当车内载荷减少时,车身高度上升,此时ECU根据车身高度传感器传来的信号发出控制信号,打开车身高度控制电磁阀,使空气弹簧主气室的空气通过高度控制电磁阀、空气管路,从排气阀排出,从而使车身下降。

2. 空气悬架刚度的调节

空气悬架刚度的功用是调节减振器的阻尼系数和弹簧刚度,其结构形式有油气弹簧式和空气弹簧式两种,两者的工作原理基本相同,采用较多的为空气弹簧的悬架,其空气弹簧与减振器为并联形式,用空气弹簧代替螺旋弹簧,其结构及工作原理如图3-15所示。

视频 3.2-1

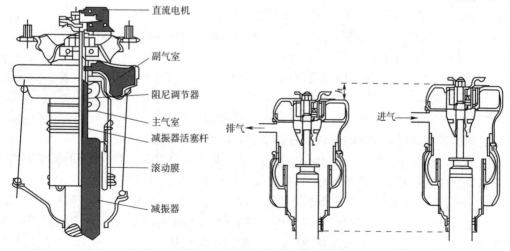

图3-15 空气弹簧与减振器的结构与原理

主气室容积是可变的,在它的下部有一个可伸缩的橡皮隔膜,压缩空气进入主气室可升高悬架的高度,反之使悬架高度下降。主、副气室设计成一体既节省空间,又减小了质量。悬架的上端与车架相连,下端与车桥相连。主气室与副气室之间有一个通道供气体相互流动。改变主气室与副气室通道的大小,就可以改变空气悬架刚度的大小。主气室与副气室之间的通道通过空气阀芯处于不同的位置,可实现空气弹簧处于低、中、高3种调节状态。

悬架控制执行器安装在空气弹簧与减振器总成的上部,由驱动电动机、传动齿轮、小齿轮和两根输出轴组成。两根输出轴分别连接减振器回转阀控制杆和空气弹簧空气阀控制杆。减振器内设有回转阀,回转阀在控制杆的带动下旋转。当回转阀转角发生变化时,减振器阻尼系数随之发生变化。

空气弹簧的空气阀在控制杆的驱动下打开或关闭空气弹簧气室与高度控制阀的通道,使压缩空气进入或排出,从而改变空气弹簧的刚度及车身高度。空气弹簧的主、副气室及弹簧刚度控制阀结构,如图3-16所示。

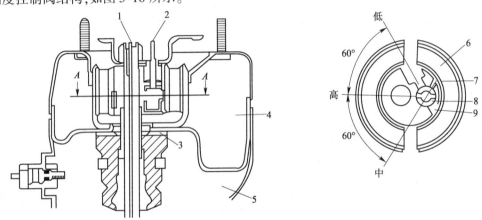

图3-16 空气弹簧刚度调节原理

1-阻尼调节杆;2-空气阀控制杆;3-主、副气室通道;4-副气室;5-主气室;6-气体;7-气体通道;8-阀芯;9-大气通道

空气弹簧阻尼系数的变化是通过改变连接主、副气室的通道来实现的。当主、副气室由大通道连通时,可获得"软"阻尼模式。由小通道连通时,可获得"中"阻尼模式。大小通道都关闭时,获得"硬"阻尼模式。空气通道的改变,也是由空气阀控制杆操纵空气阀转动来完成的。

3. 空气悬架阻尼系数的调节

悬架阻尼系数的调节是通过改变减振器阻尼孔截面积的大小来实现的。可调节阻尼系数减振器主要由缸筒、活塞及活塞控制杆、回转阀等构成,基本结构如图3-17所示。与减振器阻尼调节器杆1连接的回转阀2上共有3个阻尼孔,悬架控制执行器驱动阻尼调节杆转动,从而使回转阀转动,开闭3个阻尼孔,使回转阀2与活塞杆上的油孔连通或切断,改变油路截面,促使油液的流动阻力改变,达到调节减振器阻尼孔系数的目的,实现高、中、低3个工作状态的调节。

视频 3.2-2

当3个截面A、B、C的阻尼孔全部被回转阀封住时,只有减振器下面的主阻尼孔(D部)工作,减振器的阻尼最大,阻尼处于"高"状态。回转阀从"高"状态顺时针转动$60°$,则B截面的阻尼孔打开,A、C截面的阻尼孔仍关闭,减振器的阻尼处于"中"状态。回转阀从"高"状态逆时针转动$60°$,则3个截面的阻尼孔全部打开,减振器处于"低"状态。

项目三　汽车电控悬架系统失效的故障检修

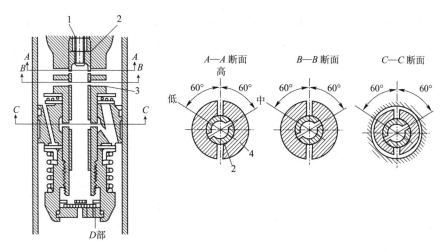

图 3-17　悬架阻尼系数的调节原理
1-阻尼调节器杆；2-回转阀；3-阻尼孔；4-活塞杆

4. 悬架控制执行器

悬架控制执行器的功用是通过步进电动机驱动主、副气室的空气阀阀芯和减振器阻尼孔的回转阀转动，使悬架的各参数保持在稳定的状态。控制装置的基本结构和工作原理，如图 3-18 所示。

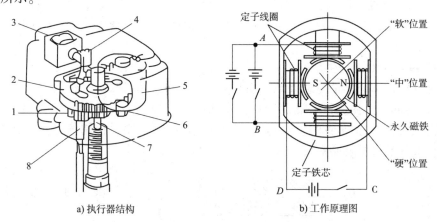

a) 执行器结构　　　　　　　b) 工作原理图

图 3-18　悬架控制执行器的结构及其工作原理示意图
1-空气阀驱动齿轮；2-扇形齿轮；3-电磁线圈；4-制动杆；5-电动机；6-电机小齿轮；7-阻尼调节杆；8-空气阀控制杆

当步进电动机带动小齿轮驱动扇形齿轮转动时，与扇形齿轮同轴的阻尼调节杆带动回转阀转动，使阻尼孔开闭角度发生变化，从而可以调节减振器阻尼系数。同时阻尼调节杆驱动齿轮带动空气阀驱动齿轮转动，空气阀控制杆转动，随着阀芯角度的改变，悬架的刚度系数也得到改变。

当电磁线圈 3 控制的电磁制动开关松开时，制动杆 4 处于扇形齿轮 2 的滑槽内，扇形齿轮可以转动。当电磁制动开关吸合时，制动杆 4 往回拉，各齿轮处于锁止状态，各转阀均不能转动，使悬架的参数保持稳定状态。

5. 车身高度的控制

车身高度控制装置的工作是通过向空气弹簧的主气室内充放气体来实现车身高度的调

181

节。它一般由空气压缩机、直流电动机、高度控制电磁阀、排气电磁阀、空气干燥器等组成，如图3-19所示。空气压缩机由直流电动机驱动，根据需要向主气室内提供升高车身所必需的压缩空气。空气干燥器可以将空气中的水分过滤掉。排气电磁阀可以从系统中放出压缩空气，同时排掉空气干燥器滤出的水分。

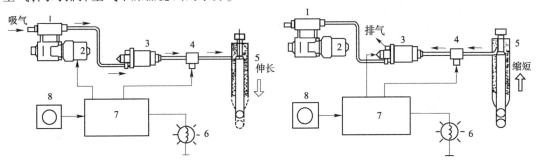

图3-19　车身高度的控制原理图

1-空气压缩机；2-直流电动机；3-排气电磁阀及干燥器；4-控制电磁阀；5-悬架总成；6-指示灯；7-悬架ECU；8-车身高度传感器

悬架电子控制单元ECU根据车高传感器送来的信号来判断车身的高度状况，当判定车身需要升高时，向高度控制阀发出指令，高度控制阀打开，压缩空气进入空气弹簧的主气室，车身升高；当判定车身需要降低时，发出指令，控制高度控制阀和排气阀同时通电打开，悬架的主气室中的空气通过高度控制阀、管路，最后由排气阀排出，车身高度下降；当车身达到规定高度时，高度控制阀关闭，空气弹簧的主气室中的空气量保持不变，车身维持一定高度不变。

6. 半主动控制

对于1994年10月后生产的雷克萨斯LX470的电控空气悬架系统引入了半主动控制方式，它可独立地把4个车轮的悬架减振阻尼系数精确地调节到最佳位置，以适应路面的不平。这种悬架同样由弹簧和减振器组成，其结构如图3-20所示。悬架ECU通过加速度传感器和高度传感器检测到车身的垂直速度、减振器速度，然后输出控制信号到悬架控制执行器，以提供最佳的减振阻尼系数。

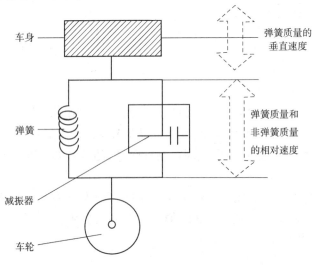

图3-20　半主动悬架的结构

下面以汽车走过一个凸起路面为例说明这一控制原理。其控制过程可分为以下4个步骤：

(1) 开始上坡

如图3-21所示，当车轮开始走向凸起面，使减振器受到压缩，且车身向上移动时，减振器的减振阻尼系数减少，以使减振阻尼不向上推车身。

(2) 继续上升

如图3-22所示，当车轮继续升上凸起路面时，弹簧力向上推车身，使减振器逐渐伸张。因此，减振阻尼系数增加以阻止车身向上运动。

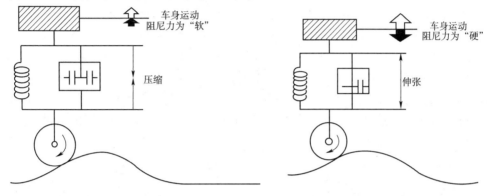

图3-21 开始上坡减振器工作示意图　　　　　图3-22 继续上坡减振器工作示意图

(3) 开始下坡

如图3-23所示，当车轮开始走下凸起路面，使减振器伸张，且车身向下运动时，减振器的减振阻尼系数减少，以使悬架平缓下降。

(4) 继续下行

如图3-24所示，当车轮进一步下行，使减振器逐渐受到压缩时，减振器的减振阻尼系数增加，以减少车身向下运动。

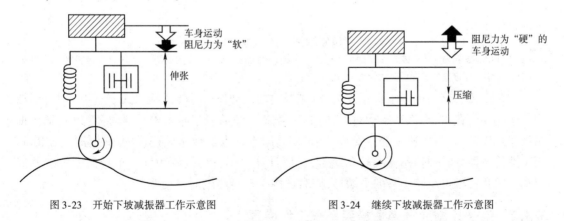

图3-23 开始下坡减振器工作示意图　　　　　图3-24 继续下坡减振器工作示意图

3.3 电控液压悬架系统部件的结构与工作原理

电控液压悬架系统属于主动悬架系统。其中的油气弹簧以氮气作为弹性介质，用油液作为传力介质。油气弹簧一般由气体弹簧和相当于液力减振器的液压缸组成。它通过油液压缩气室中的空气实现变刚度特性,通过电磁阀控制油液管路中的小孔节流实现变阻尼特性。

油气弹簧的形式主要有带隔膜式、不带隔膜式和带反压气室式3种。电控液压悬架系统的最大特点在于可手动调节悬架高度,并能自动调节减振器的刚度和阻尼。

3.3.1 电子控制油气弹簧悬架系统的组成

法国雪铁龙XM轿车采用的电子控制油气弹簧悬架系统如图3-25所示,该系统主要由悬架电子控制单元ECU、转向传感器、加速度传感器、制动压力传感器、车速传感器、车身高度传感器、油气弹簧刚度调节器和电磁阀等部件组成。其中,电子控制单元ECU是整个系统的核心部分,它的作用是采集车速、减振器振动频率等数据信息来决定液压球是增高还是降低车身。而遍布全车的多个纵向、横向加速度以及横摆陀螺仪传感器,还监控着车身跳动、高度、倾斜状态和加速度,然后将这些信号输入到电子控制单元ECU,根据预设程序来控制液压减振器中的油缸是增压还是泄压,以保持合适的减振器阻尼和足够的支撑力。

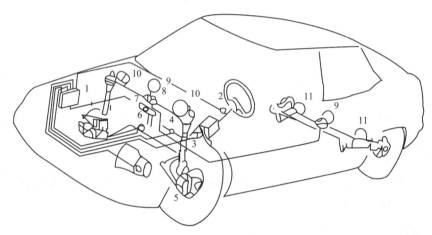

图3-25 雪铁龙XM轿车的主动式油气悬架布置图

1-电子控制单元;2-转向盘转角传感器;3-加速度传感器;4-制动压力传感器;5-车速传感器;6-车身高度传感器;7-电磁阀;8-辅助油气阀;9-刚度调节器;10-前油气室;11-后油气室

加速度传感器与加速踏板相连接,将测得的加速动作信号传送给ECU;制动压力传感器安装于制动管路中,当汽车制动时,它向ECU发送一个阶跃信号来表示制动,使ECU输出抑制汽车点头的信号;车速传感器安装在车轮上,用于产生与转速成正比的脉冲信号,ECU利用车速传感器和转向传感器的转角信号,可以计算出车身的侧倾程度。车身高度传感器的变化频率和幅度可反映车身的平顺性,同时还用于车身高度的自动调节。

3.3.2 电子控制油气弹簧悬架系统工作原理

电子控制油气弹簧悬架系统工作原理,如图3-26所示。当汽车在好路面上低速正常行驶时,电子控制单元ECU接收到各传感器送来的信号后,便向电磁阀发出指令,使其向右移动,从而接通压力油道,此时辅助油气阀的阀芯向左移动,中间油气室与主油室连通,使气室总容积增加,气压减小,从而使悬架刚度减小,系统处于"软"状态(图3-26中的上部)。中间油气室又称刚度调节器,节流孔a和b则为阻尼器。

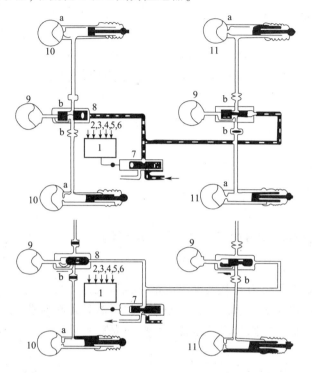

图3-26 油气弹簧悬架工作原理示意图

1-电子控制单元;2-转向盘转角传感器;3-加速度传感器;4-制动压力传感器;5-车速传感器;6-车身高度传感器;7-电磁阀;8-辅助油气阀;9-刚度调节器;10-前油气室;11-后油气室;a,b-节流孔

当汽车处于高速、转向、起动和制动工况时,电磁阀的线圈中无指令电流通过,在弹簧作用下,阀芯左移,关闭压力油道,原来用于推动辅助油气阀的压力油通过电磁阀的左边油道泄放,辅助油气阀的阀芯右移,关闭刚度调节器,气室总容积减小,刚度增大,悬架处于"硬"状态,见图3-26中的下部。

例如,当车辆的车速超过110km/h后,电子控制单元ECU就会使前悬架降低15mm、后悬架降低11mm,以此缩小离地间隙、降低车辆重心,增加行驶的稳定性。同时,前低后高的车身也降低了迎风阻力。如果当车速逐渐降低到90km/h,车身则自动恢复到标准高度。当然,驾驶员也可以通过一个车内按钮实现车身高度的4挡控制,不过安全保护装置会限制挡位的运用。

3.3.3 电控空气悬架系统与电控液压悬架系统的比较

电控液压悬架和电控空气悬架具有各自的特点。对于电控液压悬架而言,在舒适性上稍逊于电控空气悬架,因为它还是建立在传统的悬架基础之上,只是对车身高度和减振器的阻尼进行了调整。电控液压悬架系统的高频吸振能力比空气悬架要差,对于复杂路况的反应也比较差,甚至还会导致油压过高而影响使用寿命。因此采用这种悬架系统的车型也相对较少。

电控空气悬架采用气压式结构来控制车身平衡,并且空气弹簧和减振器能抵消大部分路面传递的短波和长波振动,这也是电控液压悬架所不具备的。不过两者的共同特性都能为高速行驶的车辆提供足够的稳定性,当车辆在不平的路面上行驶时,又能提高车身高度,增加通过能力。但电控主动空气悬架的缺点也很明显,制造成本高昂、维护费用高。

从两种悬架的结构来看,电控液压悬架由于结构相对简单,前麦弗逊、后拖曳臂结构就能胜任。相对而言,电控空气悬架所要求的悬架结构就要复杂一些,因为空气弹簧是独立安装的,并要连接悬架的上下控制臂,所以它常匹配于前双叉臂、后多连杆的悬架的结构中。

相关技能

3.4 典型电控悬架系统的检修

3.4.1 丰田雷克萨斯 LX470 电控悬架系统构造

1. 电控悬架系统的结构组成

日本丰田雷克萨斯 LX470 电控悬架系统的结构组成,如图 3-27 所示。其电控悬架系统主要由悬架电子控制单元 ECU、传感器、悬架控制执行器等元件组成。悬架控制执行器和各种传感器如前所述相似。检修时请参照具体车型的维修手册。

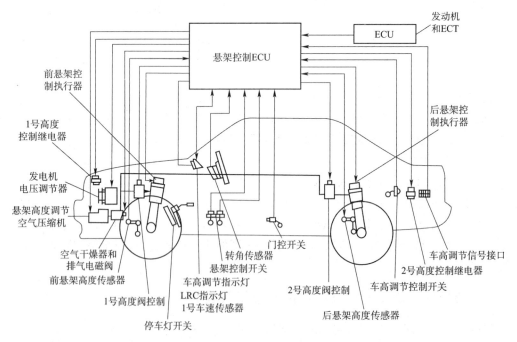

图 3-27 日本丰田雷克萨斯 LX470 电控悬架系统的结构组成示意图

2. 电子控制电路图

日本丰田雷克萨斯 LX470 电控悬架控制电路,如图 3-28 所示。故障检修时根据电路的连接情况进行分析和检测,直到故障排除,并删除故障码。

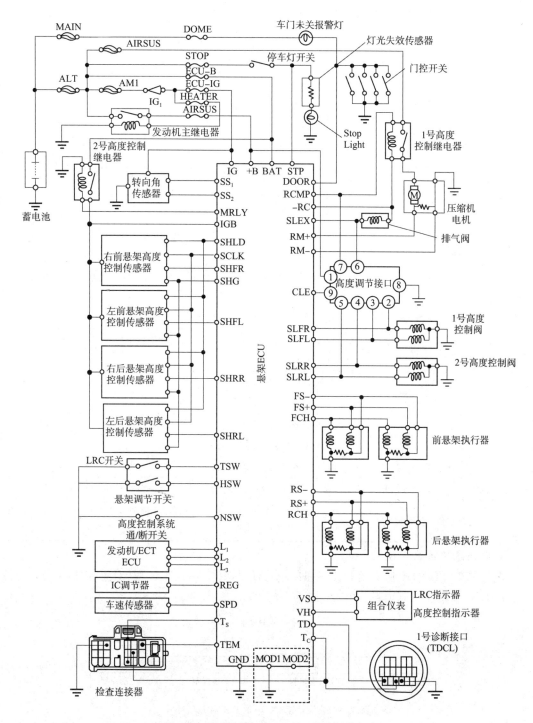

图 3-28 雷克萨斯 LX470 电控悬架控制电路图

3. 电控悬架系统的各元器件的作用

日本丰田雷克萨斯 LX470 电控悬架系统的各元器件的功用,如表 3-3 所示。

电控悬架系统的各元器件的作用　　　　　　　　　表 3-3

序号	电控元件	功用
1	悬架调节执行器	改变空气悬架弹性系数和减振器阻尼系数
2	1 号高度控制继电器	接通空气压缩机工作电路
3	发电机 IC 调节器	检测发电机是否在运行
4	空气压缩机	为升高汽车悬架高度提供所需的压缩空气
5	空气干燥器	干燥空气悬架系统内的压缩空气
6	排气阀	把动力主气室中的压缩空气排入大气中，降低汽车悬架高度
7	高度传感器	检测汽车悬架高度和不平路面造成的空气悬架高度变化
8	1 号和 2 号高度控制阀	调节前后左右 4 个气动橡胶减振器内的压缩空气量，按要求充气或排气
9	停车灯开关	测量制动踏板是否处于制动状态
10	悬架高度指示灯	给驾驶员显示当时的设定悬架高度，并且在悬架控制系统发生故障时点亮，以提示发生故障
11	平顺性指示灯	LRC 开关控制点亮时说明系统的空气弹簧弹性系数和减振阻尼系数为 SPORT AUTO 模式
12	1 号车速传感器	测量车辆的行驶速度
13	悬架控制开关	由 LRC 开关、高度调节控制开关和空气弹簧弹性系数以及车辆悬架高度、调节模式等选择开关组成
14	转角传感器	检测转向轮的转向角度
15	车门控开关	检测车门的开关状态
16	高度控制开关	允许或禁止车辆高度调节
17	2 号高度控制继电器	接通悬架高度传感器工作电路
18	悬架高度调节信号接口	通过连接端子可直接调节悬架高度
19	发动机和自动变速器 ECU	将节气门开闭的角度信号转换为数字信号传送至悬架系统控制 ECU
20	悬架系统控制 ECU	根据驾驶员设定模式调节弹性系数、阻尼系数和车辆高度；在悬架控制系统发生故障时，使指示灯闪烁

4. 电控悬架系统的控制方式

电控悬架系统的控制单元 ECU 根据传感器信号和实际行车过程，对悬架进行相应的控制。ECU 对悬架的控制项目，如图 3-29 所示。

图 3-29　雷克萨斯 LX470 的 ECU 控制项目图

电控悬架 ECU 根据从各个传感器输入的信号以及电控悬架控制开关的选择模式，独立地控制 4 个车轮上的减振阻尼系数、悬架弹簧刚度和车辆高度。电控悬架 ECU 还具有自我诊断功能，它可对电控悬架控制系统的故障进行自诊断，把故障代码存储在存储器中，并对驾驶员发出警示。电控悬架 ECU 又具备失效保护功能,在系统出现故障时可禁止或继续支持电控悬架的控制。

(1)减振阻尼系数和弹簧刚度控制

减振阻尼系数和弹簧刚度的控制是针对以下情况而工作的,具体包括防"点头"控制、防止"侧倾"控制、防止"下坐"控制、坏路控制、高车速控制等。悬架系统执行器结构如图 3-30 所示,执行器控制执行电路图如图 3-31 所示。

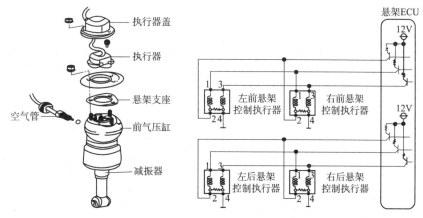

图 3-30　悬架系统执行器结构　　　　图 3-31　执行器控制执行电路图

①防"点头"控制

该控制用于防止汽车在制动时过量的点头。当车速、制动灯开关和汽车高度发生变化时,悬架 ECU 通过悬架执行器把减振阻尼系数和弹簧刚度设置到"硬"状态。在松开制动踏板约 1s 后,这一控制被取消,悬架执行器恢复至原来的减振阻尼系数和弹簧刚度。

②防"侧倾"控制

该控制可在转弯时或在 S 形弯路上抑制车辆的侧倾。悬架 ECU 根据车速和转弯角传感器信号,将悬架执行器设置在"硬"的位置。当转向盘恢复至直行位置约 2s 后,悬架 ECU 取消这一控制,使执行器恢复至原来的减振阻尼系数和弹簧刚度。如果转向盘连续沿左右两个方向来回转动,或转动得比正常转弯大时,则这一控制的时间将延长。

③防止"下坐"控制

该控制可在汽车起动或突然加速时抑制汽车后部的"下坐",当悬架 ECU 从车速传感器和节气门位置传感器检测到汽车在起步或突然加速时,使悬架执行器把减振器阻尼系数和弹簧刚度设置到"硬"状态。这一控制约在 2s 后或者车速达到预定值时取消,从而恢复至原来的减振器阻尼系数和弹簧刚度。

④坏路控制

坏路控制可抑制汽车在坎坷不平的道路上行驶时发生的刮碰底盘、俯仰和跳振,以改善乘坐的舒适性。这一控制,可根据汽车前、后高度的变化,分别对前轮和后轮单独进行。但当车速低于 10km/h 时,不再进行坏路控制。当左前或右前高度传感器检测到路面不平整时,悬架 ECU 将减振器阻尼系数设置为"中",弹簧刚度设置为"硬"。若检测到路面很不平整时,悬架 ECU 将减振器阻尼系数和弹簧刚度均设置为"硬"。后悬架的设置方式与前悬架一样,只是由左后或右后高度传感器来检测路面的平整程度。

⑤高车速控制

该控制可在汽车高速行驶时改善行驶的稳定性和可控制性。当车速高于140km/h时,悬架ECU将减振器阻尼系数和弹簧刚度分别设置到"中"和"硬"位置,以提高汽车稳定性。当车速降至某一值(如120km/h)时,悬架ECU使悬架执行器恢复至原来的设置。

(2)车身高度控制

汽车车身高度控制有自动高度控制、高车速控制和关闭点火开关控制3种。

①自动高度控制

不管车内乘员人数和装载质量如何变化,自动控制车身高度,避免汽车底盘与不平路面相碰,改善汽车乘坐的舒适性,还能使汽车前照灯光束射程保持恒定,提高汽车行驶的安全性,其工作原理如图3-32所示。悬架系统高度控制阀电路,如图3-33所示。空气压缩机控制电路,如图3-34所示。

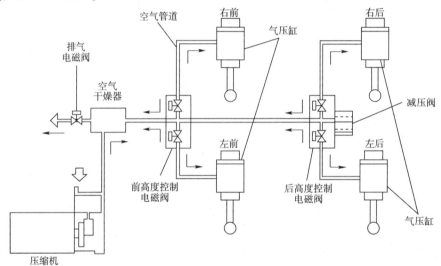

图3-32 悬架系统自动控制的工作原理图

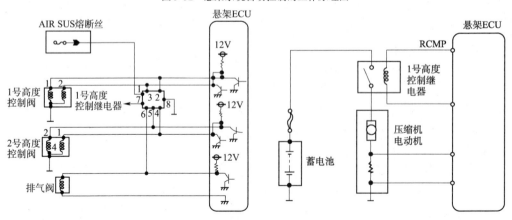

图3-33 悬架系统高度控制阀电路图　　　图3-34 空气压缩机控制电路图

②高车速行驶控制

当汽车高车速行驶时,高车速控制促使车身降低高度,从而提高汽车速行驶的稳定性,并减少空气阻力。当车速超过140km/h时,即使高度控制开关设置在HIGH(高)的位置,车身高度仍会降至NORM(常规)位置,且仪表板上的NORM指示灯点亮。当车速降至120km/h以下时,高车速控制便自动取消,车身恢复至原来高度。

③关闭点火开关控制

当汽车停下或乘员需要上、下车时,通过关闭点火开关,可自动降低车身高度,从而改善汽车驻车姿势,方便乘员出入。关闭点火开关控制在关闭点火开关约3min后才能使用。但如果有任一个车门打开,悬架ECU就判断有乘员在下车而中断关闭点火开关控制。在所有车门都关闭后,该控制又重新开始。在关闭点火开关约30min后,关闭点火开关控制被无条件取消。

3.4.2 雷克萨斯LX470电控悬架系统检修

1. 悬架控制系统的自诊断

丰田雷克萨斯LX470轿车悬架ECU具备以下诊断功能:对悬架控制系统的故障发出警示的故障警告功能,对输入到悬架ECU的信号进行检查,输出信号检查功能以代码的形式显示故障内容,并以故障代码的形式进行显示。

(1)电控悬架自诊断系统的诊断方法

当维修人员需要进行电控悬架系统的故障自诊断测试,读取ECU中存储的故障码时,首先要进入故障自诊断测试状态。不同汽车进入故障自诊断的方法有所不同,主要有以下几种:

①专用诊断开关法。在有些汽车上,设置"按钮式诊断开关",或在悬架ECU上设置"旋钮式诊断模式选择开关",按下或旋转这些专用开关,即可进入故障自诊断测试状态,进行故障代码的读取。

②空调面板法。在美系如林肯·大陆和凯迪拉克等轿车上,空调控制面板上的相关控制开关,可兼作故障诊断开关,一般是将空调控制面板上的"WARM"和"OFF"两个按键同时按下一段时间,即可使故障自诊断系统进入故障自诊断状态,读取ECU随机存储器中存储的故障码。

③加速踏板法。有些汽车在规定的时间内将加速踏板连续踩下5次,即可使ECU故障自诊断系统进入故障自诊断状态。

④点火开关法。在规定的时间内将点火开关进行"ON-OFF-ON-OFF-ON"循环,即可使ECU故障自诊断系统进入故障自诊断状态,如美国克莱斯勒公司生产的电子控制悬架系统就采用这种方法。

⑤解码器或专用故障诊断仪诊断法。利用解码器或专用故障诊断仪与汽车电子控制系统故障诊断接口相连接,便可以直接进入故障自诊断测试状态和读取故障码,目前为大多数轿车采用。

⑥跨接导线法。利用ECU故障自诊断系统读取故障码时,需要用跨接导线将发动机室检查插接器的"诊断输入端子"和"搭铁端子"进行跨接,方可进入故障自诊断状态和读取存储的故障码,如丰田汽车电子控制悬架系统即采用该方法读取故障码。以下介绍丰田雷克萨斯LX470轿车悬架ECU跨接导线诊断法。

目前,大多数品牌车辆均采用解码器或专用故障诊断仪诊断法进行故障的诊断和读取故障码、删除故障码。

(2)指示灯的检查

大多数丰田高端轿车悬架 ECU 具有自诊断功能,电控悬架系统有故障,指示灯会点亮以提醒驾驶员。如丰田雷克萨斯 LX470 轿车,点火开关开启,乘坐舒适控制指示灯 SPORT 和高度指示灯(HIGHT)点亮 2s 后熄灭。如果开关设定到 SPORT 或 HIGH 状态,SPORT 或高度指示灯点亮,如图 3-35 所示。当高度指示灯以 1s 的间隔闪烁时,表示 ECU 内存储有故障码。

(3)故障代码的检查

人工故障代码的检查方法如下(仅作为故障诊断方法予以介绍和保留):

①点灭开关置于"ON"的位置。

②跨接线跨接诊断接头上的 TC 和 E1 两端子,如图 3-36 所示。

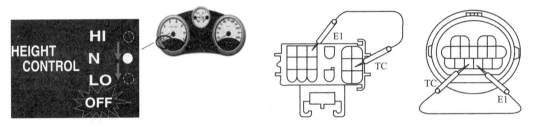

图 3-35　SPORT 或高度指示灯示意图　　　　图 3-36　TDCL 与检查连接器示意图

③观察仪表板上高度控制正常(NORM)指示灯或高度指示灯(HIGHT)的闪烁来读取故障代码。

④数该灯闪烁和间歇次数,第一次闪烁代表第一位故障代码的数字(十位数),在停歇一次后,数第二次闪烁的次数,它代表故障代码的第二位数字(个位数)。如果故障代码不止一个,将会有一个较长的间歇,然后显示下一个故障代码的第一位和第二位数字。如果 ECU 内存储的代码多于一个,则由小数字向大数字逐个显示。

⑤录故障代码。正常故障代码,如图 3-37 所示。故障代码 11、31,如图 3-38 所示。

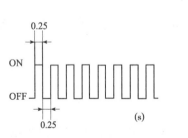
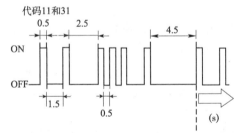

图 3-37　正常故障代码　　　　图 3-38　故障代码 11、31 示意图

⑥查阅汽车厂家维修手册的资料提示,了解故障代码的含义,找到故障部位,实施排除故障的步骤。

⑦维修完成后,消除故障代码。消除方法有以下几种:

方法一:将在第一接线盒中的 ECU-B(BAT)熔断器拔下至少 10s 以上。如图 3-39 所示为熔断丝接线盒。

方法二：在点火开关断开时，用跨线连接高度控制接头上的端子 E 和端子 CLE 两端头，同时使检查连接器端子 TS 和 E1 连接，保持在这一状态 10s 以上，然后接通点火开关，取下跨接线，即可清除故障代码。悬架控制连接器与检查连接器方法，如图 3-40 所示。

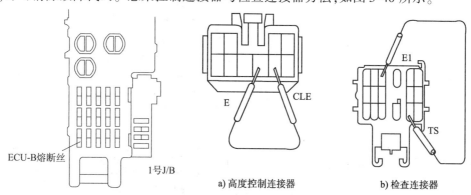

图 3-39 熔断丝接线盒

图 3-40 悬架控制连接器与检查连接器示意图

a) 高度控制连接器　　b) 检查连接器

方法三：拔下蓄电池搭铁线 10s 以上，但故障删除后，其他形式的故障码也会被删除，同时，显示屏上的日期、时钟等信息也会丢失，需要重新设置。

方法四：使用解码器或专用故障诊断仪直接删除故障码。

⑧汽车进行路试后，再次检查指示灯，如果指示灯不闪亮，则故障排除。如果路试指示灯还亮，则必须再检查故障代码。丰田雷克萨斯 LX470 轿车电控悬架系统故障码，如表 3-4 所示。

丰田雷克萨斯 LX470 轿车（2004 平款）电控悬架系统故障码　　表 3-4

故障代码	故 障 含 义	故 障 部 位
11	右前悬架高度传感器电路断路	1. 线束或悬架高度传感器接插件 2. 悬架高度传感器 3. 悬架 ECU
12	左前悬架高度传感器电路断路	
13	右后悬架高度传感器电路断路	
14	左后悬架高度传感器电路断路	
21	前悬架控制执行器电路断路或短路	1. 线束或器接插件 2. 执行器 3. 悬架 ECU
22	后悬架控制执行器电路断路或短路	
31	1 号高度控制阀电路断路或短路	1. 线束或高度控制阀接插件 2. 悬架高度控制阀 3. 悬架 ECU
33	2 号高度控制阀电路断路或短路（RH）	
34	2 号高度控制阀电路断路或短路（LH）	
35	排气阀电路断路或短路	1. 线束或排气阀接插件 2. 悬架排气阀 3. 悬架 ECU
41	1 号高度控制继电器电路断路或短路	1. 线束或 1 号高度控制继电器接插件 2. 1 号高度控制继电器 3. 悬架 ECU
42	压缩机电动机自锁或电路断路	1. 线束 2. 压缩机电动机 3. 悬架 ECU

续上表

故障代码	故障含义	故障部位
51	1号高度控制继电器电源电路	1. 压缩机 2. 气动减振器 3. 高度控制阀 4. 车高调节传感器 5. 压缩空气干燥器 6. 所有管路 7. 悬架ECU
52	排气阀电源电路有持续电流	1. 排气阀 2. 气动减振器 3. 高度控制阀 4. 悬架ECU
61	悬架控制信号	悬架ECU失效
71	高度控制开关处于关闭状态或开关电路短路	1. 线束和高度控制开关接头 2. 高度控制开关 3. 悬架ECU
72	悬架高度控制开关电路	1. 悬架高度控制开断路 2. AIRSUS熔断丝烧断

(4) ECU输入信号的检查

ECU输入信号的检查主要是检测来自转向传感器和停车灯开关的信号是否正常地输入到ECU,ECU输入信号的检查如表3-5所示,具体操作如下：

ECU输入信号的检查　　　　　　　　　　　　　　　表3-5

序号	检查项目	故障码	操作1	操作2
1	节气门位置传感器	85	加速踏板不踩到底	加速踏板踩到底
2	转角传感器	82	前轮转到正前方	前轮转向36°以上
3	制动灯开关	83	制动踏板不踩到底(开关关闭)	制动踏板踩到底(开关开启)
4	门控灯开关	84	所有车门关闭(开关关闭)	打开某一扇车门(开关开启)
5	悬架高度控制开关	92	NORM位置	HIGH位置
6	LRC开关	93	NORM位置	SPORT位置
7	1号车速传感器	91	车速<20km/h	车速≥20km/h

①将点火开关置于"ON"位置,按检查项目和操作内容操作。
②将表3-5中的每个检查项目调到"操作1"栏所示状态。
③短接发动机舱内的诊断连接器端子TS和EI。
④再将每个单独检查项目调到"操作2"栏所示状态,观察仪表板上的车辆高度指示灯"HI",直接以代码的形式闪烁出来。

2. 悬架控制压缩空气系统检修

(1) 空气压缩机电动机的检测

空气压缩机电动机的检测方法如图3-41所示,测量电枢绕组的电阻和直接通电检查工作状态。

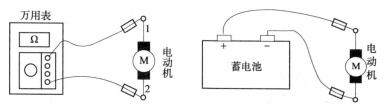

图3-41 空气压缩机电动机的检测示意图

(2) 空气压缩机电动机的试验

将空气压缩机与气动减振器直接连接,如果从压缩机起动到完成高度调整需20~40s,气动减振器高度的变化量为10~30mm,则说明电动机工作正常。否则,修复后重新检查试验,直到符合要求。

(3) 气动减振器的检验

检查气动减振器或支柱壳体是否存在泄漏,如出现轻微的油膜,即所谓的"渗漏"现象是正常的。如果发现滴油,则表明减振器内的密封圈不能保持压力油,需更换气动减振器总成。

(4) 气动减振器执行器工作情况的检查

如果气动减振器执行器不能正常工作,则需要更换。拆卸时,应关闭电子控制悬架并释放系统压力,防止污染气压系统。重新装复后,应检查气压系统是否有泄漏现象。

(5) 高度控制阀和压缩空气排气阀的性能检验

检测高度控制阀和压缩空气排气阀的性能,若不正常则更换。

(6) 压缩空气系统性能检测

车辆高度调节功能的检查,操作高度控制开关检查汽车高度变化情况的步骤如下:

① 检查轮胎充气是否正常。

② 检查汽车高度。

③ 起动发动机,将高度控制开关从NORM位置切换到HIGH位置。检查完成高度调整所需的时间和汽车高度的变化量。从操作高度控制开关到ECU将压缩机起动约需2s,从压缩机起动到完成高度调整需20~40s,汽车高度的变化量为10~30mm。

④ 在汽车处于HIGH位置调整的状态下,起动发动机并将高度控制开关从HIGH位置切换到NORM位置,各种数值与前述相同。

排气阀的检查:点火开关开启,短接后行李舱内悬架系统高度控制接插头中端子1和7(见图3-27的高度调节接口),开启压缩机,等待一段时间后,应出现排气;或者在点火开关关闭状态下,从熔断器盒JBNO.1中拔出ECU-B熔断器10s以上。也可用短接线,短接悬架系统高度控制接插头中的端子9和8(见图3-27的高度调节接口),持续10s以上;然后将点火开关开启,断开短接线。

各管路的检查。检查各管路有无压缩空气泄漏的步骤如下:

① 将肥皂水涂在所有空气管路接头上。

②在压缩机连接器端子之间加12V电压,使压缩机运转,在空气管路中建立空气压力。
③检查空气管路接头处是否有气泡出现。
④如果有气泡出现,则表明存在漏气现象,此时,应进行必要的修理。

(7)工作过程试验

运转悬架系统,按规范试验其工作过程。如工作过程异常,则实施检修后重新试验,直到符合技术要求。

3. 悬架控制系统电路检修

(1)车身高度传感器电路检查

当车身高度传感器电路出现故障时,ECU存储器中存入故障码11、12、13或14。在车身高度传感器向ECU输入正常信号之前,汽车高度控制、减振器阻尼系数和弹簧刚度控制被禁止。车身高度传感器电路如图3-42所示,其电路检查流程如图3-43所示。

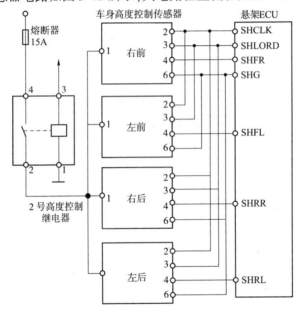

图3-42 车身高度传感器电路图

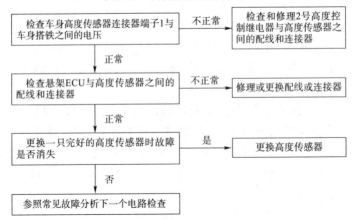

图3-43 车身高度传感器电路检查流程图

（2）悬架控制执行器电路检查

当悬架控制执行器电路出现故障时，悬架电子控制 ECU 在存储器中存入故障码 21 或 22，这个时候减振器的阻尼系数和弹簧刚度控制被禁止。悬架控制执行器电路如图 3-44 所示，其电路检查流程如图 3-45 所示。

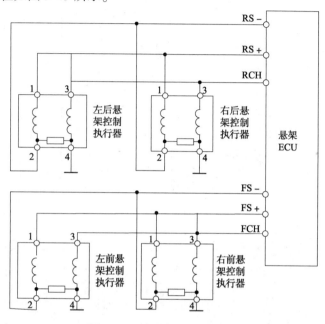

图 3-44　悬架控制执行器电路图

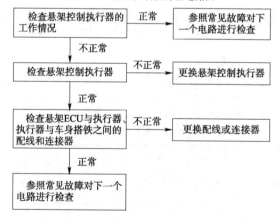

图 3-45　悬架控制电路检查流程图

（3）高度控制阀、排气阀电路检查

1 号高度控制阀用于前悬架控制，它由两只电磁阀分别控制左右气压室。2 号高度控制阀用于后悬架控制，它由两只电磁阀组成并共同控制后轮左右气压室。为防止空气管路产生不正常压力，2 号高度控制阀中有一个安全阀，用于保持压力恒定。1 号、2 号高度控制电磁阀电路如图 3-46 所示，其电路检查流程如图 3-47 所示。

将点火开关置于"ON"位置，当高度控制连接器的端子（图 3-27 高度接口）按表 3-6 所示方式连接时，检查车辆高度的变化（切忌将电源端子 1 和搭铁端子 8 连接以免损坏电路）。

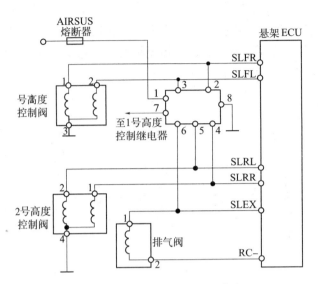

图 3-46 高度控制阀、排气阀电路图

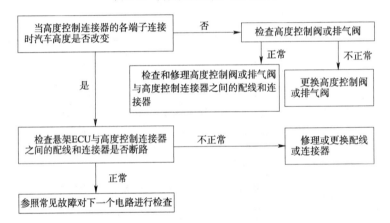

图 3-47 高度控制阀、排气阀电路检查流程图

高度控制连接器的端子连接　　　　表 3-6

端子 状态	1	2	3	4	5	6	7
右前汽车高度上升	○	○	—	—	—	—	○
左前汽车高度上升	○	—	○	—	—	—	○
右后汽车高度上升	○	—	—	○	—	—	○
左后汽车高度上升	○	—	—	—	○	—	○
右前汽车高度下降	○	○	—	—	—	○	—
左前汽车高度下降	○	—	○	—	—	○	—
右后汽车高度下降	○	—	—	○	—	○	—
左后汽车高度下降	○	—	—	—	○	○	—

注：○表示连接；—表示不连接。

(4) 压缩机电动机电路检查

压缩机电动机电路出现故障时,ECU 在存储器中存入故障码 42,这个时候高度控制和减振器的阻尼系数、弹簧刚度控制被禁止。压缩机电动机电路如图 3-48 所示,其电路检查流程如图 3-49 所示。

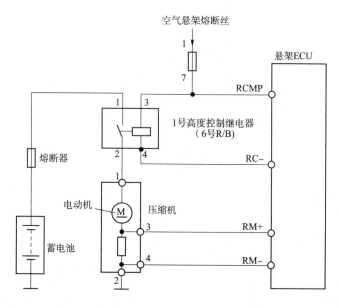

图 3-48　压缩机电动机电路图

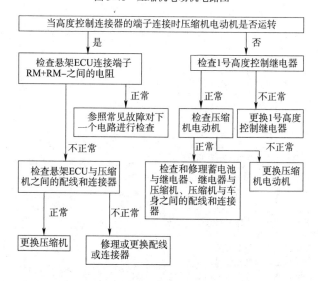

图 3-49　压缩机电动机电路检查流程图

(5) 到 1 号高度控制器的持续电流检查

由于压缩机的安全阀溢流压力为 980kPa,如果欲在陡坡上或在汽车超载时进行汽车高度控制,压缩机电动机就连续运转以使汽车高度上升,使通过 1 号高度控制继电器的电流持续时间在 8.5min 以上。此时可能会输出故障码 51,并且可能会禁止汽车高度控制及减振阻尼系数和弹簧刚度控制。在这种情况下,如果将点火开关转到"OFF"后约 60min 左右再将点火开关转到"ON"时,汽车高度控制及减振阻尼和弹簧刚度控制又能重新恢复。至1号高度控制器的持续电流检查流程,如图3-50所示。

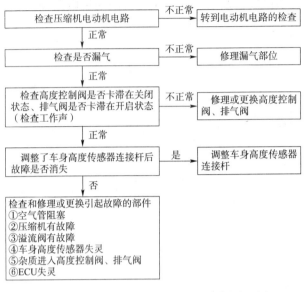

图3-50 到1号高度控制器的持续电流检查流程图

(6)至排气阀的持续电流检查

如果在拆卸车轮时或在顶起汽车时汽车高度控制起作用,可能会输出故障码52。当输出故障码52时,就禁止汽车高度控制及减振阻尼系数和弹簧刚度控制。但是,如果将点火开关置于"OFF"后再置于"ON",控制又重新恢复。到排气阀的持续电流检查流程,如图3-51所示。

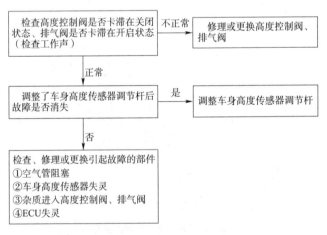

图3-51 到排气阀的持续电流检查流程图

(7)高度控制ON/OFF开关电路检查

当高度控制ON/OFF开关处于"OFF"位置时,该电路断开。当高度控制ON/OFF开关处于"ON"位置时,该电路接通。当开关处于"OFF"位置时,不执行汽车高度控制,则输出故障码71。高度控制ON/OFF开关电路如图3-52所示,其电路检查流程如图3-53所示。

图 3-52　高度控制 ON/OFF 开关电路图

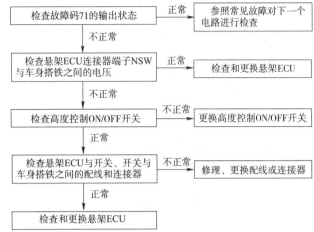

图 3-53　高度控制 ON/OFF 开关电路检查流程图

(8) LRC 开关电路检查

LRC 开关在拨到 SPORT 位置时接通,拨到 NORM 位置时关断。ECU 检测了 LRC 开关的状态后,操纵悬架控制执行器,从而改变减振器的阻尼系数和空气弹簧的刚度。LRC 开关电路,如图 3-54 所示。其电路检查流程,如图 3-55 所示。

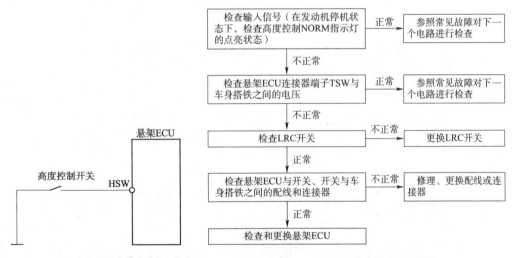

图 3-54　LRC 开关电路图　　　　图 3-55　LRC 开关电路检查流程图

(9) 制动灯开关电路检查

当踩下制动踏板时,制动灯开关电路接通,蓄电池电压加到 ECU 的 STP 端子上,ECU 利用这个信号作为防止点头控制的一个起始状态参考点。图 3-56 所示为制动灯开关电路检查流程图。

(10) 转向角传感器电路检查

转向角传感器是用于检测转向盘的转动方向和角度变化信号并输入悬架 ECU,当 ECU 判断转向盘的转角和车速大于设定值时,就促使减振器阻尼系数和弹簧刚度增加。图 3-57 所示为转向角传感器电路检查流程图。

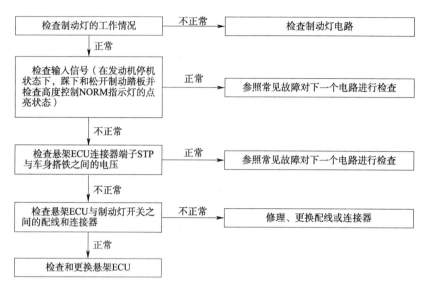

图 3-56 制动灯开关电路检查流程图

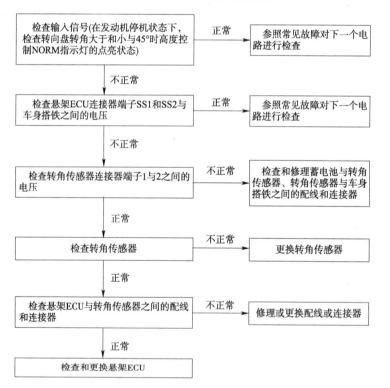

图 3-57 转向角传感器电路检查流程图

(11) 节气门开度信号电路检查

悬架 ECU 通过与发动机和 ECU、ECT 之间的通信联络检测节气门开度和开启速度。悬架 ECU 利用这一个信号作为防止车辆下坐控制的一个工作状态。节气门开度信号电路,如图 3-58 所示。如图 3-59 所示为节气门开度电路检查流程图。

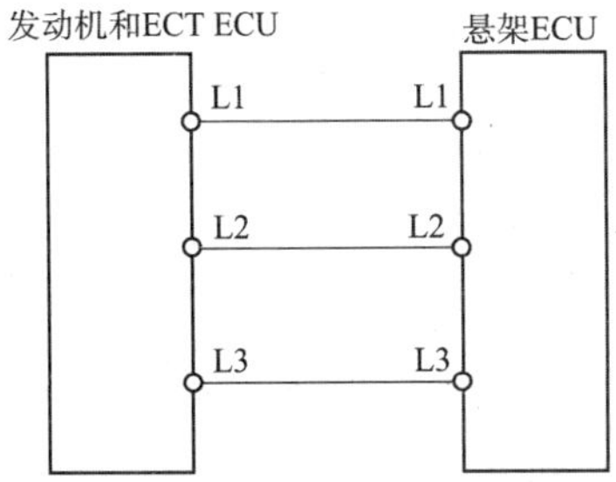

项目三 汽车电控悬架系统失效的故障检修

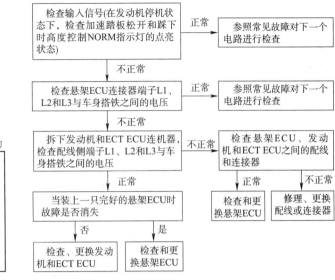

图 3-58 节气门开度信号电路图

图 3-59 节气门开度电路检查流程图

(12) 车速传感器电路检查

车速传感器由变速器的齿轮通过转子轴驱动,每转一圈,车速传感器向仪表发送二十个脉冲信号。该信号在仪表内经转换后,以四个脉冲信号送到悬架 ECU。悬架 ECU 用该脉冲频率计算出汽车的车速。车速传感器安装位置及信号如图 3-60 所示,图 3-61 所示为其电路检查流程图。现代轿车车速传感器大多数安装在 4 个车轮上或自动变速器输出轴上,与 ABS、ESP 等系统共用。

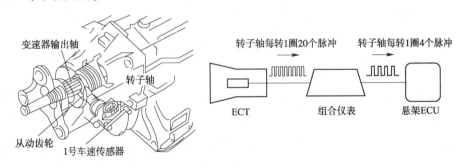

图 3-60 车速传感器安装位置及信号图

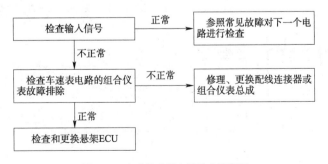

图 3-61 车速传感器电路检查流程图

203

(13) 车门控制开关电路检查

当车门打开时，门控灯开关接通，车门关闭时门控灯开关断开。当所有的车门关闭时，蓄电池电压就加到 ECU 的 DOOR 端子上，而只要有一扇门打开，该端子上的电压即为 0V。当 ECU 检测到车门打开信号时，便中止点火开关"OFF"控制。图 3-62 所示为门控灯开关电路检查流程图。

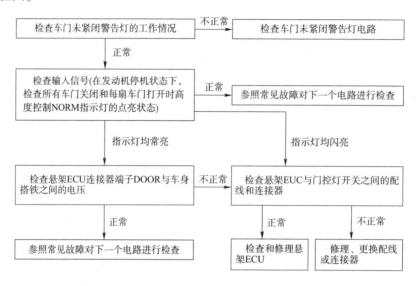

图 3-62　车门控制开关电路检查流程图

(14) IC 调节器电路检查

当发动机停止转动时，发电机不发电，这时 ECU 端子 REG 上的电压很低。当发动机转动时，发电机发电，ECU 端子 REG 上的电压升高。因此，ECU 据此检测发电机的发电状态，只要发电机处于发电状态才能控制车身高度。图 3-63 所示为 IC 调节器电路图，图 3-64 所示为 IC 调节器电路检查流程图。

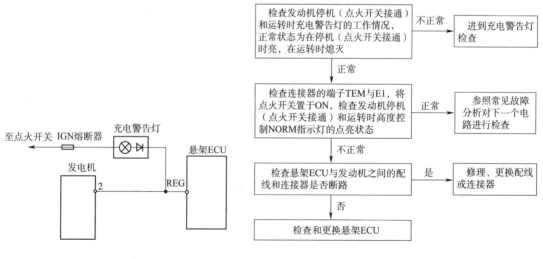

图 3-63　IC 调节器电路图　　　　图 3-64　IC 调节器电路检查流程图

小组工作

实施生产任务小组的工作步骤如下:

1. 每6~8名学生组成1个工作小组,确定1名小组长,接受工作任务,做好工作准备。
2. 阅读工作单,查阅维修手册(或实训指导书),观察待修车辆的电控悬架系统,讨论故障检测方法和步骤,确定小组人员工作分工。向实训指导教师汇报讨论结果,经指导教师同意后,开始下一步的工作。
3. 按照工作单的引导,查阅、识读电控悬架系统电路图,完成待修车辆电控悬架系统的故障检测、诊断、分析、检查和修理工作。
4. 在完成工作任务的过程中,根据工作单的要求,完成电控悬架系统各传感器、执行器实物的认识、电路回路工作原理描述等学习任务。
5. 完成工作单要求的电控悬架系统故障部位的确定,实施检查检测,将检测结果记录在工作单的相应栏目,并对照本车型标准参数数值作出分析。
6. 回答指导教师的现场提问,接受指导教师的技能考核。
7. 完成工作任务后,对工作过程进行自我评价和小组互评,听取指导教师的点评。
8. 清洁工作场所,清点维护工具设备,完成任务交接。

知识与技能拓展

3.5 奥迪 Q7 自适应空气悬架

在奥迪 Q7 轿车上,车速如果超过 160km/h,其所配备的空气悬架系统就会将车身离地高度由 180mm 降为 145mm,这不仅提高了汽车高速行驶时的稳定性,也可以减少大约 0.3L/百公里的油耗。汽车所受空气阻力不仅与车身造型有关,而且与汽车的离地间隙有关:车身越高,所受空气阻力就越大,消耗的燃油也就越多。奥迪 Q7 轿车的空气悬架是一套自适应悬架系统,它可以根据车速及行驶情况而自动调节车身高度。它包括一台压缩机、一个储气器、四只空气弹簧和四个电子控制减振器,如图 3-65 所示。现在奥迪 A6 和 Q7 上可以选装自适应空气悬架,而在 A6 四轮驱动系统 quattro 和 A8 上则为标准配置。

奥迪轿车为驾驶模式选项系统提供了三种预设操作模式:即"运动"、"舒适"和"自动"。这三种模式都可以通过以驾驶员为中心的控制单元激活和显示。所选模式会发亮以区别于其他未激活模式。按下左右箭头按钮,可以分别激活左右相邻模式。汽车起动时,默认选择为"自动"模式(AUTO),发动机、变速器和转向等会根据行驶情况自动作出调整。

若选择"舒适"模式(COMFORT),汽车性能将明显侧重于驾驶舒适性。当驾驶员踩下加速踏板时,发动机和变速器将"优雅"地作出相应反馈,减振系统也变得更加柔和。

若选择"运动"模式(DYNAMIC),汽车的运动性能会明显提高,转向动作更直接,发动机节气门响应更加积极,变速器换挡时的转速更高,减振系统也会更"强硬"些。"运动"驾驶模式尤其适合弯曲路面上的运动驾驶风格。

奥迪驾驶模式选项还有一个"个性"模式(INDIVIDUAL),它可以让驾驶员根据自己的喜好设定汽车的系统参数,如发动机、变速器和转向等。按下此键后汽车即可按照驾驶员预先设定的个性需求运行。

图 3-65 奥迪 Q7 自适应空气悬架系统示意图

3.6 电控悬架控制系统常见故障分析

1. 雷克萨斯 LX470 轿车悬架刚度和阻尼系数控制失灵故障分析

电控悬架控制系统常见故障主要有悬架刚度和阻尼系数控制失灵和车身高度控制失灵等。下面以雷克萨斯 LX470 轿车悬架故障为例进行分析说明。雷克萨斯 LX470 轿车悬架刚度和阻尼系数控制失灵故障分析,如表 3-7 所示。

雷克萨斯 LX470 轿车悬架刚度和阻尼系数控制失灵原因分析表　　表 3-7

故　障　现　象	可能的故障部位
悬架刚度和阻尼力控制不起作用	①悬架控制执行器及电路 ②TC 端子电路 ③TS 端子电路 ④LRC 开关电路 ⑤悬架控制执行器电路 ⑥悬架控制系统电路 ⑦空气压缩机或减振器故障
防俯仰不起作用,其他正常	①悬架控制系统电路 ②节气门位置传感器及其电路
防侧倾控制失灵,其他正常	①悬架控制系统 ECU ②转向传感器及其电路
高速时控制失灵,其他时候正常	①悬架控制电路 ②车速传感器及其线路

2. 雷克萨斯 LX470 轿车车身高度控制失灵的故障分析

雷克萨斯 LX470 轿车车身高度控制失灵的故障分析,如表 3-8 所示。

雷克萨斯 LX470 轿车车身高度控制失灵原因分析表   表 3-8

故障现象	原因分析
汽车高度控制失灵	①汽车高度控制电源电路 ②汽车高度控制开关及其电路 ③发电机调节器电路 ④悬架控制系统 ECU ⑤车身高度传感器
高度控制指示灯不随高度控制开关的动作变化而变化	①发电机调节器电路 ②车身高度控制开关及其电路 ③汽车高度控制电源电路 ④悬架控制系统 ECU ⑤车身高度传感器
车身高度出现不规则变化	①有空气泄漏 ②悬架控制系统 ECU ③高度传感器
高度控制在高速时不起作用	①悬架控制系统 ECU ②车速传感器及其电路
高度控制能起作用,但高度变化不均匀	①车身高度传感器连接杆 ②高度控制阀、排气阀及其电路
高度控制开关置于"OFF"位置时高度控制仍起作用	①悬架控制 ECU ②高度控制开关(ON/OFF)及其电路
点火开关置于"OFF"位置时,高度控制便不起作用	①悬架控制系统电路 ②门控灯开关及其电路 ③车身高度控制电源电路
车门打开时,点火开关置于"OFF"位置,高度控制仍起作用	①悬架控制系统电路 ②门控灯开关及其电路
停车时车身高度过低	①有空气泄漏 ②空气压缩机或减振器

案例分析与讨论

【案例分析】

案例 奔驰 S300L 轿车电控空气悬架 LRC 故障灯点亮的故障排除分析

故障现象:

一辆奔驰 S300L 轿车,配备 272 型发动机,当行驶里程为 60584km 时,LRC(空气悬架系统)故障灯亮起。

故障检查：

（1）接到任务后首先查看问诊单，详细了解该车的基本信息（如车辆 VIN 码、里程数、上次维护记录、发动机型号等）和客户对故障的原始描述，了解到该车已使用 2 年多了，平时经常跑长途和不平路面，都没出现 LRC 故障灯点亮，今天车辆在市区正常行驶时 LRC 故障灯突然亮起，下车看了一下减振器高度正常，接着就开车来 4S 店检查。

（2）将奔驰专用诊断电脑 Star Diagnosis（星诊断）连接到车上诊断接口，对车辆进行 quicktest（快速测试），得出初始诊断界面，在诊断界面中，"ECU"指电子控制单元；"Result"诊断结果；"√"指控制单元工作正常；"i"指事件记忆，相当于偶发故障；"f"指控制单元中有以前的存储故障。

（3）从初始诊断界面上可直观地看出 LRC 控制单元有存储故障"f"，接着读取故障代码如下：5285-悬架支柱（减振器）充气的时间太长；5288-空气管路系统有泄漏。

由于这 2 个故障码都需要在压缩机功能正常的前提下才能进一步检测，因此，先对压缩机进行气动测试，选择"对 A9/1（空气压缩机总成）进行气动测试"，测试结果：压缩机功能不正常。在测试过程中，压缩机一点儿压力也没有，而且没有发出运转声，结合客户的描述判断：压缩机没有工作的原因很可能是没有电源或压缩机总成有故障。

检查分析：

先检查压缩机的供电电源。根据电路图 3-66 分析，从 N10/1 的 3 针脚出来与 N51 的 2 插头 16 针脚相连的导线，以及从 N10/1 的 1 针脚出来与 N51 的 2 插头 39 针脚相连的导线都是 N10/1KB 空气压缩机继电器的触发线，由 N51 控制，也就是说当 N51 通过向这 2 条导线输出电压时，压缩机继电器被吸合，然后 30 号线（正极电源）经过 59 号熔断丝从 MR1 插头的 2 针脚出来通过导线给压缩机供电。这时拆下 N10/1 上的盖板，将万用表的 2 根表笔分别接在 f56 两端的小孔上，测得电阻值为 0.1Ω 左右（熔断丝两端各有一个小孔，通过该小孔可接触金属部分），说明熔断丝正常；接着再选择"对 A9/1（空气压缩机总成）进行气动测试"，在测试期间将万用表的一根表笔接在熔断丝上，另一根表笔搭在车身搭铁上，测得压缩机供电电压为：12.1V，即压缩机的供电是正常的，这样就排除了线路方面的原因。

其次检查压缩机总成功能。压缩机总成是由压缩机马达和压力释放阀组成的，而且在马达工作前，压力释放阀首先被打开，释放掉系统中的压力后，压缩机马达才能运转并给系统充气加压。这样先对 A9/1y1 进行气动测试，测试结果：A9/1y1 工作不正常。接着查找压缩机总成的电路图（图 3-67）。

故障排除：

分析电路图 3-66，压缩机马达 A9/1m1 的供电已在前一步中分析过，压力释放阀 A9/1y1 集成在压缩机总成 A9/1 上，其插头的 1 和 2 针脚分别通过导线连接到 N51 的 2 号插头 14 和 44 针脚上，且 14 和 44 针脚上的字母组 VKPV 和 VKPS 表示相应导线的类型，在 WIS 中查出这 2 组字母组的代表意义，VKPS：Drainvalve actuation 排气阀激活，即从 1 针脚到 14 针脚的这条导线是释放阀 A9/1y1 的触发线，由 N51 控制；VKPV：Drain valve supply 排气阀供电，即从 2 针脚到 44 针脚的这条导线是释放阀 A9/1y1 的供电线，由 N51 提供电压。

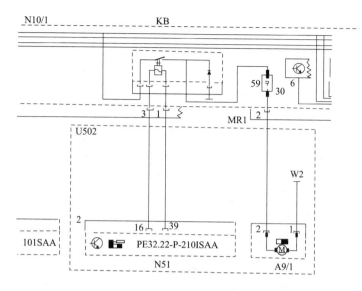

图 3-66 奔驰 S300L 轿车电控空气悬架电路(部分)

A9/1-空气压缩机总成;N10/1-带有熔断丝和继电器的前 SAM 控制模块;N10/1KB-空气压缩机继电器;N51-LRC 控制单元;W2-搭铁(右前照灯总成上);U502-适用于 LRC

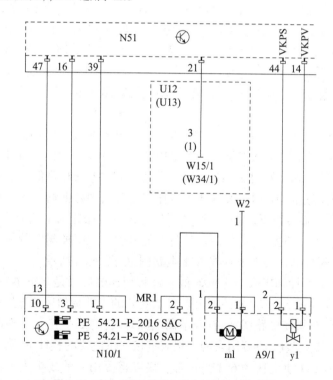

图 3-67 奔驰 S300L 轿车电控空气悬架电路(部分)

A9/1-空气压缩机总成;A9/1ml-压缩机马达;A9/1y1-压力释放阀;N10/1-带有熔断丝和继电器的前 SAM 控制模块;N51-LRC 控制单元;U12-适用于左舵驾驶;U13-适用于右舵驾驶;W15/1-搭铁;W2-搭铁(右前照灯总成上);W34/1-地

分析完后分 2 步检测 A9/1:

(1) 检查 A9/1m1 的功能

从专用工具室取出以下工具：220589009903 适配线；220589009920 测试线；220589009921 夹子（每种专用工具都是成对的，一红一黑）。

拔下 A9/1 的 1 插头，将 2 根适配线插在 1 插头的 1 和 2 针脚上，然后将万用表的 2 根表笔分别接在适配线的测量孔中，测得电阻为：1.2Ω 左右，即电阻是正常的。为了进一步确定故障原因，将测试线的一端接在适配线的测量孔，另一端接在夹子的测量孔，然后将夹子分别夹在车载蓄电池正负极上，即直接将马达的两端直接搭在电源正负极上，这时压缩机马达运转，并发出运转声，说明马达运转正常。

(2) 检查 A9/1y1 的功能

取出 2 个扎针（一种常用工具，一端是尖针，在不破坏导线绝缘体的情况下，可穿透绝缘体与导线的金属部分接触，另一端是测量孔，可接万用表的表笔。这样，导线的金属部分通过尖针被引到测量孔中，便于测量一些基本参数），分别接在供电线和触发线上，接着在"气动测试"子菜单中选择对"元件 A9/1y1（空气压力释放阀）进行气动测试"，这样 N51 就激活了 A9/1y1，用万用表的两根表笔分别接在 2 个扎针的测量孔中，测量出 A9/1y1 供电线与触发线之间的电压为 8.23V，这个值是正常的，说明 N51 对 A9/1y1 的供电是正常的，同时对它的控制也是正常的；拔下 A9/1y1 的插头，将万用表的 2 根表笔接在 A9/1y1 的 2 个针脚上，测量其电阻为无穷大，测量完毕后将插头插回 A9/1y1，测量结果表明：释放阀不正常。这样就确定了压缩机没有工作的原因是 A9/1y1 故障。参照 WIS 的拆装步骤，更换一个新的压缩机总成（压力释放阀没有单换），然后进行气动测试。首先对压缩机总成进行气动测试，测试结果正常；对压力释放阀进行气动测试，也正常；接着分别在压缩机和阀体之间、阀体和中央储气罐之间进行泄漏测试，测试结果均正常，说明空气管路中没有泄漏，即故障代码 5288 已经排除。

接下来排除故障 5285 故障码。该故障说的是减振器充气的时间太长，而减振器充气时，减振器将被升高。因此，进入控制单元菜单中的激活、促动子菜单，通过这个子菜单分别激活 4 根减振器的升高和降低功能，结果发现：升高左前减振器和降低左前减振器所需要的时间均很长，而且升降过程不明显，其他 3 根减振器的升高和降低均正常。从电控悬架系统的工作原理可知：当升高或降低减振器时，必须先打开与减振相对应的水平控制电磁阀（由 N51 控制）和减振器内部的机械阀，然后通过打开的电磁阀和机械阀向减振器充气或放掉减振器中的气体来实现升降。接下来查找 N51 电路图，如图 3-68 所示。

从 N51 的 2 插头 4 针脚出来与 Y36/6 的 6 针脚相连的导线是 Y36/6 的供电线，由 N51 控制电压输出；从 N51 的 2 插头 28 针脚出来与 Y36/6 的 4 针脚相连的导线是 Y36/6y1 的触发线，由 N51 控制。分析完电路图后，打开车辆电源开关，将 2 个扎针分别接在 Y36/6 的供电线和 Y36/6y1 的触发线上，将万用表的一根表笔接在供电线的扎针上，另一根表笔搭在车身搭铁上，测得 Y36/6y1 供电压为 6.1V，正常。接着将万用表的 2 根表笔分别接在 2 个扎针上，测得 Y36/6y1 电阻为 8.352，测量值也正常。这表明 Y36/6y1 是正常的。为进一步确认 Y36/6y1 正常，拆下左前减振和右前减振上的气管螺母，将左前减振与右前减振上的气管相互对调，对调完后 Y36/6y1 就接到右前减振器上，然后激活右前减振器的升高和降低，右前减振器可以正常的升高和降低，这样就完全排除了 Y36/6y1 故障的可能，确定左前减振器升降不正常是减振器自身故障引起的。

更换左前减振器后,再次通过激活、促动子菜单激活左前减振器的升高和降低,这时左前减振器升降正常,然后在阀体和悬架支柱之间进行泄漏测试,测试结果正常。紧接着,让试车员开车出厂路试,跑了10多公里后,LRC故障灯没有再次亮起。最后,删除故障存储和事件记忆,并打印出完整的诊断单,从诊断单上可以看出故障已排除。

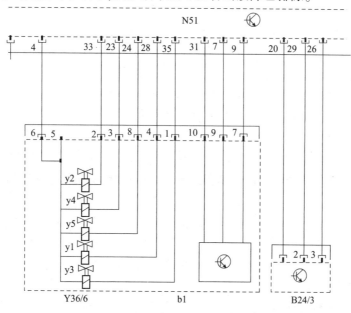

图3-68 奔驰S300L轿车电控空气悬架电路(部分)

B24/3-左前车身侧向加速传感器;N51-LRC控制单元;Y36/6-水平控制阀总成;Y36/6b1-压力传感器;Y36/6y1-左前水平控制阀;Y36/6y2-右前水平控制阀;Y36/6y3-左后水平控制阀;Y36/6y4-右后水平控制阀;Y36/6y5-中央储气罐充气阀

故障小结:

一些高端车辆的故障有一些时候并不是真的很复杂,只要大家对其原理多一些了解和研究,就一定可以排除。从本故障的检查、诊断与排除的过程可以看到:随着电子器件及网络技术的广泛应用,在高端轿车底盘上配置电控技术的项目也在不断增加,电控系统故障的诊断与排除对专用仪器的依赖性也越来越高。因此,对于一些高级车型电控系统的维修,不是简单更换新配件就能解决问题,很多时候需要掌握专用诊断仪器的使用方法,结合丰富的维修经验,才能进行有效的诊断、故障排除、系统设定或新件编码。如果有机会,大家一定要亲自操作一下各种专用诊断仪,只有自己动手操作过,才能真正理解掌握。

【课堂讨论】

1. 电控悬架系统有什么功用?它与普通悬架有何区别?
2. 空气悬架阻尼系数是如何实现大小调节的?试分析说明。
3. 车身姿态的控制主要可以控制哪些项目?与车辆行驶安全性与操纵稳定性有何联系?
4. 电控悬架系统与普通悬架检修有何异同点?检修中需要注意什么问题?
5. 试分析光电式转角传感器的电路原理。
6. 电子控制悬架中,悬架刚度、阻尼系数、悬架高度分别靠什么调整?

思考题

1. 简答题
(1) 电控悬架系统的结构形式分哪几种？各有何优缺点？
(2) 电控悬架系统有哪些控制项目？请表述各控制项目的功用。
(3) 试描述常用传感器的种类及其功用？
(4) 抑制车身的后坐对弹簧刚度、减振器阻尼系数主要有哪几个方面的控制要求？
(5) 试表述丰田雷克萨斯 LX470 轿车电控悬架系统故障码的含义。
(6) 请画出实训车型悬架控制执行器电路，并描述其检查流程。
(7) 电控悬架自诊断系统的诊断方法有哪几种？试举例说明。
(8) 试分析说明电控悬架控制系统常见故障原因？

2. 判断题
(1) 空气悬架阻尼系数的调节是通过改变减振器阻尼孔截面积的大小来实现。（　）
(2) 车身加速度传感器用于检测车身的摆动，可间接反映汽车行驶路面的情况。（　）
(3) 汽车行驶在恶劣的路面上时，电控悬架控制系统可以降低弹簧刚度和减振器阻尼系数，以抑制车身的振动。（　）
(4) 车辆在凹凸不平的道路上行驶时可提高车身高度，车辆高速行驶时又可使车身高度降低，以提高风阻力。（　）
(5) 车身姿势控制包括：防侧倾控制、防车头点头控制、防车尾下坐控制、高速控制和不平道路控制。（　）

3. 选择题
(1) 检测车身相对车桥的位移，可反映车身平顺性和车身高度的是（　）。
　A. 车速传感器　　　　　　　　B. 车身高度传感器
　C. 转向盘转角传感器　　　　　D. 车身加速度传感器
(2) 反映车身平顺性和车身高度的是车身高度传感器，可检测车身相对车桥的（　）。
　A. 距离　　　B. 位移　　　C. 时间　　　D. 速度
(3) 下列哪一个参数不是车身姿势控制的内容（　）？
　A. 防侧倾控制　B. 防车头点头控制　C. 高速控制　　D. 坡道溜车
(4) 高度控制指示灯不随高度控制开关的动作变化而变化的故障原因是（　）。
　A. 发电机调节器电路　　　　　B. 车身高度控制开关及其电路
　C. 汽车高度控制电源电路　　　D. 车身高度传感器
(5) 正确的电控悬架控制系统的传感器答案是（　）。
　A. 节气门位置传感器　　　　　B. 车门传感器
　C. 高度控制开关　　　　　　　D. 模式选择开关

4. 填空题
(1) 电控悬架系统的作用是_____和_____随车速与路面变化的控制，车身姿态的控制和_____调节功能。

(2)全主动电控悬架系统一般由_____、_____、_____等组成。
(3)车身姿态的控制有防侧倾控制、_____控制、_____控制、高速控制、不平道路控制。

3.7 电控悬架系统综合故障的诊断与排除实训工单

1. 技能训练目标

完成本实训项目后,学生应当会:

(1)会描述实训所用电控悬架控制系统的基本组成和工作原理。
(2)会辨认并表述实训所用电控悬架系统主要传感器、执行器的位置、名称和作用。
(3)会正确使用故障诊断仪(或解码器),读取电控悬架系统故障代码,找到故障部位(非检测专业不做要求)。
(4)会分析电控悬架系统的控制电路图,应用诊断结果分析故障原因(非检测专业不做要求)。
(5)会借助数字万用表检测传感器、执行器电路,检修并恢复电控悬架系统使用性能(非检测专业不做要求)。

2. 实训配备

(1)工具、设备、仪器

①建议配置电控悬架实训台架(有条件可配备带电控悬架的实训车辆),设备完好。
②普通工具、解码器、数字万用表等。

(2)维修资料

含电控悬架车辆底盘维修资料或电控悬架实训台架使用说明书(纸质或电子版或实训室电脑终端等)

3. 实训步骤

(1)每6~8名学生组成1个实训小组,确定1名小组长。
(2)准备好实训用的配置电控悬架实训台架。(实训车辆需要水平停放并拉紧驻车制动器)
(3)向实训室领取1台解码器,领取车辆底盘维修资料。
(4)查阅维修资料,在电控悬架实训台架上找到主要传感器、执行器等部件,检查各部件安装和线束连接是否正常。
(5)表述各主要传感器、执行器的名称、安装位置和作用。
(6)由实训指导老师在电控悬架上设置传感器线路或执行器线路故障,起动电控悬架运转,观察电控悬架的运转状况。
(7)将解码器与电控悬架诊断接口连接,根据提示读取电控悬架系统的故障代码,分析故障原因。
(8)在实训过程中,按照工单的要求,完成相应的实训和学习任务。
(9)完成实训任务后,接受指导老师技能考核。
(10)整理清洁工作场所,清点工具、设备、仪器、资料,交回实训室。

4. 实训工单

(1) 查阅维修资料,查找有关实训用电控悬架各部件安装位置的信息。

查找实训车辆VIN码:_____ 电控悬架型号:_____。

(2) 查阅维修资料,对照实训台架(或车辆),在图3-69中填写EMS电控悬架系统高度自动控制装置各部件序号的名称。

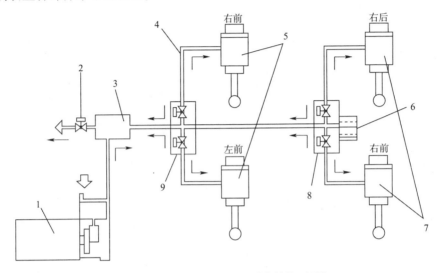

图3-69 电控悬架系统高度自动控制装置框图

(3) 根据实训的实际情况,填写表3-9,并说明现代轿车EMS电控悬架系统的控制项目内容及其功用。

EMS电控悬架系统的控制项目内容及其功用说明表　　　表3-9

序号	控制项目内容	功用说明

(4) 查阅维修资料,在 EMS 电控悬架系统实训台架(或实训车辆)上查找到传感器、执行器和 EMS 电控悬架系统工作部件,检查电路线束插头是否连接正常,填写表 3-10。(以丰田雷克萨斯 LX470 电控悬架系统为例)

EMS 电控悬架系统传感器、执行器检查记录　　　　表 3-10

传感器/执行器名称	本次实训用悬架系统是否配备	安装位置	线束连接器上的接线端子号	连接到 ECU 的端子号
悬架调节执行器	是□否□			
前轮高度控制阀	是□否□			
后轮高度控制阀	是□否□			
发电机 IC 调节器	是□否□			
空气压缩机	是□否□			
空气干燥器	是□否□			
排气阀	是□否□			
高度传感器	是□否□			
停车灯开关	是□否□			
悬架高度指示灯	是□否□			
平顺性指示灯	是□否□			
车速传感器	是□否□			
悬架控制开关	是□否□			
转角传感器	是□否□			
车门控开关	是□否□			
高度控制开关	是□否□			
悬架高度调节信号接口	是□否□			
悬架系统控制 ECU	是□否□			

(5) 在设置了 EMS 电控悬架系统传感器或执行器故障后,使用诊断仪或解码器读取故障代码(或人工读取故障码),根据观察和检测结果,填写表 3-11。(非维修专业选做)

电控悬架系统故障检查记录表　　　　表 3-11

序　号	故　障　现　象	故　障　代　码	故　障　内　容
故障 1			
故障 2			
故障 3			

(6)考核评价表(表3-12)

电控悬架系统故障诊断与排除实训考核评价表　　　　表3-12

实训项目	考核项目	考　核　内　容	评分(百分制或五级制)		
			分值	学生自我评价	小组评价
生产任务五:电控悬架系统综合故障的诊断与排除	查阅维修资料	利用维修手册完成工作情况	10%		
	电控悬架系统主要部件认识、故障诊断与电路检测	认识电控悬架系统主要传感器和执行器,并说明其作用;诊断电控系统故障,借助电路图分析原因,正确检测元器件及其电路	40%		
	工具使用	正确使用举升机、诊断仪、数字万用表等各种维修、检测工具	20%		
	工作和学习的主动性、纪律性	积极、主动,沟通良好,纪律性好	20%		
	安全文明生产	操作规程、安全文明生产和环境保洁(出现安全事故,本次实训0分)	10%		
实训指导老师评价					

实训指导老师(签字):　　　　　　　　　　　　　　　　　　　　　　年　　　月　　　日

项目四　汽车 EPS 指示灯闪亮的故障检修

故障案例

一辆配置有电控助力转向系统的日产风度 A32 轿车,车主向维修业务接待员反映他的车子仪表板上 EPS 指示灯闪亮,同时车辆在低速或静止的状态下有一点点助力,但仍稍感沉重,而在其他情况下助力消失,转向变得非常沉重,因马上要出差,请求快速给予检修。

项目四　PPT

生产任务六　电控转向系统综合故障的诊断与排除

1. 工作对象

配置需检修电控动力助力转向系统故障的车辆(或实训台架)1 辆。

2. 工作内容

(1)领取所需的工具、耗材,做好工作准备(包括举升机的压缩空气准备、电源检查等)。

(2)举升车辆到适宜的检修高度。

(3)在驾驶室内找到诊断插口,将诊断仪通信线路与车辆诊断插口连接。

(4)打开点火开关,开启诊断仪,选择车辆类型、年份和相应的参数信息。

(5)选择底盘 DTC 诊断项目,按屏幕提示逐步检测。

(6)根据检测结果,打开发动机舱盖或下护板,找到故障部位并实施检修。

(7)起动发动机,重复检查故障现象。如故障现象消失,则使用诊断仪删除故障码。否则,重复上述步骤直到故障排除。

(8)按规范要求实施电控助力转向系统空气排除和转向性能恢复试验。

(9)检查、评价工作质量。

(10)整理工具,清洁工作场地。

3. 工作目标与要求

(1)学生应以小组工作的方式,完成本项工作任务。

(2)学生应当能在小组成员的配合下,利用汽车维修手册(或实训指导书),制定工作计划,实施工作计划。

(3)能通过阅读电路图资料和现场观察,辨别所检修电控动力助力转向系统的类型和结构组成。

(4)能够表述电控助力转向系统各传感器、执行器和 ECU 的作用、结构组成与工作原理。

(5)能识读所检修电控助力转向系统的电路图,应用诊断知识进行检测,分析故障原因,确定故障部位并修复故障。

(6)能向客户解释所修车辆电控动力助力转向系统的故障情况和修复方案。

(7)能按规范的步骤,完成电控助力转向系统的检测和修理作业,恢复汽车的转向助力性能。

(8)在工作过程中注意工作安全,做好废料的处理,保持工作环境整洁。

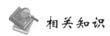
相关知识

4.1 EPS 的功用、要求与类型

汽车电控动力助力转向系统简称 EPS(Electronic control Power Steering)。汽车转向时要求操纵轻便,即以较小的转向盘操纵力获得较大的转向力矩;同时也要求转向灵敏,即以较小的转向盘转角获得较大的转向角。但传统的转向系统无法同时满足这两方面的要求,如果所设计的助力放大倍数适应汽车在低速行驶状态下转动转向盘的操作力,则当汽车高速行驶时,转动转向盘的操纵力就显得太小,不利于对高速行驶时对汽车进行转向控制。如果所设计的助力放大倍数适应汽车在高速行驶状态下转动转向盘的操作力,则当汽车停止或低速行驶时,转向操纵则沉重。

一般说来,车速越低转向操纵越重,若采用固定的助力倍数,当低速下转向的操纵力减小到比较理想的程度时,则可能导致高速下操纵力过小、手感操纵力不明显,转向不稳定。反之,如果加大高速转向时的操纵力,则低速转向时的操纵力又过大。为了实现在各种转速下转向力能够处于最佳值范围,采用电子控制助力转向系统是最佳选择,它不但可以随行驶条件及时调整转向助力倍数,而且在结构上也远比单纯液力和气力式助力转向系统轻巧简便,特别适合应用于小轿车上。

4.1.1 功用

汽车 EPS 的作用是通过电子控制动力助力转向系统,可以使驾驶员在汽车低速行驶时转向轻便、灵活,在中、高速行驶时增加转向操纵力,使驾驶员的手感增强,从而可获得良好的转向路感和提高转向操纵的稳定性。

4.1.2 要求

为了实现在各种转速下转向的操纵力都能够处于最佳值,最好选择电控动力助力转向系统 EPS,它可以随行驶条件及时调整转向助力放大倍数,具体来说,应能满足如下要求:

(1)既要保证转向轻便省力,又要能够很好地反馈地面作用力,即所谓的"路感"反馈。

(2)在转向结束时,转向盘能平顺地自动回正,使车轮回到直线行驶的位置上。

(3)当电子控制动力助力转向系统发生故障时,转向系统仍能依靠机械系统进行人力转向,具有较高的安全性和可靠性。

(4)在保证转向性能的前提下,尽可能降低转向系统的动力消耗。

电控动力助力转向系统的出现,基本满足了汽车在各种车速下对转向系统的要求,适应了现代汽车高速行驶和安全行驶的要求。

4.1.3 分类

电控动力助力转向系统,根据动力源不同可分为液压式电控动力助力转向系统(简称液压式 EHPS)和电动式电控动力助力转向系统(简称电动式 EPS)。

(1)液压式 EHPS 是在传统的液压动力助力转向系统的基础上增设了控制液体流量的电磁阀、车速传感器、电子控制单元 ECU 和故障警告指示装置等。电子控制单元 ECU 根据检测到的车速信号,控制电磁阀,使转向动力放大倍率实现连续可调,从而满足高、低速时的转向助力要求。液压式电控动力助力转向系统的组成,如图 4-1 所示。

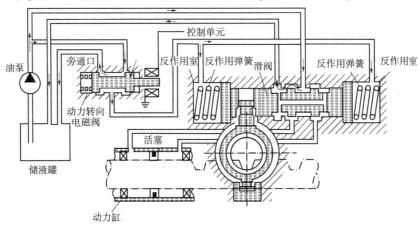

图 4-1 液压式助力转向系统的组成示意图

(2)电动式 EPS 是利用直流电动机作为动力源,电子控制单元 ECU 根据力矩传感器和车速等传感器提供的信号,控制电动机转矩的大小和方向。电动机的转矩在电磁离合器的作用下通过减速机构减速并增加转矩后,加在汽车的转向机构上,使之得到一个与工况相适应的转向作用力。电动式 EPS 的组成,如图 4-2 所示。

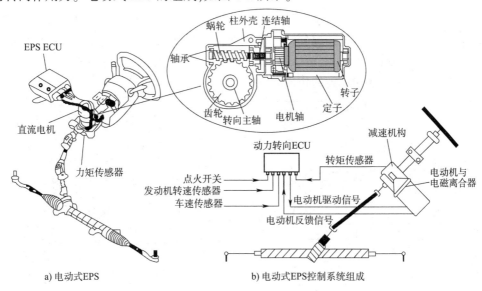

a) 电动式EPS   b) 电动式EPS控制系统组成

图 4-2 电动式助力转向系统结构示意图

4.2 液压式 EHPS

液压式 EHPS 根据控制方式的不同,可分为流量控制式、反力控制式和阀灵敏度控制式 3 种形式。

4.2.1 液压流量控制式 EHPS

液压流量控制式 EHPS 是根据车速传感器信号,调节液压助力转向装置中油液的输入、输出流量和压力,来控制液压助力的大小。一般是在液压助力转向系统上增加流量控制电磁阀、车速传感器、转向角度传感器、电子控制单元 ECU 和控制开关等元件构成的,其系统的结构组成如图 4-3 所示。

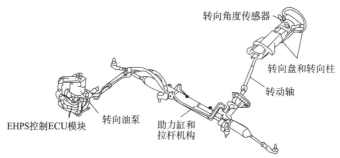

图 4-3　马自达 M3 轿车流量控制式液压助力转向系统示意图

液压流量控制式 EHPS 可分为分流电磁阀控制式和旁通流量控制阀式。

1. 分流电磁阀控制

动力助力转向的基本原理如图 4-4 所示,发动机驱动液压泵产生的液压油被送到控制阀,在汽车直线行驶时,控制阀处于中间位置,液压油将流过控制阀进入泄油口并返回液压油泵进油口或储液罐中。此时,动力缸活塞两边的压力相等,活塞不会向任一方向移动。而当汽车转向时,不管转向主轴转向任何一个方向,控制阀都会随之转动,并关闭一个液压通道,使另一个液压通道开得更大,液压油被送到活塞一侧,在活塞两侧形成压力差,把活塞推向压力小的一侧,起到转向助力的作用。

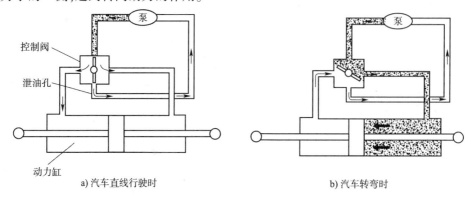

图 4-4　马自达轿车助力转向的基本原理图

马自达轿车电控动力助力转向系统在助力转向的基础上增加了分流电磁阀、电子控制单元ECU、车速传感器等部件,在转向动力缸两侧的油道上设置了一条连通动力缸两腔的分流油道,油道流量受分流电磁阀控制,当电磁阀根据汽车行驶车速升高而将分流油道逐渐打开增大时,转向动力缸高压侧的高压油有一部分被分流到动力缸低压油室中去,同时返回到储油罐中,使转向动力缸中的活塞两侧油压差减小,动力助力转向的增力减弱。此时,汽车转向就需要驾驶员施加较大的转向操纵力,使转向灵敏性和轻便性得到很好的兼顾,形成良好的路感。

其主要工作过程是:汽车行驶时由车速传感器检测到汽车速度,并转化为电信号送给电子控制单元ECU,电子控制单元ECU通过车速信号的大小来发出指令控制分流电磁阀电流的占空比,进而控制油道的开度大小,调节控制转向动力缸助力的大小。

控制的原则是:车速较低时,所需的转向操纵力较小,车速较高时,转向所需的操纵力适当增大。电子控制动力助力转向原理如图4-5所示,电磁阀驱动信号如图4-6所示,电子控制助力转向电路如图4-7所示。

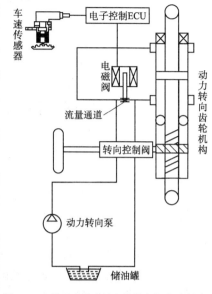

图4-5 电控动力助力转向的基本组成示意图

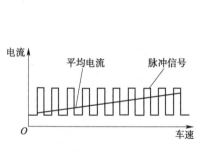

图4-6 电磁阀驱动信号图

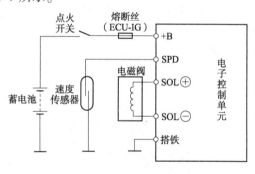

图4-7 电子控制动力助力转向电路图

2. 旁通流量控制阀式

日产轿车上使用的流量控制助力转向系统,如图4-8所示。其特点是在普通液压动力助力转向系统的基础上增加旁通流量控制阀、车速传感器、转向角速度传感器、电子控制单元ECU和控制开关等装置。在转向液压泵与转向机体之间设有旁通管路,由油量控制阀来控制。

(1)旁通流量控制阀原理

日产轿车使用两种电控动力助力转向系统,一种称发动机转速响应型,另一种称为车速响应型。它们之间的区别在于油泵的结构。

①旁通流量控制阀原理

如图4-9a)所示为日产A32轿车旁通流量发动机转速响应型控制阀原理图。当发动机转速发生转变时,油泵的转速也随之改变,通过流量控制阀多孔量孔的大小控制油路的阻尼,从而实现流量的控制,确保转向控制力的变化要求。

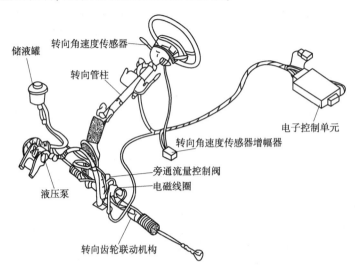

图4-8 流量控制式动力助力转向系统

②旁通流量控制油泵结构

车速响应型增加了EHPS电磁阀,这种电磁阀由可控制变量孔开度面积大小的EHPS控制单元信号控制,其结构如图4-9b)所示。电子控制单元ECU根据对车速传感器输入的信号作出判断,并发出指令,促使执行器电磁阀工作,通过流量控制可变量孔的大小控制电磁阀油路的阻尼面积,开口面积随电磁线圈通电电流占空比而变化,从而实现流量的控制,可满足转向控制力变化的需要。

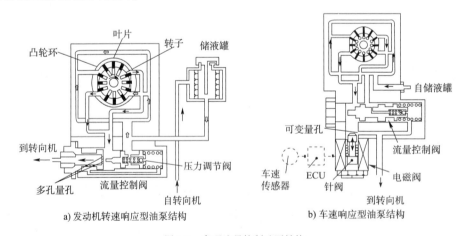

a) 发动机转速响应型油泵结构　　b) 车速响应型油泵结构

图4-9 旁通流量控制油泵结构

(2) 转向盘转角传感器

EHPS的转向盘转角传感器与电控悬架系统传感器共享,也是将检测转向盘的转角信号传给电控单元ECU,电控单元ECU从而得到汽车的转向状态信息,电控单元根据该信号和其他信号等综合判断汽车此时的侧向力大小和方向信息,以控制车辆转向时助力的大小。现代轿车的转向盘转角传感器大多数集成安装在转向轴上,如图4-10所示。其实物外形和结构,如图4-11所示。

目前,轿车上主要应用的转向盘角度传感器有霍尔效应式和磁阻式2种类型。不同车型对转向盘角度传感器的应用形式不尽相同。

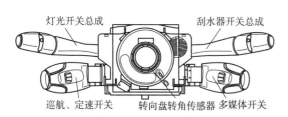

图4-10 转向盘转角传感器安装位置示意图

图4-11 磁阻类型的转向盘转角传感器的外形与结构图

①霍尔效应式传感器

例如雪铁龙系列轿车,如果是装备了 ABS 系统的车辆,装配的是霍尔效应式传感器,其结构如图 4-12 所示。其转向盘角度的测量范围(请参照各种车型维修手册)为: $-901°\sim+901°$;碰撞时驱动最大速度:2000°/s;转向盘角度的测量精度为:$0\sim1200°/s$。

视频 4.2

②磁阻式传感器

例如雪铁龙系列轿车,如果是配备了 ESP 系统的车辆,装配的是磁阻式传感器。其转向盘角度测量范围(请参照各种车型维修手册)为: $-780°\sim+780°$;碰撞时最大驱动速度: 2000°/s;转向盘角度测量精度为: $-1016°/s\sim+1016°/s$(注:带旋转方向)。磁阻式传感器信号输出,如图4-13所示。逻辑状态,如表4-1所示。磁阻类型的传感器在每次维修之后都必须对转向盘进行零校正。

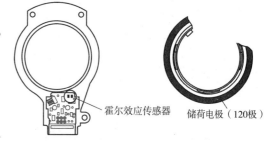

图4-12 霍尔效应式转向盘角度传感器示意图

(3)转换开关

驾驶员利用仪表板上的转换开关可以选择低速、中速和高速3种不同行驶条件下的转向助力方式。三种不同的转向力特性曲线,如图4-14所示。

磁阻式传感器信号输出逻辑状态　　　　表4-1

S1	0	0	1	1
S2	0	1	1	0

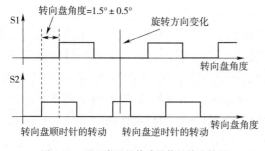

图4-13 磁阻类型的传感器信号输出特性

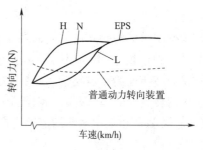

图4-14 三种不同的转向力特性曲线

(4) 电子控制助力转向系统电路

EHPS 流量控制式助力转向系统电路,如图 4-15 所示。EHPS 系统中电子控制单元 ECU 接收车速传感器、转向角速度传感器及变换开关的信号,用以控制旁通流量控制阀的电流,本身具有故障自诊断功能。

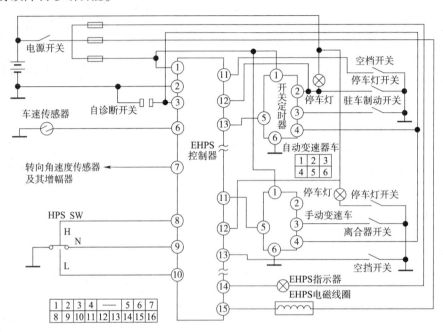

图 4-15　日产蓝鸟轿车 EHPS 流量控制式助力转向系统电路图

旁通流量控制式电子控制助力转向系统通过车速传感器调节助力转向装置供应油压,这种装置的优点是在原来液压动力助力转向功能的基础上,增加了压力流量控制功能,结构简单,制造成本低。当转向机构的压力油降至极限值时,快速转向会产生压力不足,并且响应速度慢,所以应用受到一定的限制。

4.2.2　液压反力控制式 EHPS

液压反力控制式 EHPS 主要由转向控制阀、分流阀、电磁阀、转向助力缸、转向油泵、储油箱、车速传感器、ECU 及故障警告装置等组成。其结构和工作原理,如图 4-16 所示。

主要部件结构和工作原理如下:

1. 转向控制阀

在传统的整体转阀式助力转向控制阀的基础上增设了油压反力室。扭力杆的上端通过销子与转阀阀杆相连,下端用销子与小齿轮轴和控制阀阀体相连。转向时,转向盘上的转向力通过扭力杆传递给小齿轮轴,带动小齿轮旋转,使齿条运动,实现转向。当转向力增大,扭力杆发生扭转变形时,转阀阀杆和控制阀体之间将发生相对转动,以此改变阀体和阀杆之间油道的通、断关系和工作油液的流动方向,从而实现液压助力转向作用。

2. 分流阀

分流阀的结构如图 4-17 所示,主要由阀体、阀门、弹簧、进油道和出油道组成。分流阀的作用是将来自转向油泵的液流分送到转阀、油压反力室和电磁阀,送到电磁阀和油压反力室中的液压油流量是由转阀中的油压来调整的。当转动转向盘时,转阀中的油压增大时,分配到电磁阀和油压反力室的液压油流量增加。当转阀中的油压达到一定值后,转阀中的油压便不再升高,而分配给电磁阀和油压反力室的油液流量则不变。分流阀小孔的作用是把供给转向控制阀的一部分流量分配到油压反力室一侧。

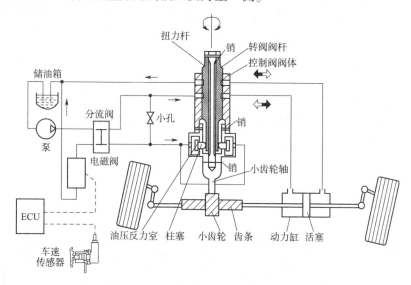

图4-16 液压反力控制式EHPS组成示意图

3. 电磁阀

根据需要将油压反力室一侧的液压油压回储油箱。电子控制单元ECU根据车速的高低控制电磁阀油路的阻尼面积,开口面积随电磁线圈通电电流占空比而变化,进而控制油压反力室一侧的液压油压力大小。

4. 车速传感器

车速传感器的主要功用是检测汽车行驶速度,通常安装在变速器输出轴或车轮上,通过CAN通信与其他系统的车速信号共享。

5. 电子控制单元

根据车速传感器输入信号控制通入电磁阀的电流,实现相应的控制功能。车速提高时,为了增大转向操纵力,需要加大电磁阀的电流;而当车速超过120km/h时,为防止电流过大而造成过载,电子控制单元则使通往电磁阀的通电电流保持恒定。

当车辆静止或速度较低时,电子控制单元ECU使电磁线圈的电流增大,电磁阀开口面积增大,经分流阀分流的液压油和小孔分流的液压油通过电磁阀开口重新回流到储油箱中的油量变大,作用于柱塞的背压(油压反力室压力)降低,

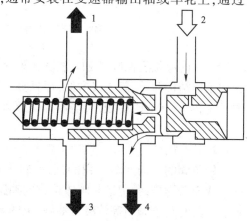

图4-17 分流阀结构示意图
1-到电磁阀;2-分流阀进油口;3-到油压反力室;4-到转阀

柱塞推动控制阀转阀阀杆的反力较小,因此只需要较小的转向力就可使扭力杆扭转变形,使转阀阀杆和控制阀体发生相对转动而实现转向助力作用。当车辆在中高速区域转向时,电子控制单元 ECU 使电磁线圈的电流减小,电磁阀开口面积减小,经分流阀分流的液压油和小孔分流的液压油通过电磁阀开口重新回流到储油罐中的油量变小,油压反力室的油压升高,作用于柱塞的背压增大,于是柱塞推动转阀阀杆的反力增大,此时需要较大的转向力才能使转阀阀杆和控制阀体之间做相对转动,才能实现转向助力作用,实现在中高速时使驾驶员获得良好的转向手感和转向特性。

4.2.3 液压阀灵敏度控制式 EHPS

液压阀灵敏度控制式 EHPS 的结构组成,如图 4-18a)所示。主要由车速传感器、ECU、转子阀、动力转向液压泵和电磁阀等组成。

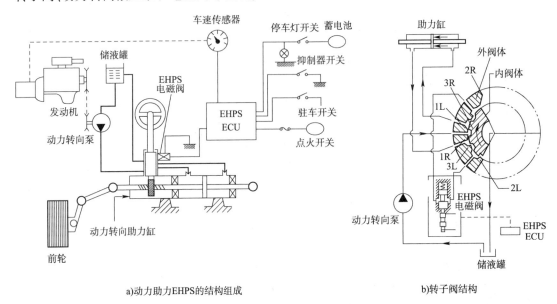

a)动力助力EHPS的结构组成　　　　b)转子阀结构

图 4-18　日产 A32 轿车液压阀灵敏度控制式 EHPS 结构示意图
1L、2L、3L、1R、2R、3R-可变量孔

液压阀灵敏度控制式 EHPS 根据车速控制电磁阀,直接改变助力转向缸的油压。这种转向系统结构简单、制造成本低,而且具有较大的选择转向力的自由度。而与反力控制式转向系统相比,转向刚性较差,需要提高原来的弹性刚度加以克服,以获得较好的转向手感和良好的转向特性。

1. 转子阀

转子阀的结构如图 4-18b)所示,转子阀的等效油路如图 4-19 所示。转子阀内体圆周上有 6 或 8 条沟槽,各沟槽与阀体构成的油路,与液压泵、动力缸、电磁阀及储液灌连接。车辆直线行驶时转子阀的等效液压油路,见图 4-19a)。

在图 4-19a)所示的转子阀的等效液压油路中,转子阀的可变小孔分为低速专用节流小孔(1R、1L、2R、2L)和高速专用可变控制小孔(3L、3R)两种,在高速专用可变孔的下边设有旁通电磁阀回路。

电磁阀关闭时转向行驶等效油路,见图4-19b)。当车辆静止时,电磁阀完全关闭,此时若向右转动转向盘,即假定车辆向右转向,则高灵敏度低速专用小孔1R和2R在较小的转向转矩作用下就可关闭,转向液压泵的高压油经1L孔流向转向动力缸右腔室,其左腔室的液压油经2L流回储油箱。所以,此时具有较大的转向助力。同时施加在转向盘上的转向力矩越大,可变小孔1L、2L的开口面积越大,节流作用就越小,转向助力作用越明显。

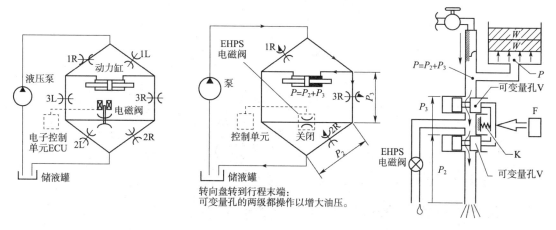

a) 常规行驶等效液压油路　　　　　　　b) 电磁阀关闭转向行驶时等效油路

图4-19　转子阀的等效液压油路

随着车速的提高,在电子控制单元ECU的控制下,电磁阀的平均电流增加,如果继续向右转弯转动转向盘,则转向液压泵的高压油经1L、3R、旁通电磁阀、2L流回储油罐。此时,转向动力缸右腔室油压就取决于旁通电磁阀和灵敏度低的高速专用孔3R的开度。车速越高,电磁阀的开度越大,旁通流量越大,转向助力越小;在车速恒定的情况下,作用在转向盘上的转向力越小,专用小孔3R的开度越大,转向助力作用也越小,当转向盘转矩增大时,3R的开度逐渐减小,转向助力作用也随之增大,驾驶员可获得非常自然的转向手感和良好的转向特性。

奥迪A6轿车上使用的随速助力转向转子阀的结构和工作原理,如图4-20所示。它还可以降低液压助力泵的热负荷,因为液压助力泵最大的热负荷在转向盘保持止点位置时,这时转向机的活塞已经达到终点位置,但是液压助力泵还在供油,于是压力升高,直到泵内的压力限制阀打开,这时泵就通过一个短路径来供油,也就是说所供的液压油经过压力限制阀的吸油侧,因而液压油温短时间内明显上升。在这种情况下,控制单元ECU增大了供给电磁阀的电流,于是该阀口开孔截面增大,比实际车速所要求的还要大,液压油流量增大,可将热量释放到环境中,达到降低油液温度的目的。根据转向角传感器G86通过CAN总线传来的信息,控制单元ECU决定控制阀控制时间的长短和控制电流的大小,这个调节过程只有车速不超过10km/h时才能工作。

2. 电磁阀

电磁阀与转子阀的结构与原理如图4-21a)所示,电磁阀上设置有控制进、出的旁通油道,是可变的节流阀。当车速低时,电子控制单元向电磁线圈通以较大的电流,使控制孔关闭,助力最大,这时转向轻便。随着车速升高,逐渐减小通电流量,控制量孔逐渐开启,助力随车速的升高而减小,在高速时,开启通道达到最大值。该阀在汽车左右转弯时,实现转向油液流动方向的改变。电磁阀驱动电压信号,如图4-21b)所示。

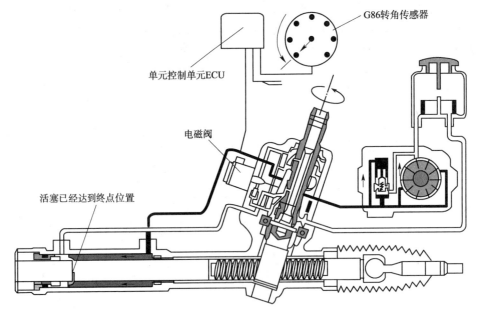

图4-20 随速助力转向转子阀工作原理图

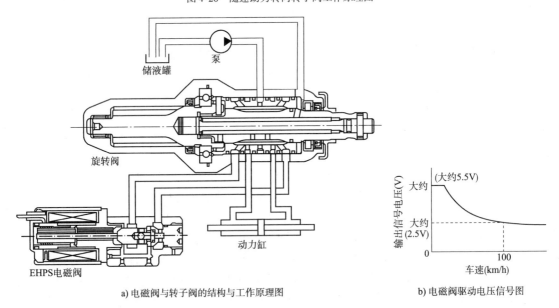

a) 电磁阀与转子阀的结构与工作原理图　　　　b) 电磁阀驱动电压信号图

图4-21 电磁阀与转子阀结构与原理示意图

3. 电子控制电路

电子控制单元ECU接受车速传感器的信号,根据车速的改变向EHPS的电磁阀供电,并控制电磁阀电磁线圈电流的大小,从而达到控制阀中的变量孔截面积。当电磁阀电压大约为2.5V时,电磁阀全开,当电磁阀电压大约为5.5V时,电磁阀完全关闭,见图4-21b)。控制系统的电路,如图4-22所示。

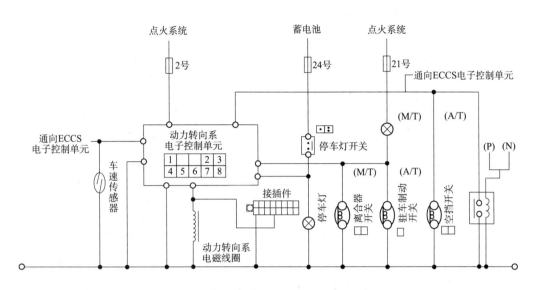

图 4-22 液压阀灵敏度控制式 EHPS 电路图

4.3 电动式 EPS

4.3.1 电动式 EPS 的特点

液压式助力转向系统由于是在原有液压转向系统的基础上发展起来的,具有成本低、工作灵敏度较高的特点,因而获得了广泛的应用。而在大型车辆上一般采用气压助力转向系统。但这些动力助力转向系统的共同缺点是结构相对复杂、功率消耗大,容易产生泄漏,造成环境污染,转向力控制性能差等。随着微机和新型传感器在汽车上的广泛应用,出现了电动式电子控制动力助力转向系统,它具有以下特点:

(1)质量小。电动式 EPS 通常把电动机、离合器、减速装置、转向杆等各部件装配成一个整体,结构紧凑、质量较小,与液压式 EHPS 相比,质量小 25% 左右。

(2)能源消耗少。直流电动机只是在转向时才被接通电源,所以动力消耗和燃油消耗均可降到最低程度。而液压式动力助力转向系统的转向油泵始终处于工作状态,动力消耗较大。

(3)减少环境污染。省去了油压系统的油路,没有漏油现象。

(4)转向助力特性好。由于电子控制单元 ECU 运算速度快、灵敏度高,可以按照汽车性能的需要设置、修改转向特性。

4.3.2 电动式 EPS 的组成与原理

1. 组成

电动式 EPS 的组成如图 4-23 所示,它一般由转矩传感器、车速传感器、电子控制单元、电磁离合器和电动机等组成。电动机是电动式 EPS 的助力源,电子控制单元 ECU 根据车速和转向转矩等参数,控制电动机工作,实现助力转向的作用。

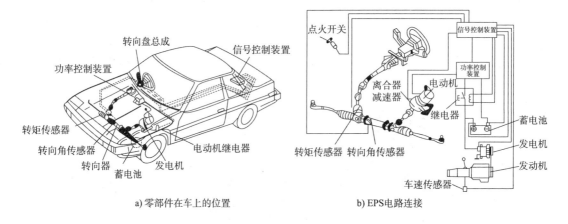

图 4-23 电动式 EPS 的组成示意图

2. 工作原理

当转动转向盘时,装在转向轴上的转矩传感器不断地测出转向轴上的转矩大小,并把它转换成输出信号,该信号与车速信号同时输入到电子控制单元 ECU。电子控制单元 ECU 根据这些输入信号,判断汽车的运行工况,确定助力转矩的大小和方向,控制电动机的电流大小和转向,进而调整转向助力的大小。电动机的转矩通过电磁离合器向减速机构减速增矩后,施加在汽车的转向机构上,使之获得一个与汽车工况相适应的转向作用力。

4.3.3 电动式 EPS 主要部件的结构及工作原理

电动式 EPS 主要由转矩传感器、电动机、电磁离合器、减速机构和 ECU 等组成,其各部分的结构和工作原理如下:

1. 转矩传感器

转矩传感器的作用是测量转向轴与转向器之间的相对转矩,是电动助力的重要参数之一。转矩传感器可分为无触点式转矩传感器和有触点式转矩传感器两种。

(1) 无触点式转矩传感器

无触点式转矩传感器的结构及工作原理,如图 4-24 所示。在输出轴的极靴上分别绕有 A、B、C、D 共 4 个线圈,汽车直行、转向轴处于中间位置时,扭力杆的纵向对称面正好处于极靴 AC、BD 的对称面上。当在两端 V、W 加上连续的输入脉冲电压信号 U_1 时,由于通过 A、C、U、T 的闭路磁通量为 0,所以在 U、T 两端检测到的输出电压信号 $U_0 = 0$。转向时,由于扭力杆和输出轴极靴之间发生相对扭转位移 θ 时,极靴 A、D 之间的磁阻增加,B、C 之间的磁阻减少,A、D 与 B、C 之间的磁通量不能互相抵消,于是在 U、T 之间就出现了电位差。其电位差与扭力杆的扭转角 θ 和输入电压 U_1 成一定的函数关系。通过测量 U、T 两端的电位差就可以测量出扭力杆的扭转角 θ 的大小,就可计算出转向盘施加的转动转矩。

(2) 有触点式转矩传感器

滑动可变电阻式转矩传感器的结构和原理,如图 4-25 所示。它是将转向力矩引起的扭力杆角位移转换为电位器电阻的变化以引起输出电压的变化,并经滑环传递出来作为转矩信号。

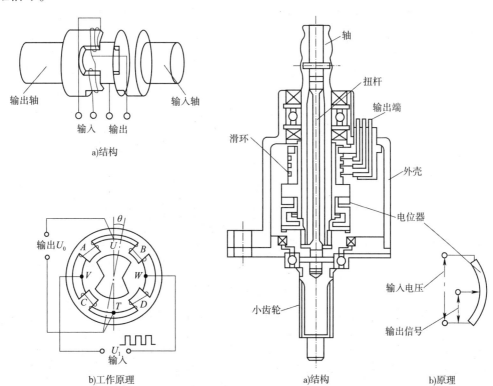

图 4-24　无触点式转矩传感器原理图　　图 4-25　滑动可变电阻式转矩传感器的结构和原理示意图

2. 电动机

电动式 EPS 一般采用直流电动机。其工作原理与起动用直流电动机的原理基本相同。其电压为12V,最大通过电流一般为30A左右,额定转矩为10N·m左右。

当系统执行左右转向助力时,需用直流电动机正反转控制,图 4-26 所示为其控制电路。a_1、a_2 为电子控制单元 ECU 触发信号端。当 a_1 端得到输入信号时,晶体三极管 VT_3 导通,VT_2 得到基极电流而导通。电流经 VT_2、电动机 M、VT_3、搭铁而构成闭合回路,电动机正转。当 a_2 端得到输入信号时,电流经 VT_1、电动机 M、VT_4、搭铁而构成闭合回路,因电流方向相反,电动机反转。通过控制触发信号端电流的大小,就可以控制通过直流电动机电流的大小。

3. 电磁离合器

单片干式电磁离合器的工作原理,如图 4-27 所示。当图 4-25 中滑动可变电阻式转矩传感器电流通过滑环进入电磁离合器线圈时,主动轮产生电磁吸力,带花键的压板被吸进与主动轮接合,电动机的动力经轴、主动轮、压板、花键和从动轴传递给执行机构。

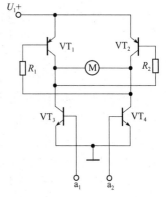

图 4-26　直流电动机正反转控制电路

电动式 EPS 一般都设定一个工作范围,当车速为 45km/h 以下时,根据车速决定转向助力的大小。当车速高于 52km/h 时,就不需要辅助动力助力转向,ECU 停止对电动机供电,这时电动机就停止工作,为了不使电动机和电磁离合器的惯性影响转向系统的工作,离合器应及时分离,以切断辅助动力。另外,当电动机发生故障时,离合器会自动分离,这时仍可利用手动控制转向系统。

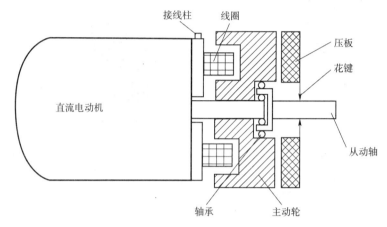

图 4-27 电磁离合器的工作原理图

4. 减速机构

减速机构是电动式 EPS 不可缺少的部件。目前,实用的减速机构有多种组合方式,一般采用涡轮涡杆与转向轴驱动组合式,也有的采用两级行星齿轮与传动齿轮组合式。为了抑制噪声和提高使用寿命,减速机构中的齿轮有的采用特殊齿形,有的采用树脂材料制成。减速机构常见的类型有涡轮涡杆减速助力传动机构和差动轮系助力减速传动机构 2 种形式。

(1)蜗轮蜗杆减速助力传动机构

蜗轮蜗杆减速助力传动机构由电磁离合器、一套蜗轮蜗杆助力传动机构组成,如图 4-28 所示。电动机提供的转向助力通过蜗轮蜗杆机构放大作用于转向柱,辅助驾驶员进行转向动作。车辆高速行驶不需要助力或在助力转向系统出现故障时,为了增加转向的可靠性,在电动机与助力机构之间采用电磁离合器来实现电动机与转向系统的接合和分离功能。

(2)差动轮系助力减速传动机构

差动轮系助力减速传动机构由一套蜗轮蜗杆机构和一套差动行星齿轮机构组成,如图 4-29 所示。转向输入轴与差动轮系的中心轮相连,电动机经过一级蜗轮蜗杆减速机构带动齿圈运动,合成的运动由行星架输出。其工作原理是根据车速和手动转向角度,电子控制单元 ECU 按照事先确定的控制规律促使电动机提供一个与手动转向同方向的辅助转角并利用差动轮系的运动合成得到前轮转向角度,这间接地减小了转向系统的传动比而减小了手动转向角度,从而减少了驾驶员消耗的转向力。在电动机不转即在手动转向条件下,由于蜗轮蜗杆机构设计成反向自锁,故齿圈固定,转向动作通过行星架减速输出。这种辅助位移传动机构方案的最大特点是不需要电磁离合器,而且不会造成手力的突变。

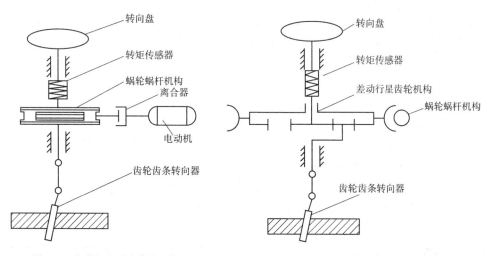

图4-28 蜗轮蜗杆助力传动机构　　　　图4-29 套差动轮系助力传动机构

5. 电子控制单元ECU

电动式EPS的ECU的逻辑关系,如图4-30所示。工作时,转矩和转向角度信号经过A/D转换器被输入到中央处理器CPU,中央处理器根据这些信号和车速计算出最优化的助力转矩。ECU把已计算出来的参数值作为电流命令值送到D/A转换器并转换为模拟量,再将其输入到电流控制电路,电流控制电路把来自微处理器的电流命令值同电动机电流的实际值进行比较,产生一个差值信号,该差值信号被送到驱动电路,该电路可驱动动力装置向电动机提供控制电流,也即当转矩传感器和转向角传感器的信号经A/D转换器处理后,微处理器就在其内存中寻找与该信号相匹配的电动机电流值,然后将此值输送给D/A转换器进行数字模拟转换,处理后的模拟信号再送给限流器,由限流器来决定电动机驱动电路电流值的大小。微处理器同时给电动机驱动电路输出另一个信号,即决定电动机(左转或右转)的转动方向。

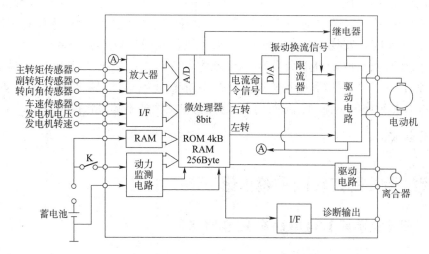

图4-30 电动机动力助力转向ECU及其控制系统

电动式EPS的ECU也具有故障自诊断功能,当ECU检测出系统存在故障时,可显示出相应的故障代码,以便采取相应的措施。当ECU检测到系统的基本部件(如转矩传感器、电动机、车速传感器等)出现故障而导致系统处于严重故障的情况下,系统就会使电磁离合器断开,停止转向助力控制,确保系统安全、可靠。

4.3.4 控制功能

电动式 EPS 的控制功能归纳起来有以下几种:

1. 回正控制功能

电动式 EPS 的转向系可以根据转矩传感器输入的信号,产生回正作用力矩。

2. 侧向加速度响应回正控制功能

助力转矩是对车速的响应,同样也要以促使回正作用力响应车速。电动式 EPS 的转向系统可根据转向角度和车速计算出侧向加速度,并以此产生回正力矩。

3. 阻尼转矩控制功能

阻尼转矩控制动力助力转向系统可利用生成的阻尼转矩提供阻尼控制,阻尼转矩的方向与转向方向相反。阻尼转矩控制允许转向系统调整回正速度。此外,阻尼转矩随车速的变化而变化,使得从低速到高速的整个变化范围内,都可得到最优的转向回正和车辆回正速度。

4. 转矩补偿控制功能

补偿控制系统可根据转向作用力变化率,沿转矩变化的方向产生补偿转矩。预防由于电子控制 ECU 取样、电动机感应等引起的控制系统的延迟造成的自激振荡,确保系统稳定运行。电动机的惯性补偿可限制在正常转向操作过程中转向力变化时和急速转向时,转向作用力上升所产生的任何不规则的传感信号。

5. 停止助力转矩控制功能

当系统的基本部件(如转矩传感器、车速传感器、ECU 及其连线等)出现故障,导致系统不能正常工作时,离合器分离,电源继电器释放,从而停止助力转矩控制,以确保系统安全。

6. 限制助力转矩控制功能

当发动机怠速、蓄电池充电不足而又过载使用时,如果电动式 EPS 仍然继续运转,则蓄电池将大量放电,会导致蓄电池失效。为了预防这种情况和保护蓄电池,系统将限制电流的大小。电子控制 ECU 安装在发动机舱内,如果车辆长时间爬坡或热天堵车,转向系统在发动机怠速工况下运行,ECU 温度会升高。因此,系统在电子控制 ECU 达到警戒温度之前就要限制电流,由于 ECU 温度和电动机温度有关,又能防止电动机温度过高。为了防止过热,系统对连续几秒钟内的电流消耗进行监测,且保持电流消耗不超过预设定数值。

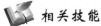

4.4 典型电控助力转向系统检修

4.4.1 丰田雷克萨斯 LX470 轿车 EPS 检修

1. 电控助力转向系统控制电路

雷克萨斯 LX470 轿车电控助力转向系统控制电路及连接器,如图 4-31 所示。故障检查与诊断流程,如图 4-32 所示。

项目四 汽车EPS指示灯闪亮的故障检修

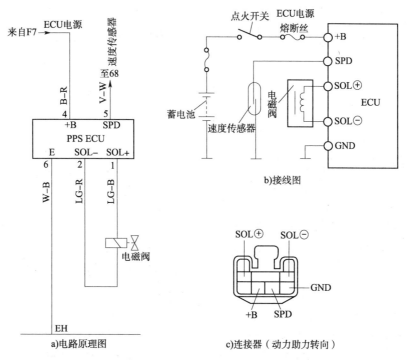

图 4-31 雷克萨斯 LX470 轿车 EHPS 电路及其连接器

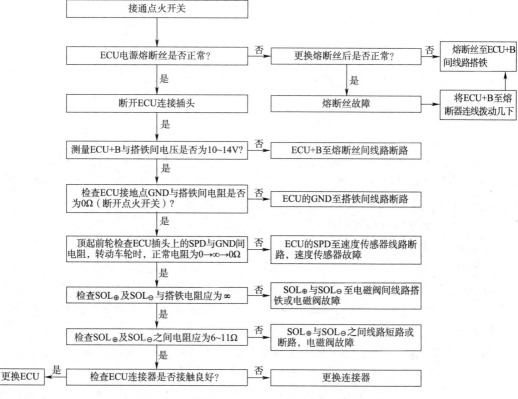

图 4-32 雷克萨斯 LX470 的 EHPS 故障检查诊断流程框图

2. 动力助力转向系统油液的常规检查

动力助力转向系统油液的常规检查包括储油罐液面高度和油液颜色的检查、油品质的检查、转向系统中油液是否含有空气及油泵出油压力的检查。EHPS助力转向系统中排除空气按下列步骤进行：

(1) 举升车辆到适宜的检修高度，使2个转向车轮离开地面。

(2) 向左右两个极限位置打转向盘，重复该动作，直到储液灌中油面底下没有气泡产生为止。

(3) 起动发动机，怠速运转。

(4) 重复步骤(2)，直到储液灌中油面底下没有气泡产生为止。

(5) 检查储液灌中液位高度，补充油液到规定高度。

(6) 完成助力转向系统排除空气步骤。

3. 车速传感器信号的检查

举升车辆到适宜高度，旋转车轮(驱动轮使用发动机驱动，从动桥车轮可以使用手转动车轮)，测量车速传感器接线柱SPD与GND之间的电压，应在0~5V变化，否则予以更换。

4. 电磁阀的检修

检测电磁阀线圈，线圈电阻值一般应为6~11Ω。使用弹簧秤在切线方向拉转向盘，在发动机怠速时，拉动力一般为68.6N，再以12V电压通入电磁阀，电磁阀出现"咔嗒"声的时间不得超过30s，这时如弹簧秤拉力为39.2N，则说明反力腔工作良好。

4.4.2 雪铁龙轿车电控转向系统检修

雪铁龙(或标致)品牌汽车使用的电控转向系统有2种类型，一种是可变液压助力转向系统(GEP)，另一种是电子助力转向系统。

1. 可变液压助力转向系统类型

(1) 可变液压助力转向系统类型

可变液压助力转向系统也有两种基本的类型：一种带可变阀的助力转向系统，依靠一套电子控制装置，可以调整助力大小，即作用在转向盘上的力的大小可以根据车速变化而变化。另一种是带泄流泵的可变助力转向系统，该系统可根据发动机转速的变化，通过助力泵，调节液压油流量的大小(以机械方式)，助力转向系统是电—液型(简称GEP)。

(2) 电控助力泵的结构与原理

① GEP的结构特点

电控助力泵(简称GEP)的结构特点，如图4-33所示，它安装在右前纵梁上，集机、电、液于一体，是一个可变助力转向系统，由转向柱、转向机总成(集成了分配阀、液压缸)、电控助力泵总成和管路等组成。系统与其他动力助力转向系统的区别是转向助力泵不由发动机通过皮带来驱动，而是由直流电机带动油泵工作，这样可节省油耗0.1~0.2L/100km。

根据安全阀开启的设定，GEP的正常最大压力为10MPa，助力转向油为动力传动油，容量为0.85L，由于装备了伺服阀，由助力转向泵提供的流量是恒定的。助力与转向盘力矩的调节则通过一套电控装置、根据车辆行驶速度对阀进行调节，而流量则取决于发动机的转速，它还根据车速和转向盘转速两个信息来控制助力转向油流量的。

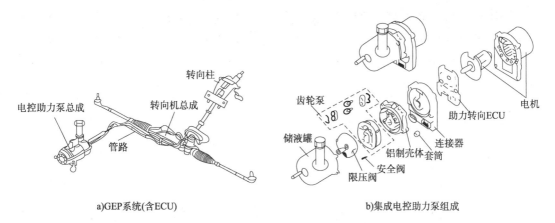

图 4-33 雪铁龙电控助力泵的结构示意图

②GEP 的运行机理

GEP 电控系统的助力原理,如图 4-34 所示。GEP 提供的助力转向油的流量大小由车速和转向盘转速两个信息来决定,即:

$$Q_{GEP} = Q_{(考虑转向盘转速的流量)} + Q_{(考虑车速流量)}$$

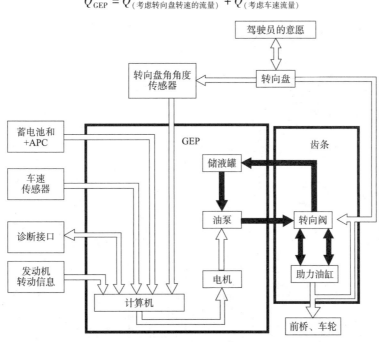

图 4-34 GEP 电控系统的助力原理示意图

根据车速的变化,车速小时,转向助力流量大,车速大时,转向助力流量小,以获得路感。

根据转向盘转速的变化,转向盘转速小时,助力转向油流量的增量小,使转向操纵感觉舒适,当转向盘转速大时,助力转向油流量的增量大,并迅速达到稳定的助力。

另外,还根据 GEP 温度的变化,电机转速自动调节,当 GEP 温度达到 115℃,电脑逐渐限制 GEP 的功率,以避免电子元件发热、电机或电脑受损,系统冷却后就又恢复原来的功率水平。如果温度达到 130℃,GEP 便停止工作。

车辆熄火时,GEP 仍然保持功能。如果发动机不起动,打开开关后推车,GEP 起动并提供助力。不能滥用这种降级模式,因为电池内的能量会耗尽,操作时 GEP 要消耗许多电。GEP 和计算机有缺陷时,转向器转入手动模式。车速或转向盘速度不良时,GEP 计算机取车速或转向盘速度不良近似值。

③雪铁龙、标致轿车 GEP 电控转向系统电路(图 4-35)

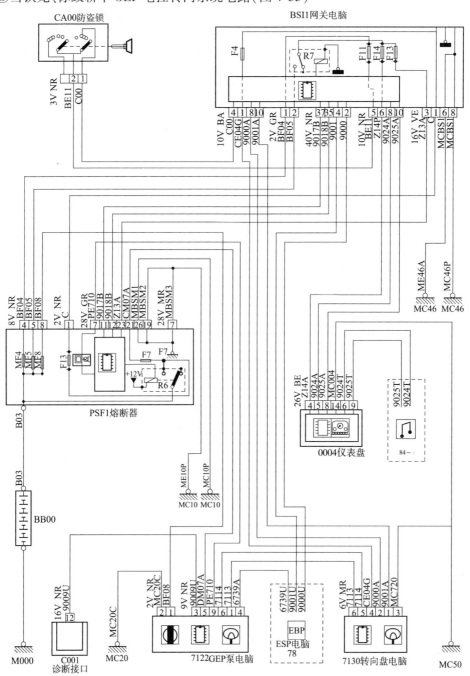

图 4-35　GEP 电控转向系统电路图

图中:PSF1 为熔断器、CA00 为防盗锁芯、7122 是 GEP 的 ECU、C001 为诊断接口、7130 为转向盘组合模块、BSI1 为网关、7800 为 ESP 的 ECU。

GEP 电控转向系统中电机及 7122(DEP 电脑)的线路插接头各针脚的定义,如图 4-36 所示。

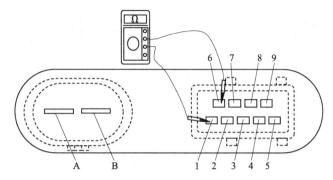

图 4-36　7122(GEP 电脑)的线路插接头各针脚的定义示意图

A-蓄电池+;B-地线;1-转向盘角度传感器信号;2-空;3-诊断接口(诊断 K 线);4-车速;5-+APC(附件供电);6-转向盘角度传感器信号;7-空;8-空;9-交流发电机/发动机转动信息

(3)磁阻式转向盘角度传感器检修

磁阻式转向盘角度传感器常见故障:

①感器内部电磁线圈断路或短路。

②传感器与 7122(GEP ECU)之间的导线断路或短路。

③传感器的安装位置不正确,传感器头的气隙过大,导致信号电压过低。

磁阻式转向盘角度传感器主要通过外观检查、电磁线圈电阻的测量、信号的测量等方法来检测。

①磁阻式转向盘角度传感器的外观检查。

检查电磁式曲轴位置传感器的安装是否牢固,线束连接器是否连接有效、牢固可靠。检查传感器端头与信号齿的气隙是否符合标准要求,其气隙大小一般为 0.2～0.5mm,应无污物或铁屑,如有应清干净。

②磁阻式转向盘角度传感器电阻的测量,使用万用表测量,见图 4-36,方法如下:

A.关闭启动开关,拔下转向盘角度传感器线束连接器。

B.用万用表测量转向盘角度传感器插座内端子 1 和端子 6 之间的电阻,如果测得的电阻不符合标准,或感应线圈有短路、断路,说明有故障,应予以更换。

磁阻式转向盘角度传感器输出信号可以使用诊断仪直接检测动态电压,也可以使用示波器测量传感器输出电脉冲波形,将示波器测头与转向盘角度传感器线束中输出信号的导线连接好,并在电控装置处于工作状态下进行测量。传感器输出电脉冲的波形若有异常,如脉冲波形过于平缓,或有间断,说明传感器有故障。

2.电子助力转向系统

电子助力转向系统结构如图 4-37 所示,助力转向电机主要根据驾驶员操作产生的力矩、转向机构的温度、车辆的速度、转向盘力矩的方向和发动机的转速信息进行工作(注:不需变速器挡位信息)。

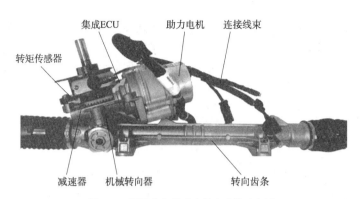

图4-37 雪铁龙电子助力转向系统示意图

(1) 电子助力转向(DAE)的组成与原理

电子助力转向模块包含3个元件：无电刷的三相直流电机、DAE电脑、霍尔式传感器,如图4-38所示。转向盘转向时,电子助力转向即会提供辅助力,通过电机与减速器(齿轮与蜗杆)将助力力矩传递至齿条上。当驾驶员对转向盘实施的力矩以机械的方式通过小齿轮传至齿条,力矩传感器会检测驾驶员对转向盘实施的力矩,并传递至助力转向电脑;助力转向电脑根据驾驶员对转向盘实施的力矩、车辆的速度和转向盘的角度控制助力电机的电流大小。

电子助力转向DAE电脑可以根据车辆状态计算和提供最佳的助力比,在系统某一零部件出现故障的情况下,为电子助力转向提供紧急备用模式。

(2) DAE电机

DAE的电机可以转化电池的电能,使蜗杆运动,通过蜗杆作用在转向柱上。电机由DAE电脑进行控制。

(3) 力矩传感器的工作原理

力矩传感器的结构,如图4-39所示。它包括3部分即机械部分包含一个扭力杆,连接转向盘侧的轴和齿条侧的轴。两个轴之间角度的变化(限±4.5°)与驾驶员对转向盘实施的力矩成比例关系。传感器电磁部分提供检测环的角度位置,继而可提供输入轴和输出轴之间的角度位置,传感器电磁部分将角度位置信息转换成力矩信息,原理如下:传感器产生的电流与转向盘的力矩成比例关系。

图4-38 电子助力转向DAE的结构示意图

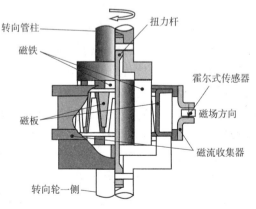

图4-39 霍尔式力矩传感器的结构示意图

项目四 汽车EPS指示灯闪亮的故障检修

DAE电脑根据传感器的测量力矩调整助力程度,磁铁的旋转(最大3.5°)会使磁板的齿状部分极化,当对转向盘实施了力矩之后,磁铁和磁板的相对位置会变化。这样就会使磁场变化,在霍尔式传感器的接线端产生电压,根据测得的磁场,DAE电脑决定是否向电机提供力矩和旋转转向。

(4)电子助力转向DAE的电路

雪铁龙、标致轿车DAE电控转向系统电路,如图4-40所示。在故障诊断时,可以根据电路进行分析,排查相关线路,找到故障位置。

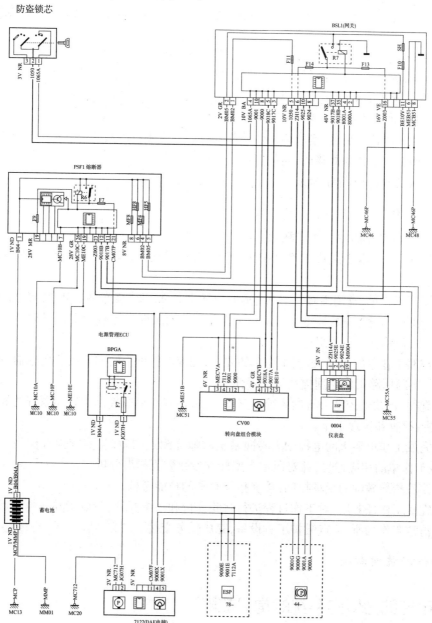

图4-40 雪铁龙、标致轿车DAE电控转向系统电路示意图

3.电控转向系统综合故障诊断方法

(1)与客户进行沟通,了解车辆使用过程中的故障信息。

(2)以仪表盘故障指示灯所指示的故障系统为优先实施诊断系统。

(3)接车后进行车辆的常规检查,对整车的油、液、电路及其插接器、气路、密封、灰尘等进行检查维护。

(4)连接诊断仪,打开点火开关,使用诊断仪对全车进行故障搜索,然后选择故障系统进行有针对性的诊断,如果没有故障码存在,则说明故障部位存在于机械系统或液压系统。如果检查到故障代码,则按诊断仪指示的方向,配合使用万用表或示波器找到故障位置,修复故障位置。否则进行下一步。

(5)在没有故障码时,进行数据流分析,根据仪表盘的指示,使用诊断仪找到故障系统,读取所有故障系统的参数,在车辆行驶(发动机转速)过程中,系统参数不变的部位,即故障部位。根据故障指示系统,也可以采用同一完好车型配件替换的方法试车,如果故障现象消失,则说明更换的零件存在故障,否则,继续查找。

(6)确认故障位置后,更换故障部位零部件,试车,直到排除故障。

(7)使用诊断仪删除故障码,对故障系统进行初始化。

(8)路试,完成故障车辆修复。

小组工作

实施生产任务小组的工作步骤如下:

(1)每6~8名学生组成1个工作小组,确定1名小组长,接受工作任务,做好工作准备。

(2)阅读工作单,查阅维修手册(或实训指导书),观察待修车辆的电控助力转向系统,讨论故障检测方法和步骤,确定小组人员工作分工。向实训指导教师汇报讨论结果,经指导教师同意后,开始下一步的工作。

(3)按照工作单的引导,根据工作单的要求,完成电控助力转向系统各传感器、执行器实物的认识、电路回路工作原理描述等学习任务。

(4)查阅、识读电控助力转向系统电路图,完成待修车辆电控助力转向系统的故障检测、诊断、分析、检查和修理工作。

(5)完成工作单要求的电控助力转向系统故障检测点的确定,实施检查检测,将检测结果记录在工作单的相应栏目,并对照本车型标准参数数值作出分析。

(6)回答指导教师的现场提问,接受指导教师的技能考核。

(7)完成工作任务后,对工作过程进行自我评价和小组互评,听取指导教师的点评。

(8)清洁工作场所,清点维护工具设备,完成任务交接。

知识与技能拓展

4.5 电控助力转向系统的常见故障

电控助力转向系统常见故障及原因,见表4-2。

项目四 汽车EPS指示灯闪亮的故障检修

电控助力转向系统常见故障及原因排除表

表 4-2

故障现象	故 障 原 因	故障排除方法
转向盘自由行程过大	1. 齿轮与齿条间隙过大 2. 球头磨损严重配合松旷 3. 横拉杆与支架配合松旷	1. 调整(轿车一般为自动调整) 2. 检查、更换 3. 检查调整
转向沉重	1. 齿轮与齿条啮合间隙过小 2. 转向轴承损坏或预紧力过大 3. 转向横拉杆弯曲或球销配合过紧 4. 液压泵 V 形带松弛 5. 储液罐液面过低 6. 液压泵压力不足 7. 限压阀黏结 8. 内外泄漏过大 9. 液压系统内有空气	1. 检查和调整啮合间隙 2. 更换或调整轴承 3. 检修并更换横拉杆、球头销 4. 调整 V 形带张紧度 5. 补充液力传动油 6. 检修或更换液压泵 7. 检修或更换限压阀 8. 修理或更换零部件 9. 按规定步骤排除空气
转向盘抖动	1. 液压系统缺油或有空气 2. 齿轮和齿条配合间隙过大 3. 前轮不平衡 4. 轮胎压力不相等或气压值不符合规定 5. 悬架弹簧弹性不足或断裂 6. 减振器损坏 7. 转向横拉杆接头松动 8. 轮毂轴承松动	1. 添加液力传动油或排除空气 2. 调整配合副啮合间隙 3. 进行四轮定位或检修 4. 按规定气压充气 5. 更换弹簧 6. 更换减振器 7. 更换或紧固横拉杆 8. 紧固或重新调整轮毂轴承松紧度
液压泵有噪声	1. 储油罐液面过低 2. 进油管堵塞 3. 液压泵内零件磨损严重 4. V 形带轮摆动 5. 油泵 V 形带轮太松	1. 添加液力传动油到规定高度 2. 清洗并更换液力传动油 3. 更换磨损的液压泵 4. 紧固或更换 V 形带轮 5. 调整 V 形带轮松紧度

4.5.1 电控助力转向系统转向沉重、助力不足故障的诊断流程

电控动力助力转向系统转向沉重、助力不足故障的诊断流程,如图 4-41 所示。

4.5.2 电控助力转向系统左右转向轻重不同故障的诊断流程

电控助力转向系统左右转向轻重不同故障的诊断流程,如图 4-42 所示。

4.5.3 电控助力转向系统转向助力瞬时丧失故障的诊断流程

电控助力转向系统转向助力瞬时丧失故障的诊断流程,如图 4-43 所示。

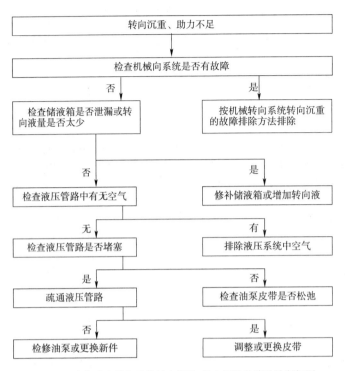

图 4-41 电控助力转向系统转向沉重、助力不足故障的诊断框图

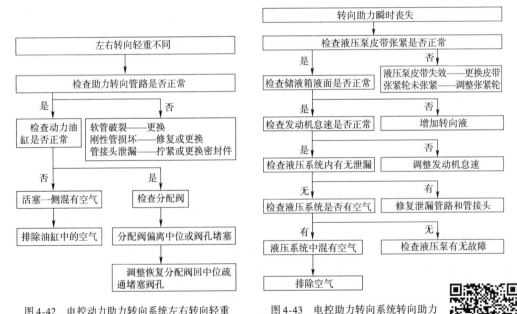

图 4-42 电控动力助力转向系统左右转向轻重
不同故障的诊断流程图

图 4-43 电控助力转向系统转向助力
瞬时丧失故障的诊断流程图

4.6 日产 TIIDA 轿车电控转向系统检修与故障诊断（电子书）

4.7 电控四轮转向系统介绍（电子书）

4.7.1 电控四轮转向系统概述（电子书）

项目四(4.6～4.7.3) 电子书

4.7.2 电控转向角比例控制式 4WS 系统(电子书)

4.7.3 电控横摆角速度比例控制式 4WS 系统(电子书)

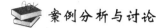

【案例分析】

案例　汽车 EPS 故障灯常亮的诊断与排除分析

故障现象：

一辆行驶里程为 11 万 km 的 HONDA 飞度轿车，客户反映该车近期在行驶过程中偶尔出现转向发紧、沉重现象，仪表板上 EPS 故障灯常亮，电动助力转向不起作用。

故障诊断：

4S 店接车后，维修人员即对该故障车进行常规检查，针对转向发紧、沉重进行故障重现试车，结果如客户所述。在检查中发现：该车 EPS 系统的主要部件都是新件，客户告知该车在一个月前更换了转向系统总成，包括转矩传感器和助力电机，但还是做了程序性的普通检查。

首先读取 EPS 自诊断系统的故障信息。由于 EPS 具有故障自诊断功能，如果传感器、ECU 或执行器出现故障，则位于仪表板上 EPS 故障指示灯常亮，并将故障代码存储于 EPS 的 ECU 中，同时，停止动力助力，转向系统恢复到齿轮齿条的机械式转向功能而导致转向沉重。使用 HONDA 轿车专用的 HDS 诊断仪进行故障诊断：将点火开关置于"OFF"的位置，连接 HDS 诊断仪到仪表板下面的诊断接口，将点火开关置于"ON"的位置，开启诊断仪，按照 HDS 诊断仪底盘故障 DTC 诊断菜单的提示，读取该车的故障码为 DTC12——转矩传感器电路故障或接触不良。随后使用 HDS 诊断仪进行故障码删除，删除故障码后，举升车辆离开地面，左右最大极限转动转向盘观察，发现 EPS 故障灯不亮，车辆不行驶状态，EPS 恢复正常。因此，将车辆交付客户使用。第二天上午，客户又将该故障车开到 4S 店要求重修，反映该车在一段石块路面行驶振动得厉害，在打方向时又出现 EPS 故障灯常亮，转向沉重。

故障分析：

故障车开到 4S 店要求返修的现象并不多，因此，维修人员进行了认真的检查和诊断。首先使用 HDS 诊断仪进行读故障码，结果故障码仍然是 DTC12——转矩传感器电路故障或接触不良。删除故障码后，EPS 系统又恢复正常。针对该故障分析可能引起的原因有：EPS 系统供电或搭铁线路有故障、EPS 的 ECU 和传感器之间线路短路或断路故障、传感器本身有故障或 ECU 控制单元内部有故障。

因此，在发动机怠速情况下，使用 HDS 诊断仪进行数据流分析，结果 EPS 与发动机 ECU 可以通信，并能够显示数据，说明 EPS 的控制单元电源电路及本身无问题，而数据流中显示转矩传感器没有电源电压，因此，转矩传感器无法正常工作，无转矩传感器电压信号将导致继电器关闭进行失效保护，EPS 的 ECU 不能向助力电机发出执行命令。所以判断故障应出现在转矩传感器及其连接电路上。

故障排除：

根据上述数据流的分析和故障判断,结合该车只有在行驶中才会出现故障的综合情况,使用数字万用表进行了有针对性的检测:首先检测 EPS 的 ECU 的 14 脚连接器的第 1、2 号针脚分别与搭铁(9 号针脚)的电压,在点火开关置于"ON"的位置和发动机怠速 2 种状态下,故障之前分别为 12V、5V,故障后都为 0V。这说明 EPS 的 ECU 供给转矩传感器的工作电源不正常,同时对其 2 号针到转矩传感器进行断路、短路检查均未发现异常现象。

其次是检测 EPS 的 ECU 的 14 脚连接器的第 7 号针脚分别与 4 号针脚(搭铁)的电压,在点火开关置于"ON",故障前后大约为 2V。发动机怠速时故障前后大约为 4.5V,工作正常。

最后检测转矩传感器 7 脚连接器的第 7 号针与 4 号针(搭铁)的电压,在点火开关置于"ON",故障前在 2~4V 变化,之后推紧转矩传感器的连接器时固定在 2V,松开手后,起动发动机,仪表板上 EPS 故障灯常亮,电动助力不起作用。根据上述检测的结果判断是转矩传感器 7 脚连接器连接接触不良,更换了转矩传感器线路连接器试车,故障现象消失。

故障小结:

在进行电子控制系统检修时,往往认为更换了修理包就什么都解决了。而一个简单的传感器功能的恢复,有时候并不是真的很复杂,而是需要对其电路和原理多一些研究,就一定可以得到解决问题的方法。实践证明:电控元器件的更换维修,并不能排除新件及其线路连接没有故障,关键的问题在于检修的时候应从简单到复杂,先易后繁的原则,再结合现代汽车的诊断和检测手段,往往事半而功倍。

【课堂讨论】

1. 根据自己的理解解释如何实现以较小的转向盘操纵力获得较大的转向力矩?
2. 液压式 EHPS 是在传统的液压助力转向系统的基础上增设了哪些装置?试分析说明这些装置的作用。
3. 电动式 EHPS 是利用直流电动机作为动力源的,它与液压式 EHPS 相比较有哪些优势?
4. 转向盘转角传感器与转矩传感器是不是一回事?请表述自己的看法。
5. 当 EPS 失效时,转向是否会发生危险?应利用什么装置来防止这些危险的产生?
6. 试分析转子阀的等效液压油路的工作原理。
7. 转向盘转角传感器与电控悬架、ESP 和 EPS 系统有何联系,如何实现各系统功能的信息共享?
8. 在检修 ABS 和 EPS 时,都需要排放空气,两者操作工序有何异同点?
9. 根据自己的理解表述 EPS 故障诊断流程。
10. 电液控转向助力系统与电子转向助力系统工作原理上有何异同点?

思考题

1. 简答题

(1) 电控 EPS 的结构形式分哪几种?各有何优缺点?

(2) 液压 EHPS 有哪些控制方式?举例表述其原理。

(3) 试描述转速传感器的组成与工作原理?

(4) 电动式 EPS 与液压式 EHPS 比较有哪几个方面优缺点?
(5) 试表述电磁离合器的组成与工作原理。
(6) 请画出实训车型 EPS 控制执行器电路,并描述其检查流程。
(7) 如何利用 CONSULT-Ⅱ 诊断仪快速诊断日产 EPS 系统的故障?
(8) 试说明 EPS 常见故障的检查与故障码清除方法。
(9) 4WS 与 2WS 各有哪些优缺点? 4WS 的主要特点是什么?
(10) 雪铁龙标致轿车电控转向系统有哪些结构形式? 结构上有何区别?
(11) 如何采用正确的方法诊断电控助力转向系统的故障?

2. 判断题

(1) 有些车轮转速传感器的磁极材料是安装在轮毂轴承的侧密封上的。 (   )
(2) 由于电子 EPS 省去了油压系统的油路,没有漏油现象,因此可以增加环境污染。
 (   )
(3) 汽车高速转向时要求操纵轻便,即以较小的转向盘操纵力获得较大的转向助力矩。
 (   )
(4) 汽车 EPS 系统可以使驾驶员的手感增强,从而获得良好的转向路感和提高转向操纵的稳定性。 (   )
(5) 霍尔传感器也有采用两只针脚的结构形式,主要是特点是采用电流作为信号。
 (   )

3. 选择题

(1) 当电子控制动力转向系统发生故障时,转向系统依靠人力进行转向,具有较高的(   )和可靠性。
　　A. 自动性　　　　B. 依赖性　　　　C. 灵活性　　　　D. 安全性
(2) 目前雪铁龙轿车所使用的助力转向类型有(   )。
　　A. 电动泵式 GEP　　　　　　　B. 电子助力转向 DAE
　　C. 液压助力转向　　　　　　　D. 纯液压式的转向机构
(3) 电子助力转向系统包含(   )。
　　A. 2 个齿轮　　B. 1 个齿轮　　C. 1 个推杆　　D. 1 个电机
(4) 当车辆在很平整的路面上,以 40km/h 的速度沿直线行驶时,助力电机是否供电?
(   )
　　 A. 供 50% 的电　B. 供 80% 的电　C. 不供电　　D. 供 20% 的电
(5) 计算机控制助力电机的电源需要哪些信息? (   )
　　A. 转向盘的力矩和力矩方向　　　B. 转向电机的温度
　　C. 车速和发动机转速　　　　　　D. 挡位
(6) 通过力矩传感器,计算机(   )。
　　A. 仅可以得知转向盘的力矩和力矩方向
　　B. 仅可以得知转向盘上力矩
　　C. 仅可以得知转向盘角度、位置
　　D. 仅可以了解转向盘的力矩及其角度方向

(7) 电子助力转向系统包括( )。
    A. 电机、霍尔式传感器和计算机   B. 齿条
    C. 2 个球头/转向拉杆总成   D. 转向柱和转向盘
(8) 请选出电子助力转向模块的各组成元件( )。
    A. 电子助力转向电机   B. 霍尔式传感器
    C. 助力转向计算机   D. 转向柱
(9) 以下哪些参数可能会使电子助力转向进入降级模式？( )
    A. 外部温度   B. 极大的应力
    C. 十分糟糕的路况   D. 避让车道的操作
(10) 关于电子助力转向电机中传感器分析仪的作用,下述正确的是( )。
    A. 电机角度位置   B. 电机旋转速度
    C. 电机旋转方向   D. 分析仪位于电脑中
(11) 以下哪些操作会导致转向机构很快过热( )。
    A. 反复驻车   B. 车辆负载过大
    C. 在倾斜度很高的路面上驾驶车辆

4. 填空题
(1) EPS 根据动力源不同可分为液压式 EHPS 和_____式 EPS。
(2) 目前,雪铁龙轿车所使用的助力转向类型有_____、_____、_____。
(3) 在电子转向系统中计算机控制助力电机的电源需要_____、_____、_____、_____信息。

4.8 电控转向系统综合故障的诊断与排除实训工单

1. 技能训练目标
完成本实训项目后,学生应当会:
(1) 会描述实训所用 EPS(EHPS)电控控制系统的基本组成和工作原理。
(2) 会辨认并表述实训所用 EPS(EHPS)电控系统主要传感器、执行器的位置、名称和作用。
(3) 会正确使用故障诊断仪(或解码器),读取 EPS(EHPS)电控系统故障代码,找到故障部位(非检测专业不做要求)。
(4) 会分析 EPS(EHPS)系统的控制电路图,应用诊断结果分析故障原因(非检测专业不做要求)。
(5) 会借助数字万用表检测传感器、执行器电路,检修并恢复 EPS(EHPS)系统使用性能(非检测专业不做要求)。

2. 实训配备
(1) 工具、设备、仪器
① 配置有 EPS(EHPS)的车辆或实训台架,设备完好。
② 举升机、普通工具、电脑诊断仪(或解码器)、数字万用表、线路连接器检测线等。

(2)维修资料

EPS 车辆底盘维修资料(纸质或电子版或实训室电脑终端等)。

3. 实训步骤

(1)每 6~8 名学生组成 1 个实训小组,确定 1 名小组长。

(2)准备好实训用的配置有 EPS(EHPS)车辆或实训台架并举升到适宜检修高度。

(3)向实训室领取 1 台电脑诊断仪(或解码器),领取 EPS 车辆底盘维修资料。

(4)查阅维修资料,在车辆(或实训台架)上找到 EPS(EHPS)电控系统主要传感器、执行器等部件,检查各部件安装和线束连接是否正常。

(5)表述各主要传感器、执行器的名称、安装位置和作用。

(6)在实训指导老师的同意下,发动机静止时转动转向盘排除空气,起动发动机怠速,左右转动转向盘到极限位置直到储液灌油面下无气泡为止。

(7)发动机熄火后,由实训指导老师在 EPS(EHPS)上设置传感器线路或执行器线路故障,再次起动发动机,观察发动机与 EPS 的运转状况。

(8)将电脑诊断仪与车辆诊断接口连接,选择车型,读取 EPS(EHPS)电控系统的故障代码和数据流。

(9)在实训过程中,按照工单的要求,完成相应的实训和学习任务。

(10)完成实训任务后,接受指导老师技能考核。

(11)整理清洁工作场所,清点工具、设备、仪器、资料,交回实训室。

4. 实训工单

(1)查阅维修资料,查找有关实训用带车辆的相关信息:

查找实训车辆 VIN 码:_____(EHPS 或 EPS)型号:_____,本次实训所用油液型号是_____。(检查标识牌、对照维修手册,也可以问教师)

(2)观察电控 EPS 系统,根据观察,填写图 4-69 控制原理的方框图。

(3)观察 EPS,根据观察,填写图 4-70 中 EHPS 系统排除空气的方框图。

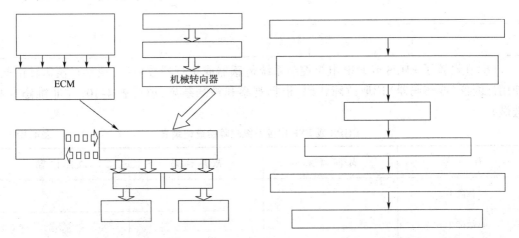

图 4-69　EHPS 或 EPS 控制原理的连接方框图　　图 4-70　EHPS 系统排除空气方框图

(4)查阅维修资料,在配置有 EPS 车辆(或台架)上查找到主要传感器,检查传感器线束插头是否连接正常,填写表 4-8。

EHPS 或 ESP 电控系统传感器检查记录表　　　　　　　　　　　表 4-8

传感器名称	本次实训用制动系统是否配备	安装位置	线束连接器上的接线端子号	连接到 ECU 的端子号
车速传感器	是□否□			
转向盘转角传感器	是□否□			
转矩传感器（电动式 EPS）	是□否□			
转换开关	是□否□			
	是□否□			
	是□否□			

（5）查阅维修资料，在实训车辆（或台架）上查找主要执行器和其他部件，填写表 4-9。

EPS 电控系统执行器检查记录表　　　　　　　　　　　　　表 4-9

执行器名称	本次实训用制动系统是否配备	安装位置	线束连接器上的接线端子号	连接到 ECU 的端子号
控制电磁阀	是□否□			
EPS 指示灯	是□否□			
助力电机	是□否□			

（6）在设置了 EHPS 或 ESP 电控控制系统传感器或执行器故障后，观察车辆运转情况，使用诊断仪（或解码器）读取故障代码，根据观察和检测结果，填写表 4-10。（非维修专业选做）

EHPS 或 ESP 电控系统故障检查记录表　　　　　　　　　　表 4-10

序　号	故障现象	故障代码	故障内容
故障 1			
故障 2			
故障 3			

（7）考核评价表（表 4-11）

EHPS 或 ESP 电控系统故障诊断与排除实训考核评价表　　　表 4-11

实训项目	考核项目	考 核 内 容	评分(百分制或五级制)		
			分值	学生自我评价	小组评价
生产任务六:电控转向系统综合故障的诊断与排除	查阅维修资料	利用维修手册完成工作情况	10%		
	EHPS 或 ESP 主要部件认识、故障诊断与电路检测	认识 EHPS 或 ESP 主要传感器和执行器,并说明其作用;诊断 EPS 电控系统故障,借助电路图分析故障原因,正确检测元器件及其电路	40%		
	工具使用	正确使用举升机、诊断仪、数字万用表等各种维修、检测工具	20%		
	工作和学习的主动性、纪律性	积极、主动,沟通良好,纪律性好	20%		
	安全文明生产	操作规程、安全文明生产和环境保洁(出现安全事故,本次实训 0 分)	10%		
实训指导老师评价					

实训指导老师(签字):　　　　　　　　　　　　　　　　　　　　年　　月　　日

参考文献

[1] 张吉国. 汽车典型电控系统的结构与维修[M]. 北京:机械工业出版社,2012.
[2] 戴冠军. 丰田轿车电控系统维修手册[M]. 北京:机械工业出版社,2013.
[3] 一汽集团服务培训教材. 一汽奥迪A6维修手册,2014.
[4] 徐生明. 现代汽车典型电控系统结构原理与故障诊断[M]. 西安:西安电子科技大学出版社,2006.
[5] 日本丰田(中国)培训中心. 丰田汽车维修培训手册,2007.
[6] 李雷,黄朝慧. 汽车底盘电控系统检修[M]. 北京:人民邮电出版社,2009.
[7] 中华人民共和国行业标准. JT/T 510—2004 汽车防抱制动系统检测技术条件[S]. 北京:人民交通出版社,2004.
[8] 日产汽车(中国)培训中心. 日产汽车维修培训手册,2003.
[9] 一汽集团服务培训教材. 一汽马自达轿车维修手册,2004.
[10] 神龙汽车有限公司. 雪铁龙车系服务培训教材,2015.
[11] 中国公路学会客车分会. 客车制造工艺技术[M]. 北京:人民交通出版社,2008.
[12] 长安汽车有限公司. 福特车系服务培训教材,2015.
[13] 许炳照. 爱丽舍轿车ABS系统故障排除[J]. 汽车维修,2010(3).
[14] 许炳照. 雪铁龙轿车ESP故障自诊断分析[J]. 机电技术,2012(1).
[15] 谭本忠. 通用车系汽车电脑维修图集[M]. 北京:机械工业出版社,2009.
[16] 李东江,等. 现代汽车用传感器及其故障检修技术[M]. 北京:机械工业出版社,2008.
[17] 许炳照,张荣贵,等. 基于CAN通讯的汽车电控驻车技术研究[J]. 长春工业大学学报,2016(2).

本书配套数字教学资源

本书配套数字教学资源

章节		资源类型	资源名称	学习目的	来源	时长	大小	对应页码
项目一		PPT课件	汽车自动变速器不能起步的故障检修教学课件	以课件为中心展开教学和学习	福建船政交通职业学院许炳照张荣贵	16课时		1
1.9		教学视频	自动变速器拆装及其检修	深入学习自动变速器拆装技能	福建船政交通职业学院	37min 47s	106M	47
1.14		教学视频	自动变速器油更换	深入学习自动变速器换油技能	神龙汽车有限公司	12min 43s	53.3M	74
1.17		电子书	自动变速器的试验	深入学习自动变速器的试验方法	福建船政交通职业学院许炳照		5.5千字	85
1.18		电子书	自动变速器的故障诊断与排除	深入学习自动变速器故障诊断的方法	福建船政交通职业学院许炳照		5.5千字	85
1.19	1.19.1	电子书	湿式双离合自动变速器	深入学习湿式双离合自动变速器的结构与原理	福建船政交通职业学院许炳照		8.5千字	85
	1.19.2	电子书	干式双离合自动变速器	深入学习干式双离合自动变速器的结构与原理	福建船政交通职业学院许炳照		10.1千字	85
项目二		PPT课件	汽车ESP灯偶尔点亮的故障检修教学课件	以课件为中心展开教学和学习	福建船政交通职业学院许炳照张荣贵	10课时		101
2.2		教学视频	ABS的工作过程	深入学习ABS的工作原理	福建船政交通职业学院	1min 16s	3.42M	113
2.3		教学视频	ASR的工作过程	深入学习ASR的技术知识	神龙汽车有限公司	3min 27s	10.3M	116
2.7		教学视频	ABS系统排除空气	深入学习ABS的维护技能	神龙汽车有限公司	12min 40s	55.2M	147

续上表

章节		资源类型	资源名称	学习目的	来源	时长	大小	对应页码
2.10	2.10.1	电子书	雷克萨斯LX470轿车ABS和TRC（ASR）ECU的功用	深入学习丰田轿车TRC（ASR）技术知识	福建船政交通职业学院张荣贵		3.1千字	156
	2.10.2	电子书	TRC（ASR）的故障检修	深入学习轿车TRC（ASR）的技能	福建船政交通职业学院张荣贵		3.5千字	156
2.11		电子书	气压式ABS的组成和原理	深入学习气压式ABS的组成和原理	福建船政交通职业学院张荣贵		4.5千字	156
2.12		电子书	轮胎监测系统的组成与原理	深入学习轮胎监测系统的组成与原理	福建船政学院张荣贵		3.6千字	156
项目三		PPT课件	汽车电控悬架系统失效的故障检修教学课件	以课件为中心展开教学和学习	福建船政交通职业学院许炳照张荣贵	6课时		167
3.2-1		教学视频	空气悬架调节原理	深入学习空气悬架调节原理视频的工作原理	福建船政交通职业学院	2min 50s	12.31M	179
3.2-2		教学视频	电控悬架减振器原理	深入学习电控悬架减震器的工作原理	福建船政交通职业学院	2min 04s	9.21M	180
项目四		PPT课件	汽车EPS指示灯闪亮的故障检修教学课件	以课件为中心展开教学和学习	福建船政交通职业学院许炳照张荣贵	6课时		217
4.2		教学视频	霍尔效应式传感器原理	深入学习霍尔效应式传感器工作原理	神龙汽车有限公司	1min 42s	5.62M	223
4.6		电子书	日产TIIDA轿车电控转向系统检修与故障诊断	深入学习日产轿车电控转向系统检修技能	福建船政交通职业学院许炳照		14.6千字	244
4.7		电子书	电控四轮转向系统介绍	深入学习电控四轮转向技术知识	福建船政交通职业学院许炳照		13.7千字	244